城市轨道交通客流分析及预测
——方法与应用

四兵锋 刘剑锋 任华玲 魏 运 著

人民交通出版社股份有限公司
China Communications Press Co.,Ltd.

内容提要

本书在作者多年从事城市轨道交通客流分析的理论研究与实践工作的基础上,基于历史 AFC 数据,结合先进的交通建模理论,深入浅出地论述了城市轨道交通客流分析及预测的方法与应用。

本书可作为高等院校轨道交通、交通运输规划与管理、交通工程等专业的高年级本科生选修教材和研究生教材,也可供轨道交通管理部门和科研单位参考。

图书在版编目(CIP)数据

城市轨道交通客流分析及预测——方法与应用 / 四兵锋,刘剑锋,任华玲,魏运著. — 北京:人民交通出版社股份有限公司,2019.5

ISBN 978-7-114-15113-2

Ⅰ. ①城… Ⅱ. ①四… ②刘… ③任… ④魏… Ⅲ. ①城市铁路—轨道交通—客流—分析②城市铁路—轨道交通—客流—预测 Ⅳ. ①U293.5

中国版本图书馆 CIP 数据核字(2018)第 253307 号

书　　名:城市轨道交通客流分析及预测——方法与应用
著　作　者:四兵锋　刘剑锋　任华玲　魏　运
责任编辑:任雪莲
责任校对:刘　芹
责任印制:张　凯
出版发行:人民交通出版社股份有限公司
地　　址:(100011)北京市朝阳区安定门外外馆斜街 3 号
网　　址:http://www.ccpress.com.cn
销售电话:(010) 59757973
总　经　销:人民交通出版社股份有限公司发行部
经　　销:各地新华书店
印　　刷:北京虎彩文化传播有限公司
开　　本:787×1092　1/16
印　　张:15.5
字　　数:385 千
版　　次:2019 年 5 月　第 1 版
印　　次:2019 年 5 月　第 1 次印刷
书　　号:ISBN 978-7-114-15113-2
定　　价:72.00 元

(有印刷、装订质量问题的图书,由本公司负责调换)

前言 PREFACE

目前，我国已成为城市轨道交通发展最迅速的国家之一。截至2017年底，我国除港澳台外共有34个城市开通了城市轨道交通，共计165条线路，运营总里程超过5000km，拥有2条及以上运营线路的城市达到26个。同时，在建城市轨道交通线路总长超过6000km，共有62个城市的轨道交通线网规划获得批复，规划线路总里程达到7321km。一些特大城市的轨道交通线路已经形成多线路交错连通的复杂网络结构。

随着我国城市轨道交通网络规模的不断扩大，其客运量也急剧上升。根据相关统计，2017年，全国城市轨道交通累计完成客运量185亿人次，其中北京为37.8亿人次，居世界首位。2019年7月24日，北京地铁单日客运量达到了1375.38万人次。在这样的条件下，城市轨道交通的供需矛盾也日渐突出，尤其在高峰时段，由此带来的安全隐患也愈加严重，给城市轨道交通的运营管理带来了极大的挑战。

客流预测是城市轨道交通项目建设的重要环节。在项目可行性研究阶段，客流预测是项目建设必要性、迫切性和可行性的主要依据；在工程设计阶段，客流预测又是确定建设规模、车辆选型及编组方案、运输组织、设备配置、工程投资、经济效益评价等设计方案的重要支撑；同时，客流预测也是城市轨道交通运营管理部门进行决策的重要数据来源。

我国从20世纪60年代开始修建城市轨道交通，尽管当时对客流预测有所涉及，但所采用的方法较为简单，缺少理论支撑。20世纪80年代，我国开始从国外引进客流预测方法并展开了相关研究，经过多年的实践积累，已逐步建立起一套完整的城市轨道交通客流预测方法和计算体系。然而，由于客流预测内容和预测条件的复杂性，一些在工程上广泛应用的计算方法在预测精度上还不能满足精细化管理的要求。

另外，随着城市轨道交通建设的不断推进，其运营模式已由以前的单线路独立运营逐步转化为"多运营商、多线路"的网络一体化运营。例如，北京地铁4号线、14号线和大兴线的运营方为北京京港地铁有限公司，而其他线路的运营方为北京市地铁运营有限公司。在这样的情况下，科学实用的客流清分方法对于城市轨道交通的市场化运作和有序发展显得极为重要。同时，城市轨道交通客流动态性、随机性很强，由突发事件所引起的风险传播效应非常显著，一旦发生突发事件，将产生重大的社会影响。因此，如何应对常态及突发大客流给交通网络运力带来的巨大压力，有效疏解和管控客流风险成为当前政府及运营企业亟须解决的重大问题,这其中的关键问题就是准确把握不同条件下网络客流的时空分布状态。

目前,我国城市轨道交通均采用自动售检票系统(简称AFC),实现了售票、检票、计费等自动处理。该系统记录了乘客乘车的起点、终点及进站、离站时间等重要信息。因此,通过该系统可准确掌握车站进站客流、出站客流以及站间O-D客流的时空分布规律,AFC数据为城市轨道交通客流分析及预测提供了新的支撑条件。然而,由于我国城市轨道交通采用无缝换乘模式,即乘客在不同线路间换乘无须再刷卡付费,因此,通过AFC系统无法获取乘客的换乘及路径信息,也就无法获取O-D客流在网络上的时空分布数据。在这种情况下,基于历史AFC数据,结合先进的交通建模理论与方法,对城市轨道交通客流进行科学预测并准确推算网络客流的时空分布状态,不仅对提升我国城市轨道交通运营管理水平具有重要的现实意义,而且对于拓展我国城市交通管理理论具有重要的学术价值。

本书撰写分工为:四兵锋负责第1章、第5~9章的内容,刘剑锋负责第10章、第11章的内容,魏运负责第2、3章的内容,任华玲负责第4章、第12章的内容。参加本书相关研究工作的还有北京交通大学博士研究生苏光辉、顾阳、郝媛媛以及硕士研究生毛静、何九冉、林增、徐璞、周依、刘凯、马传华、周正,北京城建设计发展集团股份有限公司的高国飞高工、郑宣传博士、陈明钿博士、李明华博士等。

感谢北京交通大学的高自友教授、毛保华教授和邵春福教授以及国家自然科学基金创新研究群体项目"城市交通管理理论与方法"课题组成员对本书在学术上的指导和帮助。北京交通大学贾斌教授、孙会君教授、吴建军教授、杨立兴教授、李克平教授、徐猛教授、闫学东教授、赵小梅教授、杨小宝教授、高亮副教授、李新刚副教授、谢东繁副教授等对本书的撰写提出了许多宝贵建议,在此一并表示感谢。

本书的科研工作得到了国家自然科学基金项目(71571013、71501009、71210001、71621001)的资助。此外,本书的出版也得到了北京城建设计发展集团股份有限公司的大力支持,谨在此表示诚挚的感谢。

本书作者长期从事城市轨道交通客流分析的理论研究和实践工作,本书反映了作者近年来在该领域的主要研究成果。在编写过程中,作者查阅了大量参考资料,力图通过较为浅显、通俗的语言系统地阐述城市轨道交通客流分析及预测的最新成果。由于作者学术水平有限,书中难免存在错误和欠缺之处,恳请广大读者批评指正。

作 者

2019年7月于北京

目录 CONTENTS

第1章 绪论 ·· 1
  1.1 研究背景 ··· 1
  1.2 研究现状 ··· 2
  1.3 主要内容 ··· 7
第2章 我国城市轨道交通发展现状 ·· 10
  2.1 总体情况 ··· 10
  2.2 北京市轨道交通 ··· 16
  2.3 上海市轨道交通 ··· 19
  2.4 广州市轨道交通 ··· 21
  2.5 深圳市轨道交通 ··· 22
第3章 城市轨道交通客流特征 ··· 24
  3.1 总体情况 ··· 24
  3.2 客流基本特征 ·· 29
  3.3 环线客流特征 ·· 37
  3.4 车站客流特征 ·· 43
第4章 短时客流预测常用方法 ··· 53
  4.1 概述 ·· 53
  4.2 基于统计的预测模型 ·· 53
  4.3 神经网络预测模型 ··· 55
  4.4 支持向量机预测模型 ·· 61
  4.5 基于混沌理论的预测模型 ·· 63
  4.6 组合预测模型 ·· 64
第5章 基于单模型的城市轨道交通客流预测方法 ·· 67
  5.1 客流的时间序列特征 ·· 67
  5.2 基于时间序列分析的客流预测方法 ·· 70
  5.3 多模块加权神经网络客流预测方法 ·· 76
  5.4 基于混合核函数的支持向量机客流预测方法 ··· 86

第6章 基于组合模型的城市轨道交通客流预测方法 …… 93
- 6.1 并行加权神经网络预测方法 …… 93
- 6.2 ARIMA-RBF 组合预测方法 …… 95
- 6.3 EMD-RBF 组合模型预测方法 …… 100
- 6.4 基于灰色关联度最大化的组合预测方法 …… 107

第7章 城市轨道交通客流预测案例分析 …… 114
- 7.1 平常日进站客流预测 …… 114
- 7.2 端午节客流预测 …… 121
- 7.3 国庆节客流预测 …… 125
- 7.4 清明节客流预测 …… 130

第8章 交通网络流量分析基础 …… 134
- 8.1 概述 …… 134
- 8.2 交通网络 …… 135
- 8.3 交通网络特性 …… 137
- 8.4 最短路径算法 …… 139
- 8.5 离散选择模型 …… 140
- 8.6 非平衡分配方法 …… 142
- 8.7 用户平衡配流方法 …… 144
- 8.8 随机平衡配流方法 …… 147

第9章 城市轨道交通乘客出行行为分析 …… 150
- 9.1 乘客出行行为定性分析 …… 150
- 9.2 问卷调查 …… 152
- 9.3 基本统计 …… 155
- 9.4 路径选择影响因素分析 …… 157
- 9.5 乘客路径选择行为分析 …… 159

第10章 考虑换乘的城市轨道交通网络客流分配方法 …… 164
- 10.1 网络客流分配及其影响因素 …… 164
- 10.2 路径广义费用 …… 165
- 10.3 路径选择模型 …… 167
- 10.4 基于路径的客流分配方法 …… 168
- 10.5 基于区段的客流分配方法 …… 171
- 10.6 参数估计 …… 172
- 10.7 实证分析 …… 174

第11章 考虑乘客分类的城市轨道交通网络客流分配方法 …… 181
- 11.1 考虑乘客类别的客流分配方法 …… 181
- 11.2 乘客属性与路径选择的相关性分析 …… 184
- 11.3 乘客的交叉分类 …… 188

  11.4 O-D 客流分类 ··· 192
  11.5 参数估计 ··· 199
  11.6 实例计算 ··· 202
  11.7 算法分析 ··· 206
第 12 章 基于时刻表的城市轨道交通网络客流分配方法 ························· 211
  12.1 概述 ·· 211
  12.2 城市轨道交通网络的动态特征 ·· 212
  12.3 城市轨道交通的空间网络 ·· 214
  12.4 基于时刻表的时空扩展网络 ··· 216
  12.5 出行费用分析 ·· 220
  12.6 基于时空网络的城市轨道交通网络客流分配方法 ······················ 221
  12.7 算例分析 ··· 223
参考文献 ·· 233

第1章 绪　　论

1.1　研究背景

随着我国经济及城市化的快速发展,社会经济活动日益频繁,交通需求迅速增长,城市规模不断扩大,而交通拥堵问题日渐突出。相对于个人交通工具,城市公共交通在提高土地利用效率、缓解道路交通拥堵、降低能源消耗等方面具有明显的优势,因此,优先发展公共交通已成为解决城市交通问题的重要途径。

城市轨道交通是城市公共交通的重要组成部分,泛指在城市中沿特定轨道快速运行的大、中运量公共交通工具,包括地铁、轻轨、市郊通勤铁路、单轨铁路、有轨电车以及磁悬浮铁路等多种类型。城市轨道交通具有运量大、速度快、节约用地、方便舒适、保护环境等优点,可以有效缓解城市交通的供需矛盾。此外,城市轨道交通还会影响城市发展规划,促进土地开发,带动房地产、商业以及交通附属产业等其他行业的发展。

由于经济实力和技术水平的限制,我国城市轨道交通建设的起步时间较晚。20世纪,我国除港澳台外仅有北京、上海、广州和天津4个城市建有城市轨道交通线路。进入21世纪以来,我国城市轨道交通进入一个大发展的黄金时期。截至2017年底,我国除港澳台外共有34个城市开通了轨道交通系统,运营线路共有165条,总里程达到5033km,拥有2条及以上城市轨道交通线路的城市有26个,占运营城市的76.5%。同时,我国除港澳台外共有56个城市正在建设城市轨道交通系统,在建线路共有254条,总里程为6246.3km。建设规模超过300km的城市包括成都、杭州、广州、青岛、北京5个城市,共计24个城市建设规模超过100km[1]。

北京是我国除港澳台外第一个拥有城市轨道交通的城市。1965年7月1日,北京市开始建设第一条地下铁路。截至2018年底,北京共运营22条城市轨道交通线路,均为地铁线路,共有391座运营车站(换乘车站重复计算),运营线路总里程为637km。根据《北京市城市轨道交通第二期建设规划(2015—2021年)》,到2020年,北京将建成并运营包括30条线路(运营里程将达到1177km)在内的较大规模城市轨道交通网络[2]。上海是继北京、天津之后中国除港澳台外投入城市轨道交通运营的第三个城市。截至2018年底,上海轨道交通共开通16条线路,共有车站415座,运营总里程为705km。根据《上海市轨道交通近期建设计划》,到2025年,上海将拥有包括地铁、城际铁路、机场快线、磁浮线等多种形式的轨道交通系统,运营线路将达到39条,总里程将达到1050km[3]。

客流预测是城市轨道交通规划设计和运营管理的重要依据,也是城市轨道交通建设过程中的关键环节。在城市轨道交通系统规划设计方面,客流预测直接决定线网的建设规模、车站规模、车站车辆的选型及编组、各种车站设备的容量及数量等,因此,客流预测在一定程度上影响着整个城市轨道交通的设计方案和工程投资。如果预测客流量过大，而实际客流不足，将会造成车站站台过长，车辆及自动扶梯、检票设备、屏蔽门等各种车站设备的建设数量过多，造成投资浪费；如果客流预测过小，又将造成城市轨道交通系统建设规模小，无法满足乘客的交通需求。从城市轨道交通运营管理方面来说，需要根据预测客流编制列车运行计划，安排运行车辆的数量和编组、各种车站设施的使用数量及各种站务人员的安排。如果预测结果偏大，将导致运营费用和维修费用浪费，使运营企业利润减少甚至亏损；如果预测结果偏小，实际客流过大，又会导致各种拥挤，使服务质量得不到保证，尤其遇到突发事件或特殊时段，客流的急速增加可能会导致整个城市轨道交通系统超负荷运营，从而产生较大的安全隐患。目前，我国已进入城市轨道交通的快速发展时期，分析并掌握既有线路的客流成长规律和客流时空特征，对新建线路的客流进行科学预测，可为我国城市轨道交通系统的规划建设和线路设计提供重要的数据支撑。

由于城市轨道交通具有建设成本高、投资大、工期长等特点，在其建设及运营过程中通常无法由单一投资主体独立完成，城市轨道交通路网建设会以渐进的形式由不同的投资主体投资建设并进行运营管理。例如，北京地铁4号线、14号线和大兴线的运营企业为北京京港地铁有限公司，而其他线路的运营企业则是北京市地铁运营有限公司，这标志着我国城市轨道交通的运营管理已由简单的单线路独立运营转化为"多运营商、多线路"的网络一体化运营。相对于单线路运营，成网条件下的城市轨道交通运营管理涉及物理设施的衔接、时刻表的协调、乘客信息的发布、票价的制订及票款收入的清分等复杂问题。在这些复杂问题中，需要解决的核心问题就是如何准确计算O-D客流在网络上的时空分布。然而，随着城市轨道交通网络规模的不断扩大，不同线路之间相互换乘的概率会越来越高，换乘系数将迅速增加，一条新线的引入必然带动整个网络客流时空分布的变化。同时，在城市轨道交通网络中，乘客出行路径的选择范围也将越来越大，这些因素都使得把握城市轨道交通网络客流的时空分布极为困难。只有借助科学有效的网络客流分配方法，才能为城市轨道交通网络化运营提供理论支持。

目前，我国城市轨道交通均采用自动售检票（简称AFC）系统进行乘客的售检票。乘客在出行过程中需要在进站口和出站口刷卡，因此，通过该系统可得到城市轨道交通系统较为准确的进站量、出站量以及O-D量等重要数据。然而，我国的AFC系统普遍采用各线路间"一票换乘"形式的无障碍站内换乘模式，即乘客在不同线路之间换乘时，无须再刷卡付费，因此，该系统无法准确记录乘客在城市轨道交通网络中的换乘和路径信息。在这种情况下，基于历史AFC数据，结合先进的交通建模理论与方法，对城市轨道交通客流进行科学预测并准确推算网络客流的时空分布状态，不仅对提升我国城市轨道交通运营管理水平具有重要的现实意义，而且对于拓展我国城市交通管理理论具有重要的学术价值。

1.2 研究现状

1.2.1 短时客流预测

城市轨道交通线网规划中的客流预测通常采用传统的交通需求预测模型，如经典的四阶段法等,然而这些方法只适用于中长期客流预测问题,无法应用于城市轨道交通的短期客流预测。对于城市轨道交通的短期客流预测,影响因素众多,客流动态性、随机性强,具有复杂的非线性特征,用现有的预测方法很难获得较高的预测精度。

传统预测模型以数理统计和微积分等数学方法为基础,主要包括历史平均模型、时间序列模型、非参数回归模型等。这些方法已广泛应用在短时交通需求预测中,例如,Ahmed 和 Cook 在 1979 年首次提出将 ARIMA 时间序列模型应用在道路交通流短时预测中;Iwao Okutani(1984)利用卡尔曼滤波理论构建了短时交通流预测模型[4];Kumar 和 Jain(1999)利用 ARIMA 模型对交通噪声进行了分析和预测[5];Smitha 等人(2002)提出了一种由数据驱动的非参数回归模型,并采用非参数回归模型和 ARIMA 模型对短时交通流进行了预测[6];宫晓燕等人(2003)同样采用非参数回归模型对短时交通流进行预测[7];张世英等人(2006)利用时间序列方法对天津市轨道交通客流进行了短时预测[8];田龙辉等人(2009)基于 AFC 系统的历史数据,利用时间序列方法对城市轨道交通客流进行了短时预测[9]。

随着信息化和智能化技术的发展,人们提出了一系列更复杂、精度更高的预测方法,这些方法以模拟技术、神经网络、模糊控制为主要手段,其特点是不追求严格意义上的数学推导和明确的物理意义,而更重视对真实数据的拟合效果。尤其是神经网络方法的出现,为客流预测问题提供了更为有效的解决途径。相对于传统的预测方法,基于神经网络的预测方法更适合复杂、非线性的条件,它不需要建立精确的数学模型,具有良好的自组织性、自适应性以及很强的学习能力、抗干扰能力。目前常用的神经网络预测模型包括 BP 神经网络模型、多层感知器神经网络(MLP)、径向基函数神经网络(RBF 神经网络)、动态神经网络等。

20 世纪 40 年代,美国心理学家 McCulloch 和数学家 Pitts 首次提出了 MP 模型,开展了对人工神经网络的研究[10];1949 年,Hebb 在其论著 *The Organization of Behavior* 中提出了著名的 Hebb 学习规则[11],基于该成果,Rosenblatt 在 1957 年提出了感知机网络模型,并在 1958 年证明了感知机收敛定理[12];1981 年,芬兰的 Kollonen 以可视系统为研究对象,提出了自组织神经网络原理[13];1982 年,美国物理学家 Hopfield 在能量函数思想的基础上提出了著名的 Hopfield 神经网络模型[14];1986 年,Rumelhart 和 Clelland 主要针对神经网络的训练方法问题,提出了 BP 神经网络学习算法[15];1988 年,Chua 和 Yang 提出了细胞神经网络(CNN)模型[16];1995 年,Jenkins 基于对光学神经网络的研究,构建了基于光学二维并行互联与电子学的混合光学神经网络系统[17]。

近年来,一些专家学者开始将神经网络方法应用在交通预测中。例如,Xiao 等人(2004)利用 RBF 神经网络对交通流进行预测[18];2009 年,Tsung-Hsien 等人采用多时序单位神经网络模型和并行组合神经网络模型对铁路客运需求进行了预测[19];Zheng 等人(2011)利用 BP 神经网络和 RBF 神经网络对高速公路交通流进行了短期预测[20]。虽然国内对神经网络预测的研究起步较晚,但也取得了丰硕的成果,例如,吕琪等人(2003)将动态神经网络与传统的基于状态估计的故障检测方法相结合,提出了一种基于动态神经网络的交通事件预测方法[21];况爱武等人(2004)采用神经网络模型对高速公路短时交通流进行了预测[22];王卓等人(2005)采用改进的 BP 神经网络模型对铁路客运量进行了预测[23];秦伟刚等人(2006)利用 RBF 神经网络构建了具有收敛速度快和较强局部泛化能力的交通流预测模型[24];孙崎峰等人(2008)利用改进的 BP 神经网络模型对公路旅游客流量进行了预测,并对预测结果和实际值进行了比较和分析[25];陈玉红等人(2009)改进了确定隐含层节点个数和径向基函数中心的算法,并将改进的 RBF 神经网络用于预测养老保险收入[26];李晓俊等人(2011)分析了铁路客运量的年变化特征和周变化特征,建立了基于 RBF 神经网络模型的铁路短期客流量预测模型[27];鲁明旭等人(2012)分别采用 BP 神经网络和 Elman 神经网络模型对地铁自动扶梯客流进行了预测[28]。

无论是传统的预测模型,还是基于神经网络的预测模型,每种模型都有自己的预测机理,产生的预测效果各有优势。在实际的预测中,采用单一预测方法总会带有片面性,因此,很多学者开始关注组合预测模型。组合预测模型可以综合利用各种模型的优点,用一种模型的优势弥补另一种模型的缺陷,从而提高预测精度。1969 年,Bates 和 Granger 首次提出了组合预测方法的理论,将不同的单项预测方法进行综合处理,得到一个包含各模型有效信息的新的预测模型,其研究成果引起预测领域许多学者的重视[29]。1989 年,组合预测方法专辑在国际预测领域的权威学术刊物 *Journal of Forecasting* 上出版,充分显示了组合预测方法在预测领域的重要地位。

近年来,国内外在组合预测方法方面取得了丰富的研究成果。国外的研究包括:Chen 等人(2001)将时间序列模型和神经网络模型组合起来对高速公路交通流进行预测,取得了较好的预测效果[30];Zhang(2003 年)将适用于线性预测的自回归移动平均模型(ARIMA 模型)和适用于非线性预测的神经网络模型组合起来对黑斑羚的数量、加拿大山猫的数量和英镑对美元的汇率分别进行预测,均得到了较为满意的预测结果[31];Deng 等人(2011)建立了粒子群—BP 神经网络混合优化算法对公路交通流量进行预测[32];Wei 等人(2012)将经验模式分解法(EMD)和 BP 神经网络组合对地铁客流进行预测,结果显示 EMD-BPN 组合预测模型可以提高预测精度[33]。国内的相关研究包括:葛亮等人(2005)通过全面分析遗传算法和神经网络的优缺点,构建了一种遗传神经网络模型对城市公共交通枢纽客流进行预测,实证数据表明,该模型具有较强的自适应性和学习能力[34];吴晓磊等人(2007)对常用的指数平滑模型、回归分析法、灰色模型进行了综合研究,利用多种模型的组合模型对铁路旅客发送量进行了预测(预测结果显示组合模型的预测误差最小[35]);王莎莎等人(2009)利用 ARIMA 模型和 GM(1,1)建立组合模型对我国的 GDP 进行预测[36];温胜强等人(2010)结合灰色预测模型和神经网络模型的优点分别建立了不同的组合预测模型对公路交通量进行预测(预测结果表明,通过选择合适的组合模型及其参数估计方法可以有效地提高预测精度[37])。

1.2.2 网络客流分析

在交通研究中,如何将已知的 O-D 需求合理地分配到相应交通网络的各条路段中,即交通网络流量分配,是交通专家一直关注的问题。由于早期缺乏理论支持和计算手段,交通网络流量分配主要是依靠工程师的个人经验和主观判断。20 世纪 50 年代后,美国公路局(Bureau of Public Roads,BPR)在研究高速道路交通转移率时提出了转移率曲线方法,这是交通分配理论的最初尝试。Dantzig 和 Moore 分别在 1957 年[38]和 1959 年[39]发表了寻找网络中两点间最短路方法的论文,这一成果对交通分配理论的发展产生了巨大的影响。经过 Carroll、Schneider 等人的努力,基于最短路方法的"全有全无"法(All-or-Nothing)在交通分配中得到了实际应用。"全有全无"法的网络加载机制就是将每个 O-D 需求量全部分配到连接该 O-D 对的最短路径上。如果考虑道路拥挤,其结果与实际交通量相差太大。为了改进这一不足,在此后的研究中又有多种新的分配模型被提出,如多路径概率分配法,这种方法由 Burrell[40]和 Dial[41]等提出,该方法以出行者路径选择概率为基础,确定各 O-D 对之间不同路径的选择比例。

从经济学的角度来说,现实的交通状态是各种出行者在交通网络中进行各类交通选择的集聚结果。基于这种认识,以出行者路径选择行为分析为基础的交通网络平衡理论逐步发展起来。1952 年,Wardrop 首先提出交通平衡分配原则[42];1956 年,Beckmann 建立了平衡理论的数学优化模型[43];1979 年,Smith 证明了该模型最优解的存在性、唯一性以及稳定性[44];1980 年,Dafermos 提出了平衡理论的变分不等式模型[45]。他们的研究使交通网络平衡理论形成了较为完整的体系。随着计算机技术的飞速发展,平衡模型已在交通分配理论中占据了主导地位。几十年来,国内外专家学者在城市道路交通流量分配方面取得了大量的研究成果,如 Yang 和 Yagar(1994)研究了路段通行能力受限制的均衡配流问题[46],Powell[47](1982)、Sheffi[48](1982)和 Daganzo[49](1998)研究了求解均衡配流模型的各种算法等。

在交通平衡理论中,假设出行者可以掌握整个路网的全部信息,显然,这并不符合实际,在实际的出行过程中,出行者对交通网络状况不可能完全了解,且存在一些难以量化的随机因素,因此,应将出行费用看作一个随机变量。如果仍采用 Wardrop 平衡原则作为出行者的路径选择原则,这样的平衡配流问题就是随机平衡配流问题。Daganzo(1977、1979)是最早研究随机交通分配的学者[50,51],随后 Sheffi(1982)在 Daganzo 的工作基础上,找到了等价的随机平衡配流模型[48];Fisk(1980)的工作则侧重于构建流量加载形式为 Logit 的等价优化模型[52];Van Vuren(1994)针对随机平衡模型提出了六个重要问题:路径集的确定、路径选择的类似性、算法收敛性、目标函数的计算方法、用户费用的计算方法,以及路径选择模型的参数标定[53]。

城市公交网络的配流问题是在公交线路和有关参数(能力、频率、车间距分布)已知的情况下,通过模拟乘客的出行行为,将 O-D 需求加载到公交线网上,从而得到线路流量的时空分布。对于城市公交网络,在同一路段上可以有多条公交线路,并且每条公交线路都有固定的行车路线和发车频率,因此,公交网络相对于城市道路交通网络来说更加复杂。在过去的几十年中,国内外学者对城市公交网络中的乘客路径选择以及由此形成的城市公交网络流量分配问题进行了大量研究。

早期的公交网络配流问题研究(Dial[54],LeClercq[55])主要是参考基于道路网络的分配方法,不考虑拥挤因素对乘客选择路径的影响,认为乘客是沿 O-D 对的最短路径出行的;Chriqui 和 Robillard(1975)基于乘客期望总出行时间最短的选择行为,引入了共线(Common Line)的概念[56]。后来,共线方法扩展到包括具有不同速度的公交线,并且这种思想贯穿于后来的研究中。例如,Spiess(1984、1989)在网络范畴描述共线问题时引入了策略的概念。策略由一系列规则组成,与每个乘客的偏好及出行过程中获得的信息有关,乘客在这些规则的作用下到达终点[57,58];Nguyen 和 Pallottino(1988)在共线研究中引入超级路径(hyperpath)的概念,用图论的形式来描述乘客的选择行为[59]。1976 年,Last 首先考虑了拥挤条件下的城市公交配流问题,考虑乘客等车时间与公交车辆能力之间的关系,提出了 TRANSEPT 模型,不过,这种模型只适用于放射状的公交网络[60];Gendreau(1984)用排队论的方法模拟在拥挤条件下的乘客分布和等车过程,但计算过程过于复杂,使得排队模型很难应用于实际网络中[61];Spiess 和 Florian(1989)指出乘客的广义出行时间是乘客流量的增函数,用非线性模型描述了拥挤条件下的公交配流问题[62];De Cea 和 Fernández(1993)认为乘客的出行是由一系列中间换乘车站组成的,等车时间不仅与车站的上车乘客有关,而且与车上的乘客有关[63];Lam 等人(1999)提出了拥挤公交网络中的随机用户平衡配流模型,并设计了有效的求解算法[64];姜虹等人(2000)利用超级路径的概念,分析了拥挤条件下乘客选择路线的原则和不确定因素的影响,提出了可以体现乘客等待时间和因拥挤产生的延误时间的阻抗函数,并建立了随机用户平衡配流模型[65]。

近年来,对于公交客流分配模型的研究主要集中在两个方面:一是基于发车频率的客流分配方法,二是基于时刻表的客流分配方法。在基于发车频率的客流分配研究方面,主要包括:Lam(2002)提出了发车间隔不固定条件下容量限制分配问题,给出了该条件下容量限制的随机用户平衡模型和算法[66];Cepeda 等人(2006)对已有基于有效路径的研究进行了总结,考虑了在一定流量、期望等待时间、出行时间条件下,可能造成的拥堵,构造了基于发车频率的路径选择模型[67];Schmöcker 等人(2008)基于"乘客由于拥挤无法乘车"的思想,考虑乘客由于车辆过于拥挤而无法乘车的概率,提出了基于发车频率的动态分配模型[68]。在基于时刻表的客流分配研究方面,主要包括:Friedrich 等人(2000,2005)采用分支定界法构造乘客可选择的路径集,并提出了基于时刻表的公交配流模型[69,70];Poon 等人(2004)在假设所有乘客能够根据以往经验得到确切出行信息的基础上,通过定义由乘车时间、等待时间、换乘时间和换乘惩罚函数组成的广义费用函数,提出拥堵状况下,基于时刻表的平衡分配模型和算法[71];Hamdouch 和 Lawphongpanich(2008)考虑公交时刻表和个体车辆的容量限制,建立了一个公交客流分配的用户平衡模型[72];刘志谦等人(2010)引入公交路径独立系统,以克服多条相似公交路径的相互影响,建立了容量限制条件下基于时刻表的随机用户均衡模型[73]。

尽管众多专家学者对一般道路交通网络和城市公交网络的配流问题做了大量的研究和探讨,提出了许多模型和算法,然而,对于城市轨道交通网络的客流分配问题研究相对较少。与道路交通网络的流量分配相比,城市轨道交通网络的流量分配更为复杂。首先,研究对象不同,前者研究的是车辆的路线选择问题,所形成的网络流是不同车辆在网络中的流动现象;而后者研究的是乘客的交通选择行为,所形成的网络流是乘客流在网络中的流动现象。其次,前者只考虑时间因素;而后者考虑的因素多且复杂,如时间、价格、安全舒适以及服务质量等,都会影响轨道交通网络流的分配状态。最后,前者不用考虑换乘问题,而后者要考虑不同线路特性对流量分配的影响,即存在换乘问题,这一点也是城市轨道交通网络流量分配问题的难点所在。

部分学者尝试将城市道路交通网络中的一些理论方法应用在城市轨道交通网络中。例如,Tong 等人(1999)建立了随机动态客流分配模型,并将此模型应用到我国香港地铁系统中[74];吴祥云等人(2004)将道路交通流量分配理论应用到城市轨道交通上,将路段阻抗和节点阻抗作为轨道交通的费用函数,将换乘等车时间用放大系数转换成乘车时间,按照平衡配流原理,建立城市轨道交通网络的平衡配流模型[75];部分文献在城市轨道交通网络乘客流量分配中应用随机均衡配流模型,例如,四兵锋等人(2007)在构造城市轨道交通网络的广义费用函数的基础上,基于随机用户平衡原则构建随机均衡配流模型,该模型考虑了影响城市轨道交通网络中客流分配的主要因素和城市轨道交通网络的特有属性[76];孔繁钰等人(2008)认为不同乘客对同一条路径上的感受出行阻抗存在差异,通过在阻抗函数中引入由于拥挤导致的延误时间,提出了城市轨道交通网络的随机平衡配流模型[77]。然而,在这些研究中,一些关键问题还没有很好地得到解决,如城市轨道交通网络中流量与费用之间的函数关系、不同线路之间换乘费用的处理、有效路径的选择等,而这些问题直接影响着城市轨道交通网络客流分配的效果。

对于城市轨道交通网络流量分配建模来说,其核心问题是如何描述乘客在轨道交通网络中起点与终点之间的路径选择问题。人们在面对多个方案时总是难以决策。为了模拟人们的心理选择过程,方便各个方案的比较,需要有一个比较的指标,这个指标称为"吸引度"或"效用值",表示选择该方案会获得的效用。就理论而言,人们总是能选择出最高效用的方案,但实际应用中,效用值往往不能直接观测,甚至难以预估。许多因素都会影响方案的效用值,且这些因素往往兼具复杂性和随机性。国内学者针对乘客的出行路径选择问题也进行了相关研究。例如,牛新奇等人(2005)假设两个站点之间的全部乘客都选择最短路径,将全部流量分配到最短路径上,但该方法对影响乘客出行路径选择的其他因素考虑不够充分[78];Guan等人(2006)采用极值法筛选有效路径,即在某个O-D对之间考虑把完全不换乘的情况作为最小值,把所有点均换乘的情况作为最大值,该方法能有效缩小有效路径集的范围,但在实际应用中,可能会保留乘客不会选择的路径[79];赵峰等人(2007)采用有效路径取代K短路径,他们对有效路径的定义约束有三条:不允许走回头路、不允许走回线路、O-D间每条路径的广义费用和最小广义费用的差值不允许超过阈值[80];毛保华等人(2007)将基于深度优先的遍历算法应用在有效路径的搜索中,提出了基于回溯遍历的有效路径搜索算法[81];赵烈秋等人(2008)考虑了乘客由于拥挤无法上车的情况,并建立包括延误时间在内的乘客出行阻抗函数,构建了拥挤条件下的城市轨道交通均衡配流模型[82];徐瑞华等人(2009)采用K短路算法得到1~3条最短和次短路径,然后用离散的正态分布来近似,虽然能减少有效路径集合和配流计算量,但可能会导致遗漏某些可能选择的路径或增加不可能选择的路径[83];叶晋等人(2009)将遗传算法应用到轨道交通换乘路径的求解过程中,提出一个求解轨道交通K条最佳换乘路径的遗传算法[84];刘剑锋等人(2009)也提出了一种基于深度搜索优先和分支定界思想的有效路径搜索算法,该算法假定路径中的每个节点都不可重复,每条线路都不可重复使用,且当路径已知费用大于该O-D对广义费用最大阈值时,停止搜索[85]。

1.3 主 要 内 容

本书的主要内容基于对我国城市轨道交通发展现状、客流特征及规律的分析,综合运用统计方法、数据学习方法、交通建模方法以及数学优化方法等理论,研究了城市轨道交通的客流预测及分析问题,通过大量实际数据对这些方法进行验证和说明。

本书的知识体系可以分为三个部分,分别为我国城市轨道交通的发展及客流特征、基于数据的城市轨道交通客流短期预测以及基于交通建模的城市轨道交通网络客流分析。第一部分包括第2章和第3章,这一部分对我国城市轨道交通的发展、客流分布特征和变化规律进行了一般性的阐述。第二部分包括第4章、第5章、第6章和第7章,主要介绍了基于时间序列数据的短期客流预测的主要方法,提出了基于单一模型和组合模型的城市轨道交通客流预测方法,并通过实证数据对这些方法进行了计算和分析,同时,基于不同预测方法,对不同条件下的城市轨道交通客流进行了预测和分析。第三部分包括第8章到第12章的内容,介绍了交通网络流量分析的基础理论和方法,基于调查数据对城市轨道交通网络中乘客的路径选择行为进行了分析;基于交通建模理论,对各种条件下的城市轨道交通网络客流时空分布计算方法进行了研究,并通过大量的实证数据对模型及算法进行了验证和说明。

图 1-1 给出了本书的基本知识架构。

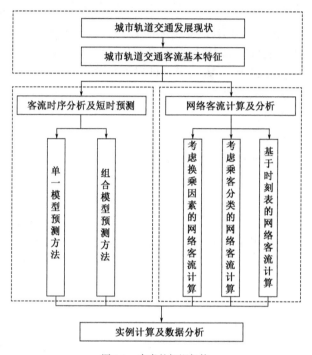

图 1-1　本书的知识架构

本书各章节的主要内容如下。

第 1 章:主要介绍研究背景及意义,城市轨道交通客流分析的国内外研究现状,并给出本书的主要研究内容以及知识结构。

第 2 章:对我国城市轨道交通的发展现状进行概括和总结,并选取包括北京、上海、广州和深圳等国内典型城市轨道交通系统,对其发展、现状及规划进行说明。

第 3 章:对我国城市轨道交通客流发展的基本情况进行总结和概括,以典型城市轨道交通客流数据为统计对象,分析城市轨道交通客流的基本特征、环线客流特征以及车站客流特征。

第 4 章:对几种常用的交通短时预测模型的基本原理、优缺点及适用情况进行描述和总结。这些模型包括时间序列预测模型、卡尔曼滤波法、支持向量机模型、神经网络模型和组合模型等。

第 5 章:给出采用单一模型对城市轨道交通客流进行预测的方法,包括时间序列预测模型、多模块加权神经网络预测模型以及支持向量机预测模型,并通过实际数据对这些模型的预测效果进行验证。

第 6 章:给出采用组合模型对城市轨道交通客流进行预测的方法,包括并行加权神经网络预测模型、ARIMA 模型与 RBF 模型组合而成的 ARIMA-RBF 预测模型、EMD 模型与 RBF 模型组合而成的 EMD-RBF 预测模型,以及基于灰色关联度最大化的组合预测模型;通过实际数据,对这些模型的预测效果进行验证。

第 7 章:以北京市轨道交通客流的历史数据为研究对象,采用不同的预测模型对几类重要的客流进行预测分析,包括平常日进站客流、端午节客流、国庆节客流、清明节客流等。

第 8 章:对城市轨道交通网络客流分析的基础理论和方法进行介绍,主要包括交通系统的网络描述、网络特性、离散选择模型、非平衡网络配流模型、用户平衡配流模型以及随机用户平衡配流模型等。

第 9 章:对城市轨道交通乘客的路径选择行为进行问卷调查,并对调查数据进行统计分析,分析不同属性的乘客在不同出行条件下路径选择的主要影响因素,以及乘客的路径选择偏好。

第 10 章:综合考虑乘车时间、换乘时间和乘车次数等影响乘客路径选择的主要因素,构造基于换乘的路径广义费用函数,提出了基于改进 Logit 模型的城市轨道交通网络客流分配方法,采用实际数据对模型进行了验算和分析。

第 11 章:考虑不同属性乘客在路径选择行为上的差异,针对不同属性乘客建立路径广义费用函数,提出基于类别的城市轨道交通网络流量分配模型,采用实际数据对模型和算法进行验证和分析。

第 12 章:运用网络扩展技术,结合城市轨道交通线网结构和列车时刻表信息,构造城市轨道交通的时空网络拓扑,给出针对时空扩展网络的改进的最短路搜索算法,提出了基于时刻表的城市轨道交通网络客流平衡分配模型及求解算法,通过算例对模型及算法的可行性和有效性进行验证和分析。

第2章 我国城市轨道交通发展现状

2.1 总体情况[1]

2.1.1 运营情况

截至2016年底,我国除港澳台外共有30个城市开通了轨道交通,运营线路共有133条,总里程达到4152.8km,图2-1给出了各城市运营线路里程,表2-1给出了各城市轨道交通的具体数据。在全部城市轨道交通线路中,地下线路2564km,占61.7%,地面线路389.7km,占9.4%,高架线路1199.1km,占28.9%。我国城市轨道交通运营车站共计2671座,其中换乘车站457座,占17.1%,车辆场段共有168座。拥有2条及以上城市轨道交通线路的城市有21个,占轨道交通运营城市的70%。城市轨道交通网络化运营成为发展趋势。

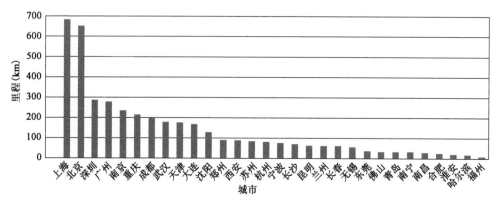

图2-1 我国各城市轨道交通运营线路里程(2016年)

各城市轨道交通运营基本数据　　　　表2-1

城市	运营线路长度(km)	敷设方式(km)			场站(座)			制式(km)	
		地下	地面	高架	站数	换乘站	停车场	地铁	其他
北京	650.4	409.0	49.2	192.2	351	110	25	573.4	77.0
上海	682.5	369.9	80.6	232.0	390	118	26	587.5	95.5
天津	175.3	98.3	15.5	61.5	126	15	10	115.3	60.0
重庆	213.4	102.7	0.8	109.9	126	16	10	114.9	98.5
广州	276.3	231.6	11.4	33.3	179	48	11	264.6	11.7
深圳	286.5	241.5	4.0	41.0	199	60	15	286.5	—

续上表

城市	运营线路长度（km）	敷设方式（km）			场站（座）			制式（km）	
		地下	地面	高架	站数	换乘站	停车场	地铁	其他
武汉	179.0	136.7	0.7	41.6	135	21	2	145.6	33.4
南京	232.4	136.2	13.8	82.4	134	15	9	143.4	89.0
沈阳	125.0	54.0	71.0	—	130	8	2	54.0	71.0
长春	60.0	4.3	36.4	19.3	84	—	3	—	60.0
大连	167.0	48.6	56.0	62.4	95	3	7	42.0	125.0
成都	199.7	97.8	1.5	100.4	108	12	6	105.5	94.2
西安	89.0	77.4	—	11.6	66	4	4	89.0	—
哈尔滨	17.2	17.2	—	—	18	—	—	17.2	—
苏州	85.6	60.0	16.2	9.4	69	2	4	67.9	17.7
郑州	89.2	46.2	—	43.0	41	2	3	46.2	43.0
昆明	63.4	41.5	2.2	19.7	39	—	4	63.4	—
杭州	81.5	74.9	0.5	6.1	57	8	3	81.5	—
佛山	33.5	33.5	—	—	22	—	1	33.5	—
长沙	68.7	48.8	0.2	19.7	46	1	3	50.1	18.6
宁波	74.5	39.5	—	35.0	51	11	5	74.5	—
无锡	55.7	41.5	0.3	13.9	46	2	4	55.7	—
南昌	28.8	28.8	—	0.0	24	—	2	28.8	—
兰州	61.0	—	—	61.0	6	—	—	—	61.0
青岛	33.5	24.5	9.0	0.0	34	—	1	24.5	9.0
淮安	20.0	—	20.0	—	23	—	2	—	20.0
福州	9.2	9.2	—	—	9	—	2	9.2	—
东莞	37.8	33.7	0.4	3.7	15	1	1	37.8	—
南宁	32.1	32.1	—	—	25	—	2	32.1	—
合肥	24.6	24.6	—	—	23	—	1	24.6	—

在城市轨道交通运营线路中，地铁里程为3168.7km，占76.3%，其他制式的轨道交通（包括轻轨、单轨、市域快轨、现代有轨电车、磁浮交通、无人驾驶列车等）共984.1km，占23.7%。我国城市轨道交通的制式结构如图2-2所示。

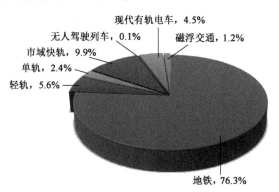

图2-2 我国城市轨道交通的制式结构（2016年）

2.1.2 建设情况

截至 2016 年底,我国除港澳台外共有 48 个城市建设城市轨道交通系统,在建线路共有 228 条,总里程为 5636.5km,各城市轨道交通在建情况如图 2-3 所示,具体数据见表 2-2。可以看出,有 23 个城市的在建线路里程超过 100km,其中建设规模超过 300km 的城市包括成都、武汉、广州、青岛、北京 5 个,建设规模为 150～300km 的城市包括深圳、上海、天津、重庆、南京、厦门、杭州、西安、苏州、长沙 10 个,建设规模为 100～150km 的城市包括昆明、宁波、南昌、佛山、温州、南宁、沈阳、福州 8 个。

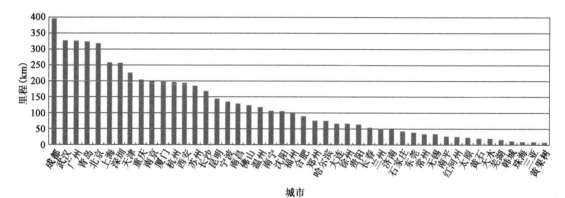

图 2-3 我国各城市在建轨道交通情况(2016 年)

各城市在建轨道交通的基本数据　　　　　　　　　表 2-2

城市	在建线路数量(条)	在建线路长度(km)	在建线路制式(km)		建设规模				
			地铁	其他	地下(km)	地面(km)	高架(km)	车站(座)	换乘站(座)
北京	15	316.6	297.4	19.2	297.4	19.2	—	159	65
上海	12	256.6	219.0	37.5	182.7	31.5	42.5	168	47
天津	8	225.5	225.5	—	194.4	1.6	29.5	178	53
重庆	8	203.4	203.4	—	164.2	2.0	37.2	126	57
广州	12	326.5	326.5	—	270.9	8.0	47.6	156	—
深圳	15	255.6	243.9	11.7	201.1	17.9	36.6	181	57
武汉	15	327.3	271.2	56.1	224.5	49.6	53.2	216	91
南京	5	199.2	71.2	128	98.6	16.0	84.6	93	29
沈阳	4	105.0	100.8	4.1	100.8	4.13	—	69	27
长春	3	54.7	41.3	13.4	41.3	—	13.4	—	—
大连	3	66.5	23.5	43.0	25.5	18.0	23.0	18	2
成都	16	394.8	351.8	43.0	322.7	47.2	24.9	278	86
西安	9	195.1	195.1	—	164.9	1.7	28.6	127	44
哈尔滨	4	74.8	74.8	—	74.8	—	—	59	18
苏州	6	185.1	157.6	27.5	160.0	19.6	5.5	141	37
郑州	3	76.2	76.2	—	76.2	—	—	58	38

续上表

城市	在建线路数量(条)	在建线路长度(km)	在建线路制式(km)		建设规模				
			地铁	其他	地下(km)	地面(km)	高架(km)	车站(座)	换乘站(座)
昆明	9	143.5	143.5	—	124.0	1.7	17.7	55	15
杭州	7	196.6	196.6	—	158.6		38.0	128	39
佛山	4	123.4	110.3	13.1	99.6	4.7	19.1	70	20
长沙	8	168.9	150.3	18.6	149.0	1.5	18.4	121	47
宁波	6	136.0	114.4	21.6	77.8		58.2	85	24
无锡	2	33.7	33.7	—	33.7		0.0	24	3
南昌	5	129.0	129.0	—	122.0	0.5	6.6	102	24
兰州	3	50.1	35.0	15.1	35.0	15.1	—	—	—
青岛	8	324.1	324.1	—	218.9	2.8	102.4	168	59
福州	4	101.6	101.6	—	94.2	0.7	6.8	67	17
东莞	1	37.7	37.7	—	33.7	0.4	3.6	15	4
南宁	4	105.7	105.7	—	105.7	—		85	23
合肥	3	89.5	89.5	—	85.3		4.2	80	17
石家庄	2	43.2	43.2	—	43.2				
济南	2	47.7	47.7	—	31.3	0.2	16.2	24	9
太原	1	23.4	23.4	—	23.4	—		21	5
贵阳	2	62.7	62.7	—	57.7	1.5	3.5	49	10
乌鲁木齐	—	—	—	—	—	—	—	—	—
厦门	5	198.9	198.9	—	164.6	3.9	30.4	125	38
徐州	2	64.3	64.3	—	63.8		0.6	54	15
常州	1	34.2	34.2	—	31.6	0.4	2.2	29	8
温州	2	117.1	—	117.1	22.2	3.3	91.6	40	9
芜湖	1	16.2		16.2	1.3		14.9	12	
淮安	—	—	—	—	—	—	—	—	—
红河州	1	24.6		24.6		24.6			
珠海	1	8.9	—	8.9		8.9		14.0	
南平	1	26.2		26.2		26.2			
渭南	1	10.7		10.7			10.7	5	
安顺	1	6.5		6.5			6.5	5	
三亚	1	8.7	—	8.7			8.7	15	
黄石	1	20.6		20.6			20.6	26	
天水	1	20.0	—	20.0		20.0		17	—

在所有的在建线路中，地铁为4925km，轻轨为13.4km，单轨为33.4km，市域快轨为300.7km，现代有轨电车为328.6km，磁悬浮为28.8km，APM为6.6km；车站共计3463座，其中换乘站1037座，占车站总数的29.9%，换乘站占比大幅提高。

2.1.3 规划情况

截至2016年底,我国除港澳台外共有58个城市获得了城市轨道交通建设的项目批复,规划线路总长度为7305.3km,各城市轨道交通规划里程如图2-4所示,具体数据见表2-3。在这些城市中,有50个城市的轨道交通规划线路超过2条,有28个城市规划线路里程超过100km。在这些规划中,车站总数为4562座,其中换乘站1213座,占比26.6%。

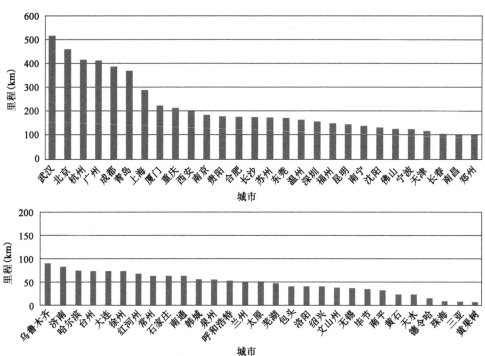

图 2-4 各城市轨道交通规划情况(2016 年)

2016 年各城市轨道交通规划基本数据　　　　表 2-3

城市	线路长度(km)	线路制式		车站数	换乘站数
		地铁	其他		
北京	459.4	423.8	31.1	174	65
上海	277.3	239.8	37.5	472	157
天津	115.8	115.8	—	65	30
重庆	214.2	214.2		126	57
广州	417.8	417.8	—	139	—
深圳	148.8	137.1	11.7	93	26
武汉	512.6	456.6	56.1	319	91
南京	177.5	159.2	18.3	—	—
沈阳	123.8	123.8	—	62	27
长春	104.0	76.0	28.0	47	—
大连	68.2	68.2	—	52	1

续上表

城市	线路长度(km)	线路制式		车站数	换乘站数
		地铁	其他		
成都	379.8	320.5	59.3	275	89
西安	195.2	195.2	—	143	44
哈尔滨	72.1	72.1	—	53	17
苏州	165.9	138.9	27.0	128	35
郑州	96.0	96.0	—	81	37
昆明	137.7	137.7	—	94	37
杭州	420.0	333.0	87.0	170	39
佛山	123.3	102.5	20.8	36	19
长沙	168.7	150.1	18.6	121	45
宁波	118.7	97.1	21.6	81	23
无锡	34.5	34.5	—	24	3
合肥	169.0	151.0	18.0	145	35
南昌	100.2	100.2	—	78	20
青岛	363.8	363.8	—	190	63
福州	144.6	144.6	—	66	17
南宁	132.3	132.3	—	85	23
石家庄	59.6	59.6	—	52	16
济南	80.6	80.6	—	34	4
太原	49.2	49.2	—	21	7
兰州	50.1	35.0	15.1	42	10
贵阳	170.1	109.5	60.6	113	29
乌鲁木齐	89.7	89.7	—	72	20
呼和浩特	51.4	51.4	—	42	1
厦门	227.5	227.5	—	125	38
徐州	67.0	67.0	—	52	15
常州	59.9	53.9	6.0	53	13
东莞	164.7	164.7	—	36	9
南通	59.6	59.6	—	39	2
温州	156.5	—	156.5	40	9
芜湖	46.9	—	46.9	35	1
包头	42.1	42.1	—	32	1
洛阳	41.3	41.3	—	32	1
绍兴	41.1	41.1	—	29	2
淮安	—	—	—	—	—
南平	26.2	—	26.2	9	—
珠海	8.9	—	8.9	14	—
红河州	62.3	—	62.3	83	18

续上表

城市	线路长度(km)	线路制式 地铁	线路制式 其他	车站数	换乘站数
文山州	38.1	—	38.1	37	—
渭南(韩城)	55.0	—	55.0	5	—
安顺	6.5	—	6.5	5	—
三亚	8.7	—	8.7	15	—
黄石	20.6	—	20.6	26	—
泉州	53.7	—	53.7	58	—
台州	68.5	—	68.5	87	—
海西州	14.8	—	14.8	20	—
天水	20.0	—	20.0	17	—
毕节	28.1	—	28.1	18	—

这58个城市的轨道交通规划线路总投资约为37018.4亿元,其中14个城市的投资计划超过1000亿元,北京、上海、武汉、成都4市中的每个城市均超过2000亿元,4市规划线路投资共计10399.6亿元,约占全国已批复规划线路投资的30%,除北京、上海、广州、深圳、武汉、重庆、成都等城市轨道交通起步较早的城市外,青岛、厦门、西安、贵阳、杭州、合肥、苏州、长沙等城市轨道交通新兴城市的投资计划明显加快。

2.2 北京市轨道交通[2]

2.2.1 基本情况

北京是中华人民共和国的首都,是全国的政治、文化与国际交流中心,是综合性产业城市。1953年,北京市开始规划轨道交通系统,一期工程在1965年7月开工,并于1969年10月完工,线路从苹果园到北京火车站,长23.6km,共有17座车站,1971年开始运营。这条线路是中国除港澳台外最早的地铁线路。图2-5给出了北京早期的地铁规划图。

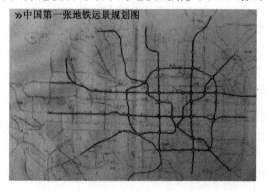

图2-5 北京最早地铁规划图(左)及1982年规划图(右)
注:本图仅作示意,不清晰之处不影响阅读。

截至 2016 年底,北京共有 19 条城市轨道交通运营线路,包括 18 条地铁线路和 1 条机场轨道线路,共有 345 座运营车站(换乘车站重复计算),运营线路总里程为 574km。运营企业有两家:一家为北京京港地铁有限公司,运营线路包括 4 号线、大兴线及 14 号线 3 条线路;另一家为北京市地铁运营有限公司,运营其余 16 条线路。表 2-4 给出了北京轨道交通运营线路的基本情况。

北京轨道交通运营线路基本数据　　　　表 2-4

线路名称	代表颜色	开通日期	起点站	终点站	车站数	长度(km)	定员(列)
1 号线	红色	1971 年 1 月	苹果园	四惠东	23	31.0	1356
2 号线	蓝色	1971 年 1 月	环行		18	23.1	1356
4 号线	青绿色	2009 年 9 月	公益西桥	安河桥北	24	28.2	1440
5 号线	紫红色	2007 年 10 月	宋家庄	天通苑北	23	27.6	1440
6 号线	土黄色	2012 年 12 月	海淀五路居	潞城	26	42.8	1920
7 号线	淡黄色	2014 年 12 月	北京西站	焦化厂	19	23.7	1920
8 号线	绿色	2008 年 7 月	南锣鼓巷	朱辛庄	18	26.6	1440
9 号线	淡绿色	2011 年 12 月	郭公庄	国家图书馆	13	16.5	1440
10 号线	淡蓝色	2008 年 7 月	环行		45	57.1	1440
13 号线	黄色	2002 年 9 月	西直门	东直门	16	40.9	1356
14 号线	淡粉色	2013 年 5 月	张郭庄	西局	7	12.4	1860
			北京南站	善各庄	19	31.4	1860
15 号线	紫罗兰色	2010 年 12 月	清华东路西口	俸伯	19	41.4	1440
16 号线	草绿色	2016 年 12 月	北安河	西苑	9	19.4	2480
八通线	红色	2003 年 12 月	四惠	土桥	13	19.0	1440
昌平线	粉红色	2010 年 12 月	西二旗	南邵	12	31.9	1440
大兴线	青绿色	2010 年 12 月	公益西桥	天宫院	11	21.8	1440
房山线	橘红色	2010 年 12 月	郭公庄	苏庄	11	24.7	1440
亦庄线	桃红色	2010 年 12 月	宋家庄	次渠	13	23.2	1440
机场线	银灰色	2008 年 7 月	东直门	首都机场	4	28.1	896

根据《北京市城市轨道交通第二期建设规划(2015—2021 年)》,到 2020 年,北京将建成并运营 30 条轨道交通线路,里程将达到 1177km。届时,北京市轨道交通将形成一个较大规模的网络(图 2-6),轨道交通占公共交通出行量的比例将达到 62%。

2.2.2 换乘站

早期的北京轨道交通线路间换乘极为不便,换乘距离较远,平均换乘距离超过 100m。例如,在复兴门站和建国门站从 1 号线换乘 2 号线需要步行很长的换乘通道,在西直门站和东直门站从 2 号线换乘 13 号线需要步行 15 分钟,乘客甚至曾经需要出站才能换乘。从 2007 年起,北京地铁新开通线路中,换乘问题得到重视,在新线路设计中,出现了一些同站台换乘的形式。例如,郭公庄站9号线和房山线之间的换乘、国家图书馆站4号线和9号线之间的换乘、朱辛庄站昌平线与8号线之间的换乘、北京西站9号线和7号线之间的换乘等均为同层同站台换乘;南锣鼓巷站6号线与8号线之间的换乘为叠落式同向同站台换乘。无法建设同站台换乘的车站,也将尽量改善换乘条件,缩短换乘距离,新建线路之间的平均换乘距离为63m,相比老线缩短了将近一半。

图2-6 北京市2020年轨道交通线路规划示意图

截至2016年,在北京轨道交通网络中,共有54个换乘站,其中有3个为三线换乘站,即西直门站(2号线、4号线、13号线换乘站)、东直门站(2号线、13号线、机场线换乘站)、宋家庄站(5号线、10号线、亦庄线换乘站),其余均为双线换乘站。

换乘方式可分为8类,分别是:地上站和地下站的换乘,如知春路站;平行同站台换乘,如四惠站;平行工字形换乘,如三元桥站;岛岛丁字节点换乘,如建国门站;岛岛十字节点换乘,如西直门站;上侧下岛十字节点换乘,如惠新西街南口站;同台换乘,如国家图书馆站;三线同台换乘,如宋家庄站。在东直门站换乘机场线需要重新购票,其他换乘站换乘均不需要重新购票。

2.2.3 票价票制

1971年,北京地铁一期工程线路开始运营时,单程票价为0.1元。1987年12月,北京地铁单线票价提高为0.2元,两线换乘票价为0.4元。1991年,北京地铁票价涨到0.6元,换乘票价为0.8元。1999年,北京地铁票价上涨到1元,换乘票价1.5元。2001年,北京地铁票价再次上涨为3元,换乘票价为4元。2007年,北京地铁票价从3元至4元不等降至单一票价2元,且可以随意转乘任何线路。

随着北京地铁票价的不断调整,地铁客流也随之发生明显的变化。1988年,北京地铁年客运量为2.07亿人次。1990年,年客流量上升为3.81亿人次,而日客流量则突破100万人次。

1991年,票价上涨后,当年客流量下降了1000万人次。之后,北京地铁客流量快速攀升,1998年,年客流量达到了4.58亿人次。1999年,地铁票价再次上涨后,当年客流量下降至4.35亿人次。而2001年,客流量又从2000年的4.41亿人次下降到4.24亿人次。2007年,北京市政府为了鼓励市民乘坐地铁,减少交通拥堵和空气污染,开始执行低票价政策,当年客运量达到了10.55亿人次。然而,地铁运营公司却亏损了6亿元,政府通过财政补贴的方式填补了亏损,平均每人次补贴将近1元。

2014年,北京轨道交通(不包括机场线)正式进入计程收费时代,起步价为3元,按递远递减原则加价。具体为6km(含)内3元;6km至12km(含)4元;12km至22km(含)5元;22km至32km(含)6元;32km以上部分,每增加1元可乘坐20km。同时,为减轻轨道交通通勤乘客费用负担,对轨道交通月支出累计满一定金额的乘客给予阶梯折扣优惠,使用市政交通一卡通刷卡乘坐轨道交通,每月每张卡支出累计满100元以后的乘次,给予8折优惠;满150元以后的乘次,给予5折优惠。

2015年12月,北京市在八通线、昌平线一期部分车站试行低峰票价优惠,试行工作日7:00(含)前持一卡通刷卡进站票价7折优惠措施。2016年12月,新增6号线北运河西站至青年路站8座车站实施工作日低峰票价优惠,优惠幅度调整至5折。

2.3 上海市轨道交通[3]

2.3.1 基本情况

上海位于我国海岸线中段、长江入海口、长江三角洲东部、东海之滨,是重要的国际港口城市,也是中国对外开放的龙头城市。上海是继北京、天津之后中国除港澳台外投入运营城市轨道交通的第三个城市,于1993年5月正式运营的地铁1号线是上海第一条轨道交通线路。2000年上海市编制完成了《上海市轨道交通网络系统规划》,确定远期轨道交通线网由17条线路组成。截至2016年底,上海轨道交通共开通14条线路,运营总里程为617km,共有车站366座(不含上海磁浮示范运营线,3、4号线共线段9个车站的运营里程不重复计算,多线换乘车站的车站数分别计数)。

为了适应轨道交通网络化运营管理,2009年2月上海轨道交通运营管理体制进行了改革,撤销了原上海地铁运营有限公司,组建了4家运营公司(上海地铁第一至第四运营有限公司,简称一运、二运、三运、四运)和1家运营管理中心,形成"4+1"的管理格局。表2-5给出了上海市轨道交通运营线路的基本信息。

上海市轨道交通运营线路基本信息 表2-5

线路名称	代表颜色	通车时间	长度(km)	站点数	运营方式	编组	运营单位
1号线	大红色	1993年5月	36.9	28	大小交路	8A	一运
2号线	淡绿色	1997年6月	64.0	30	大小交路	4A/8A	二运
3号线	黄色	2000年12月	40.3	29	大小交路	6A	三运
4号线	紫罗兰色	2005年12月	33.6	26	环线	6A	三运

续上表

线路名称	代表颜色	通车时间	长度(km)	站点数	运营方式	编组	运营单位
5号线	紫红色	2003年11月	17.2	11	单一交路	4C	一运
6号线	品红色	2007年12月	36.1	28	大小交路	4C	四运
7号线	橙色	2009年12月	44.3	33	大小交路	6A	三运
8号线	蓝色	2007年12月	37.4	30	大小交路	6C/7C	四运
9号线	天蓝色	2007年12月	52.0	26	大小交路	6A	一运
10号线	淡紫色	2010年4月	36.0	31	Y字形	6A	一运
11号线	深棕色	2009年12月	82.3	38	Y字形,大小交路	6A	二运
12号线	翠绿色	2013年12月	39.8	32	大小交路	6A	四运
13号线	粉红色	2012年12月	23.3	19	单一交路	6A	二运
16号线	浅绿色	2013年12月	59.1	13	单一交路	3A/6A	三运
磁悬浮	—	2002年12月	33.0	2	单一交路	3	磁浮

2.3.2 未来规划

根据《上海市轨道交通近期建设计划》,到 2025 年,上海将新增 9 条轨道交通线路,这 9 条线路并非全部是地铁,还包括连接上海两大机场的城际铁路快线,以及中运量轨道线路等多种模式。预计到 2025 年,上海将拥有包括地铁、城际铁路、机场快线、磁浮线等多种模式的轨道交通网络,运营线路共计 39 条,总里程约 1050km。

2.3.3 票价票制

上海轨道交通实行按里程计价的多级票价,即 $0 \sim 6km^3$ 元,6km 之后每 10km 增加 1 元。票价的计算采用最短路径法,即当两个站点之间有超过 1 条换乘路径时,选取里程最短的一条路径作为两站间票价计算依据。由于 5 号线客流较小,对仅乘坐 5 号线的票价优惠 1 元,如一旦涉及跨线票价,则采用路网票价计算方法进行计价。同北京类似,上海也对轨道交通支出累计一定金额的乘客给予折扣优惠,主要优惠包括:

(1)公交轨道联乘优惠:除持外省市卡的公共交通卡乘客,地铁进站时间距离前次乘坐公交 POS 机刷卡时间在 120 分钟内的,本次出站时享受公交轨道联乘优惠,联乘优惠金额为定值 1 元,出站计费时享受 1 元的优惠。

(2)公共交通卡地铁乘坐满 70 元累积优惠:当月除外省市卡外的公共交通卡在地铁乘坐满 70 元享受累积优惠,累积优惠金额为出站扣款金额的 10%,即出站扣款实际金额为原扣款金额的 90%。

(3)出站换乘票价连续计算:除持外省市卡外的公共交通卡乘客,可在上海轨道交通三组出站换乘站点出站后再进站间隔在 30 分钟内享受出站换乘连续计费,即在换乘车站刷卡出站后再刷卡进站乘坐不同的线路,票价可连续计算。

上海轨道交通还为乘客提供了多样化、人性化的购票选择,乘客可根据自己的需要选购票种类。从功能上划分,上海轨道交通的车票包括以下类别:

（1）单程票：指被车站售票设备赋予一定金额，在规定的时间和车站内，可在轨道交通网络中使用一次。单程票利用薄型 IC 卡制作，采用"照进插出"的方式，出站时被出口检票机回收，回收的车票可在车站售票设备上再次发售。

（2）一日票：上海轨道交通所有车站均出售一日票，票价 18 元，在首次使用起 24 小时运营时段内可无限次乘坐所有轨道交通线路（除磁悬浮线路）。

（3）三日票：上海地铁所有车站均有三日票出售，票价 45 元，首次使用起 72 小时运营时段内可无限次乘坐所有轨道交通线路（除磁悬浮线路）。

（4）纪念票：使用方法为照进照出，出站不回收；若遗失、人为损坏即视为无票或持无效票乘车，处理同单程票。

（5）上海公共交通卡：使用方法为照进照出，出站不回收。

（6）磁浮地铁一票通：磁浮单程 55 元/张，磁浮双程 85 元/张，照进照出，出站不回收，有效期内分别可乘坐一次（或两次）上海磁浮列车单程普通席，并可在首次刷卡进站后 24 小时的运营时段内无限次乘坐轨道交通的所有线路。

2.4 广州市轨道交通[86]

2.4.1 基本情况

广州地处中国南部，广东省中南部，珠江三角洲北缘，邻近香港特别行政区和澳门特别行政区，是中国通往世界的南大门。广州是中国除港澳台外第四个开通并运营地铁的城市，首条轨道交通线路于 1997 年 6 月开通。截至 2016 年 12 月，广州地铁共有 10 条运营路线，总里程为 308.7km，共有 167 座车站（换乘站重复计算），开通里程居全国第三，世界前十。广州地铁由广州市地下铁道总公司负责运营管理，该公司也是广佛地铁的建设方及运营方。表 2-6 给出了广州市轨道交通运营线路的基本信息。

广州市轨道交通运营线路基本信息　　　　表 2-6

路线	开通日期	起点站	终点站	车站数	长度（km）
市区地铁线路					
1 号线	1997 年 6 月	西朗	广州东站	16	18.5
2 号线	2002 年 12 月	嘉禾望岗	广州南站	24	31.8
3 号线	2005 年 12 月	天河客运站	番禺广场	16	64.2
		机场南	体育西路	12	
4 号线	2005 年 12 月	金州	黄村	16	43.65
5 号线	2009 年 12 月	滘口	文冲	24	40.5
6 号线	2013 年 12 月	浔峰岗	香雪	29	41.7
7 号线	2016 年 12 月	广州南站	大学城南	9	21.1
8 号线	2002 年 12 月	万胜围	凤凰新村	13	15

续上表

路线	开通日期	起点站	终点站	车站数	长度（km）
旅客自动输送系统线路					
APM 线	2010 年 11 月	广州塔	林和西	9	4.0
城际地铁线路					
广佛线	2010 年 11 月	新城东	燕岗	18	34.4

2.4.2 未来规划

自 20 世纪 80 年代以来，广州地铁线网规划经历了 4 个重要阶段，分别是 20 世纪 80 年代的"十"字线网规划、90 年代初期的"五线"线网规划、90 年代后期的"七线"线网规划、2000 年以后的多中心组团式网络型城市结构背景下的线网规划。

2.4.3 票价票制

2007 年之前，广州地铁票价按区间分段计价，起价 2 元，每进入下一段加收 1 元。每相邻两站之间为 1 个区间，每三个区间为 1 段，首段起步价 2 元，每进入下一段加收 1 元。自 2007 年，广州地铁线网票价由原来的按站计算票价改为按里程分段计算票价，具体计价方法为：起步 4km 以内 2 元；4～12km 范围内每递增 4km 加 1 元；12～24km 范围内每递增 6km 加 1 元；24km 以后，每递增 8km 加 1 元。珠江新城旅客自动输送系统实行票价 2 元的单一票制。

与上海轨道交通的票种类似，从功能上划分，广州轨道交通的票种可分为以下类别：

（1）常规单程票：于各个地铁站的自动售票机和人工售票亭发售，适用于所有乘客；自动售票机出售的单程票在购票后当天当站进闸有效，未进闸车票在售出后 30 分钟内可到车票发出车站的客服中心退票。

（2）一日票（定价为 20 元）：持本票可以第一次入闸后 24 小时内乘搭所有路线，27 小时内完成最后一次出站，但不能在同一个车站同时进出站。

（3）三日票（定价为 50 元）：持本票可以第一次入闸后 72 小时内乘搭所有路线，75 小时内完成最后一次出站，但不能在同一个车站同时进出站。

（4）岭南通（包括普通羊城通和广佛通）：当月累计乘坐公交地铁少于 15 次的，乘坐地铁时享受 9.5 折的扣值优惠。自 2010 年 5 月 1 日起，价惠扩展至不论是乘坐公交或地铁，只要在每个月乘坐次数达 15 次，从第 16 次起 6 折。

此外，还有学生羊城通、老年人优惠卡、老年人免费卡、重度残疾人优惠卡等一些针对特殊人群的车票。

2.5 深圳市轨道交通[87]

2.5.1 基本情况

深圳市是珠江三角洲的核心城市之一，是香港与内地陆路联系的必经通道，具有区位上的

第2章 我国城市轨道交通发展现状

独特优势。深圳是中国除港澳台外继北京、天津、上海、广州后第五个拥有地铁系统的城市。截至2016年底,深圳地铁共有8条线路、168座车站(换乘站不叠加计算)、运营线路总里程285km,轨道交通线路长度居中国第四(仅次于上海、北京、广州),构成覆盖深圳市罗湖区、福田区、南山区、宝安区、龙华区、龙岗区6个市辖行政区的地铁网络。深圳地铁由深圳市地铁集团有限公司、港铁轨道交通(深圳)有限公司分别运营不同线路。表2-7给出了深圳市轨道交通运营线路的基本信息。

深圳市轨道交通运营线路基本信息　　　　表2-7

线路	颜色	开通时间	始发站	终点站	里程(km)	站数
1号线(罗宝线)	绿色	2004年12月	罗湖站	机场东站	41.0	30
2号线(蛇口线)	橙色	2010年12月	赤湾站	新秀站	35.7	29
3号线(龙岗线)	浅蓝色	2011年6月	双龙站	益田站	41.7	30
4号线(龙华线)	红色	2004年12月	福田口岸站	清湖站	20.5	15
5号线(环中线)	紫色	2011年6月	前海湾站	黄贝岭站	40.0	27
7号线(西丽线)	蓝色	2016年10月	西丽湖站	太安站	30.1	28
9号线(梅林线)	浅灰色	2016年10月	红树湾南站	文锦站	25.4	22
11号线(机场线)	棕色	2016年6月	福田站	碧头站	51.9	18

2.5.2 未来规划

根据《深圳市城市轨道交通规划(2010—2020年)》,深圳市轨道交通线网远景规划方案由组团快线、城市干线、局域线3个层次共16条城市轨道交通线路组成,其中组团快线4条,城市干线6条,局域线6条。

2.5.3 票价票制

深圳地铁的车票分为单程票和深圳通两种。单程票是绿色的圆形射频识别(RFID)塑料硬币,而深圳通为非接触式智能卡。使用单程票的乘客在进站的时候刷票进站,出站时将单程票投入出站闸机回收口;使用深圳通的乘客进站的时候刷深圳通进站,出站时刷深圳通出站。

目前深圳轨道交通实行按里程分段计价票制,票价=起步价+里程价(以1元为递进单位),其中起步价为首4km 2元。11号线普通车厢单程票价最低2元、最高10元,商务车厢的单程票价最低6元、最高30元。照此计算,11号线与其他线路换乘单程普通车厢票价最高14元,商务车厢票价最高35元。

深圳地铁2012年7月推出"一日票",每张售价为20元,乘客可以在一天运营时间内不限次数和里程乘坐地铁(商务车厢除外)。地铁"一日票"全线网通用,主要定位是服务于周末及节假日居住在原特区外到市内观光购物的本地乘客以及来深圳旅游观光的外地游客。持票人在任意时间在深圳地铁全线网任意一站闸机刷卡使用时,票卡自动激活并开始计时,在其后的24小时内,可不限次数进、出闸机乘坐深圳地铁已经开通的各条线路(商务车厢除外)。24小时之后,该票不能再用于进站,但可以在27小时内完成最后一次出站。车票只能一票一人使用,"一日票"一经售出不退票、不回收。

第3章 城市轨道交通客流特征

3.1 总体情况[1]

2016年，我国城市轨道交通全年完成客运量160.9亿人次，各城市轨道交通客运量情况如图3-1所示。表3-1给出了各城市轨道交通客运情况的具体数据。2016年全国客运量比2015年增加22.9亿人次，增长16.6%；北京客运量达到36.6亿人次，日均客运量超千万人次；上海客运量34亿人次，广州客运量24.8亿人次，深圳客运量12.9亿人次；北京、上海、广州、深圳4市的客运量占全国总量的67.3%。

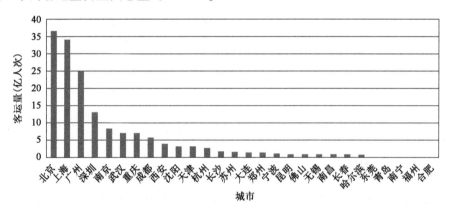

图3-1 各城市轨道交通客运量(2016年)

各城市轨道交通客运情况(2016年) 表3-1

城市	客运量 (万人次)	日均客运量 (万人次)	进站量 (万人次)	网络日均 出行量 (万人次/日)	客运周转量 (万人·km)	负荷强度 [万人次/(km·日)]	线路最高 客运量 (万人次)	车站最高 日客运量 (万人次)
北京	365929.2	1002.5	193885.1	531.19	3171069.1	1.88	195.0	51.12
上海	340106.2	931.8	197353.1	539.22	3051047.2	1.51	178.4	78.69
天津	30855.1	84.5	22634.8	62.10	379888.3	0.48	39.1	36.12
重庆	69342.5	190.0	50275.0	137.36	652038.4	0.89	107.8	19.03
广州	248382.7	680.5	147366.4	402.64	1779103.7	2.46	219.7	61.71
深圳	129223.8	354.0	86399.9	243.06	928904.4	1.24	139.5	46.20
武汉	71658.5	196.3	51994.8	161.22	543865.7	1.10	117.5	48.27
南京	83067.9	227.6	55045.6	150.47	682061.3	1.01	101.7	55.40

续上表

城市	客运量（万人次）	日均客运量（万人次）	进站量（万人次）	网络日均出行量（万人次/日）	客运周转量（万人·km）	负荷强度[万人次/(km·日)]	线路最高日客运量（万人次）	车站最高日客运量（万人次）
沈阳	30989.7	84.9	24517.7	67.17	234496.0	0.68	64.1	30.33
长春	7415.4	20.3	—	—	63581.0	0.43	21.4	2.79
大连	12701.5	34.8	11266.2	30.78	159493.6	0.24	20.7	11.06
成都	56217.1	154.0	40702.9	121.77	468989.9	1.46	83.8	35.66
西安	38909.6	106.6	30294.9	82.77	322533.8	2.09	92.5	37.38
哈尔滨	6849.9	18.8	6849.9	18.72	44085.1	1.09	31.0	4.17
苏州	15057.6	41.3	11698.4	31.96	106728.9	0.48	43.6	4.87
郑州	12375.7	33.9	11188.5	34.90	—	0.73	48.0	9.40
昆明	8841.3	24.2	8841.3	24.16	94563.7	0.38	34.2	6.04
杭州	26876.8	73.6	22494.4	61.46	251281.9	0.90	99.5	29.60
佛山	8736.0	23.9	5854.0	15.99	—	0.72	36.8	—
长沙	16033.1	43.9	167.0	—	114327.3	0.64	53.2	8.35
宁波	9968.1	27.3	7964.2	21.71	80432.9	0.37	28.8	44.25
无锡	8267.1	22.6	7084.8	19.36	58917.0	0.41	21.5	10.54
南昌	7888.1	21.6	7979.7	21.55	58929.3	0.75	43.0	9.88
兰州	—	—	—	—	—	—	—	—
青岛	1123.0	3.1	1123.0	3.07	5714.8	0.13	17.5	—
淮安	—	—	—	—	—	—	—	—
福州	188.1	0.8	188.1	0.51	902.7	0.09	3.3	—
东莞	2132.0	9.7	2132.0	9.74	29570.8	0.26	25.3	3.22
南宁	630.5	3.4	630.5	—	2749.0	0.30	43.1	—
合肥	70.2	11.7	70.2	11.71	649.0	0.48	22.8	6.11

随着新开通城市轨道交通运营线路的增多，各城市尤其是轨道交通新兴城市的客运量增长明显，城市轨道交通逐渐成为这些城市居民出行的主要方式。例如，2016年与2015年相比，宁波客运量增长2倍，长沙客运量增长90.7%，成都、武汉的客运量分别增长65.7%和63.2%；佛山、郑州、深圳3市的客运量分别增长49.8%、40.5%、38.8%；另有杭州、南京、无锡、西安、大连、上海、苏州7市的客运量增长率均超过10%。各城市轨道交通客运量增长情况如图3-2所示。

2016年，我国城市轨道交通总进站量达到102.2亿人次，较2015年增长18.2亿人次，增长21.7%，各城市轨道交通进站量如图3-3所示。上海、北京、广州3市的进站量分别达到了19.7亿人次、19.4亿人次和14.7亿人次。成都、佛山的总进站量分别较2015年增长49.9%

和45.9%。2016年我国城市轨道交通客运周转量为1328.5亿人·km,各城市的客运周转量如图3-4所示。

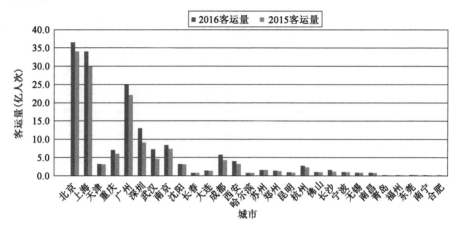

图3-2 各城市轨道交通客运量增长情况

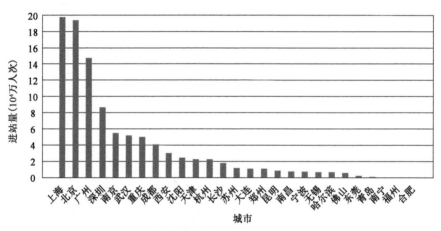

图3-3 各城市轨道交通进站量(2016年)

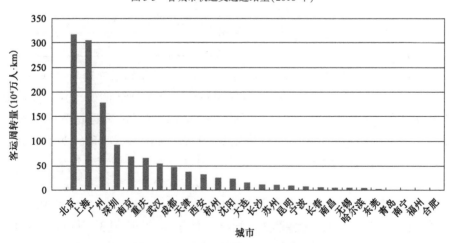

图3-4 各城市轨道交通客运周转量(2016年)

2016年,我国城市轨道交通平均日客运量达到158.1万人次,各城市日均客运量情况如图3-5所示。北京、上海、广州3市的日均客运量均超过600万人次;深圳、南京、重庆、武汉、成都、西安6市的日均客运量超过100万人次。城市轨道交通在城市公共交通中的骨干作用日益凸显。

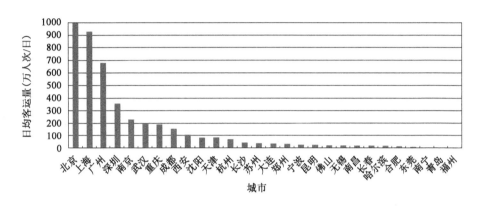

图3-5 城市轨道交通日均客运量(2016年)

2016年,我国城市轨道交通系统的平均负荷强度为0.83万人次/(km·日),受新开通线路的影响,负荷强度与2015年相比下降了31.4%。各城市轨道交通负荷强度情况如图3-6所示。

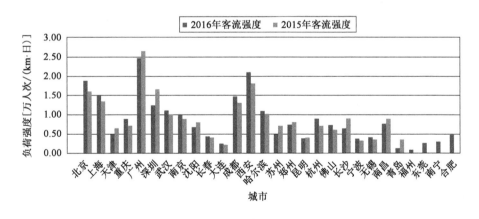

图3-6 各城市轨道交通负荷强度变化(2016年)

由图3-6可以看出,共有9个城市轨道交通负荷强度超过1万人次/(km·日),分别为广州、西安、北京、上海、成都、深圳、武汉、哈尔滨、南京,其中广州的负荷强度最高,为2.46万人次/(km·日)。北京、上海的负荷强度分别为1.88万人次/(km·日)、1.51万人次/(km·日),2016年比2015年分别增长11.2%和11%。深圳由于新开通线路较多,在总客运量增长38%的情况下,负荷强度仅为1.24万人次/(km·日),较2015年下降了23%。

图3-7给出了各城市轨道交通线路高峰小时最高断面客流量的基本情况。

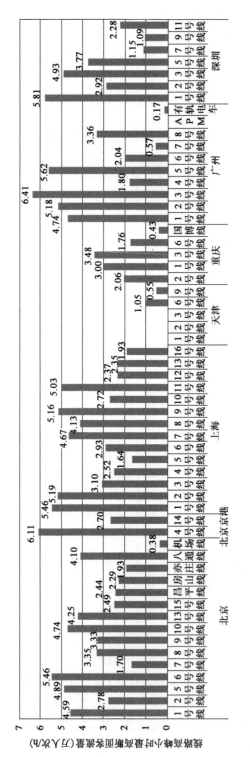

图3-7 各城市轨道交通线路高峰小时最高断面客流量（2016年）

3.2 客流基本特征[88-90]

3.2.1 客流成长规律

根据前面的数据,北京、上海、广州、深圳4个城市的轨道交通运营里程均超过200km,这4个城市的轨道交通运营总里程达到1900km,占全国的50%以上,已率先进入网络化运营阶段。随着城市轨道交通网络规模的不断扩大,客流也呈现出不同的变化特征,图3-8给出了这4个城市近十几年轨道交通客运量及客运强度增长情况。

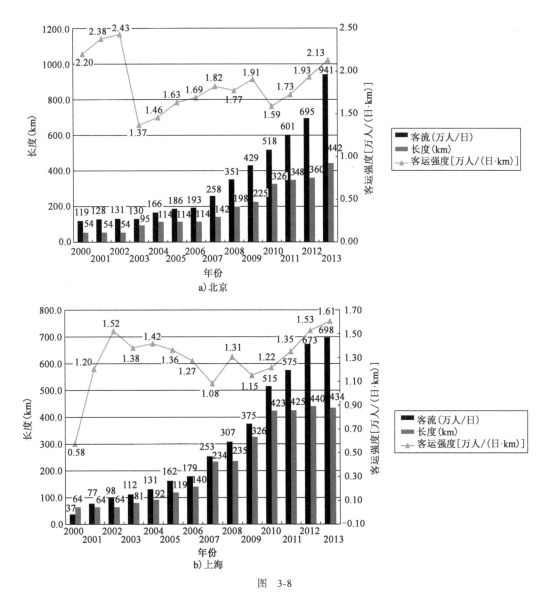

图 3-8

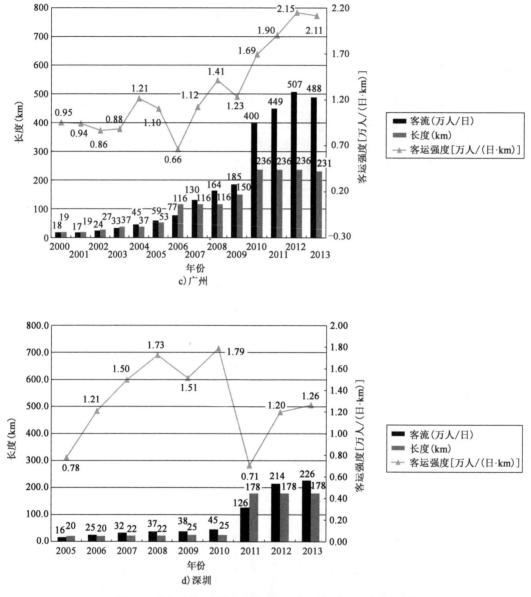

图 3-8 北京、上海、广州、深圳轨道交通客运量及客运强度增长趋势

由图 3-8 可以看出,随着线网规模持续增加,城市轨道交通客运量均呈高速增长趋势,尤其 2005—2013 年,这些城市轨道交通客运量平均年增速均在 20% 以上。尽管客流强度总体呈现持续增长的态势,但不同类型新线的加入会引起全网客流强度的不同变化。通常,郊区线或辅助线的加入会促使全网客流强度短期下滑,而骨干线路(尤其是环线)的加入则会迅速拉升全网客流强度。例如,2002 年北京市轨道交通只有 1 号线和 2 号线,客运强度为 2.43 万人次/(km·日),2003 年开通八通线和 13 号线、2010 年开通昌平线等 5 条郊区线路,都促使线网客运强度快速下滑。

3.2.2 断面客流分布特征

以北京市轨道交通为例,图3-9给出了部分线路全日和早高峰小时断面流量的分布情况。由图可以看出,全日断面与高峰断面流量分布存在显著差异。首先,全日断面客流在不同区间的双向分布基本均衡,分布形态总体呈"锥"形或"哑铃"形;其次,早高峰小时断面客流分布呈现出明显的方向不均衡性,双向最大断面客流区间和形态分布差异均十分明显,各方向断面客流呈现从始发车站累计增长的趋势,均在第一个换乘车站出现衰减,这表明城市轨道交通网络化进程中线路间换乘关系的变化对断面流量分布(尤其是高断面出现区间)及量级大小的影响非常显著。此外,不同类型线路(如环线与放射线)断面流量分布形态也有极大差异,就环线而言(如北京地铁2号线),其断面流量通常呈较为均衡的形态。

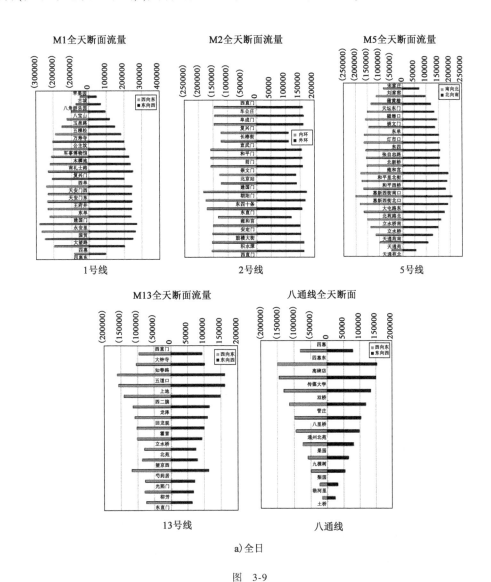

a) 全日

图 3-9

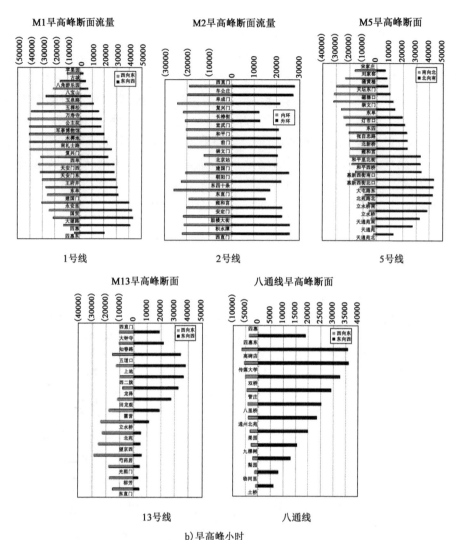

b) 早高峰小时

图3-9 北京市轨道交通部分线路全日和早高峰小时断面流量分布(2007年)

城市轨道交通网络化进程中,随着新线加入、换乘车站增加,乘客出行路径选择会发生明显变化,直接影响断面流量分布形态和流量值。如图3-10所示,北京地铁10号线和上海地铁2号线由于线路延伸,其断面流量形态、最大断面出现区间及流量值等均发生了明显变化。即使是线路起讫点未发生变化的既有线路,断面流量形态也会因线网规模扩大等因素发生变化。例如,北京地铁5号线2007年高峰小时北向南方向最大断面出现在和平里北街至雍和宫区间,最大断面流量为2.08万人次/h,南向北方向最大断面出现在磁器口至崇文门区间,最大断面流量为1.91万人次/h。2013年高峰小时北向南方向最大断面向北移至惠新西街北口至惠新西街南口区间,最大断面流量猛增至4.3万人次/h,这主要是由于地铁10号线开通,大量客流在惠新西街南口站由5号线换乘10号线所致。同时,南向北方向也发生明显变化。上述分析表明,在城市轨道交通网络化进程中,随着新线开通和沿线用地开发,断面流量分布形态、最大断面出现区间及流量值均可能发生变化。

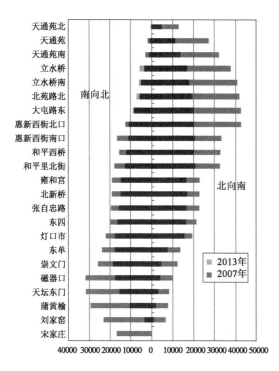

a) 北京地铁5号线

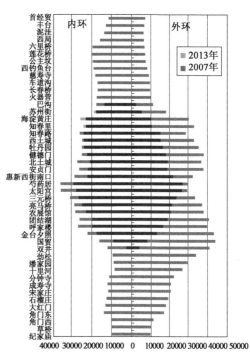

b) 北京地铁10号线

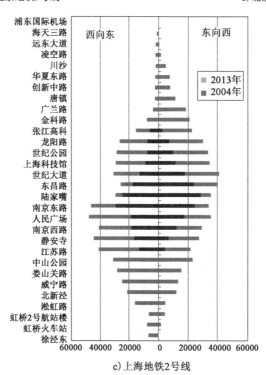

c) 上海地铁2号线

图 3-10 部分线路早高峰小时断面流量变化

3.2.3 客流时间分布特征

在城市轨道交通网络化进程中,线网覆盖面积不断增加,对客流的吸引范围增大,线网和单线客流时间分布特征随之发生变化。由图 3-11 可以看出,2007—2012 年北京市轨道交通线网日进站量由 300 万人次上升至 402 万人次,增加显著,但早晚高峰小时进站量占全日比例均下降 1%。同期,北京地铁 5 号线日进站量由 47.9 万人次上升至 57.3 万人次,尤其早高峰增加显著,由 5.8 万人次上升至 8.6 万人次,占 5 号线全日进站量比例由 12% 上升至 15%;而晚高峰增加较少,最高值仅从 5.5 万人次上升至 5.6 万人次,占全日进站量比例由 11% 下降至 9%。2004—2013 年,上海地铁 1 号线日进站量由 58.2 万人次上升至 75.3 万人次,早晚高峰最高进站量分别由 7.9 万人次和 6.2 万人次上升至 9.1 万人次和 7.6 万人次,但早晚高峰占全日进站量比例略有下降,最高进站量比例分别从 13.6% 和 11.5% 下降至 12% 和 10%,且早晚高峰时间提前并延长 1h。上述结果表明,在城市轨道交通网络化进程中,全网和线路的进站量尤其是早高峰日进站量通常会有所增加,但高峰小时进站量占全日进站量的比例会发生变化,且早晚高峰变化规律并不相同。

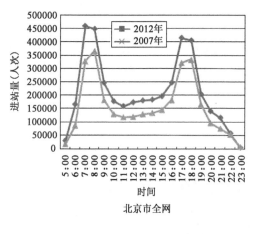

北京市全网

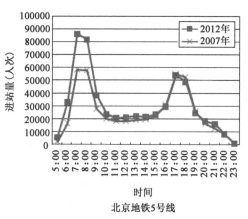

北京地铁5号线

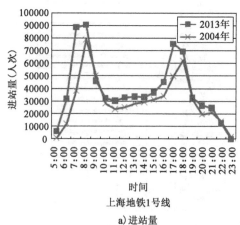

上海地铁1号线

a)进站量

图 3-11

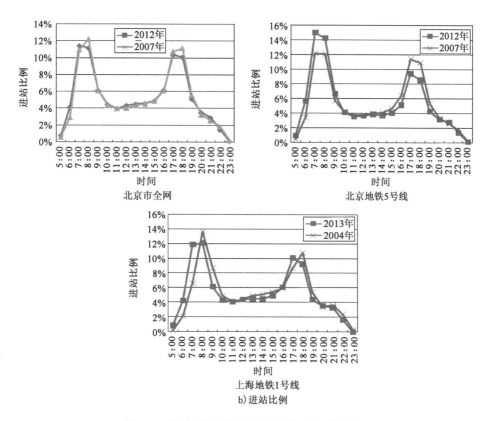

图 3-11 城市轨道交通日进站量和进站比例时间分布

3.2.4 换乘站客流构成及服务水平

据统计,北京轨道交通系统日均客流量达 1010 万人次,其中换乘量为 455 万人次,换乘系数为 1.82,其中换乘 1 次的乘客占总客流量的 59.3%,换乘 2 次及以上的占到 10.1%。北京城市规模大、出行距离长,且是平原式的地形,功能区布局又相对分散,因此城市缺少 O-D 集中的客流走廊,加上北京轨道交通为环线加方格网状布局形态,多种因素导致北京轨道交通换乘系数和换乘量均高于国内其他城市。

调查显示,换乘车站日均乘降量为 20.2 万人次/站,是普通站乘降量(8.5 万人次/站)的 2.38 倍;平均每个换乘站承担换乘量 12.7 万人次/日。换乘车站中,全日乘降量及换乘量最大的均为西直门站,分别为 49.7 万和 34.4 万。换乘量占车站乘降量的比例范围从 31.0% 至 93.1% 不等,均值为 63.1%,其中换乘比例最高的为郭公庄站,达到 94%,主要原因是房山线(郊区线)为半径线,在郭公庄站与地铁 9 号线形成单点换乘,一方面,房山线乘客进入中心城内部的需求较高,该线终点郭公庄站并非主要客流吸引点;另一方面,该线仅设一处换乘站,造成大量客流在此被动换乘。北京轨道交通系统各换乘站乘降量及换乘量比例见图 3-12。

伴随线网规模的扩展,换乘需求增长十分迅猛,表 3-2 和表 3-3 分别给出了北京和广州的轨道交通线网换乘系数变化情况。以北京为例,2005—2013 年,线网换乘量年均增长率达 29.1%,明显超过客运量年均增长率(22.5%),线网换乘系数从 2000 年的 1.31 增长至 2013

年的1.82。同样,广州轨道交通线网换乘系数也呈现随线网规模的扩展不断增长的趋势。城市轨道交通网络换乘系数的变化规律总结如下:

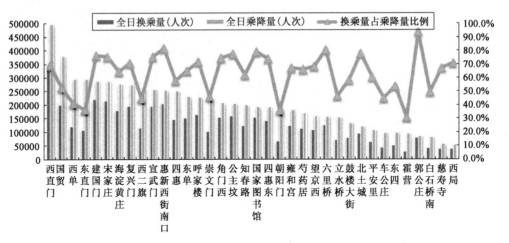

图3-12 北京轨道交通系统换乘站乘降量与换乘量

(1)城市轨道交通线网由双线运营至网络化运营初期(一般为5条线路左右),换乘系数增长十分明显。例如,北京市2000年双线运营时换乘系数为1.31,2007年线网规模达到5条线路,换乘系数增至1.72(表3-2);广州市2004年实现双线运营至2012年9条线路运营,换乘系数由1.26增至1.65(表3-3)。

北京轨道交通线网换乘系数变化　　　　　　　　　　　　　　　表3-2

年份	运营里程(km)	线路数(条)	客运量(万人次/天)	换乘量(万人次/天)	换乘系数
2000	58	2	119	28	1.31
2005	114	4	186	55	1.42
2007	142	5	292	122	1.72
2013	456	17	941	424	1.82

广州轨道交通线网换乘系数变化　　　　　　　　　　　　　　　表3-3

年份	运营里程(km)	线路数量(条)	客运量(万人次/天)	换乘量(万人次/天)	换乘系数
2001	18.5	1	17.4	0	1.00
2004	37.0	2	46.0	9.5	1.26
2008	116.0	4	163.7	52.3	1.47
2013	236.0	9	507.0	199.7	1.65

(2)网络化运营进一步向成熟期过渡期间,换乘系数仍持续增长,但增速明显放缓。北京市2007—2013年,虽然轨道交通运营里程由142km发展为456km,但换乘系数仅由1.72增至1.82。

3.3 环线客流特征

3.3.1 环线客流的一般特征

北京和上海的轨道交通网络中都有环线,如北京地铁 2 号线、10 号线和上海地铁 4 号线等。在网络化运营条件下,环线在轨道交通网络中发挥着特殊的作用。通常,在轨道交通网络中直接与环线换乘的线路明显比非环线线路多,相应地,环线所包含的换乘站点也要比非环线的多。因此,从城市轨道交通的网络拓扑关系上看,环线与其他线路的联系最为紧密,分析环线的客流特征规律,对于提高整个网络的规划水平和运营组织有着重要的现实意义。表 3-4 给出了北京和上海轨道交通网络中各环线的基本情况。

环线相交线路及换乘站数量(截至 2013 年)　　表 3-4

线路	相交线路数	相交线路比例(%)	换乘站数量	换乘站比例(%)
上海地铁 4 号线	10	83.3	14	41.2
北京地铁 2 号线	7	41.2	10	27.0
北京地铁 10 号线	11	64.7	13	35.1

图 3-13 给出了北京、上海的三条环线在不同时期日均客运量的变化趋势。由图可以看出,随着城市轨道交通网络规模的扩大,环线客运量会持续增加。尽管在一些特殊时期(2003 年"非典"时期,2009 年地铁 10 号线一期开通),北京地铁 2 号线客流有所下降,但从整体上看,北京地铁 2 号线客流呈持续增长趋势,从 2000 年的 60 万人次增加到 2013 年的 127 万人次,年均增长率为 4.8%;北京地铁 10 号线一期的客运量由 2008 年的 50 万人次增加到 2012 年的 89 万人次,年均增长率达到 16.8%;2013 年 10 号线二期开通,客运量大幅上涨。上海地铁 4 号线客运量由 2006 年的日均 18.5 万人次上涨到 2010 年的 64.4 万人次,年均增长率高达 36.6%;2010 年上海地铁票价全面上涨,2013 年客运量仅增加到 71 万人次,三年来年均增长仅 3.3%,增长速度明显放缓,充分体现了客运量对票制票价的敏感性。

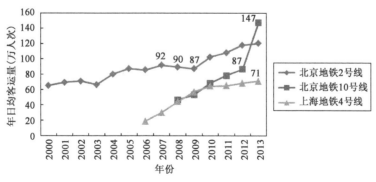

图 3-13　各环线不同时期的日均客运量

虽然环线的客运量持续增加,然而环线占全网的比例却有所下降或基本不变。图 3-14 和

图 3-15 分别给出了北京地铁 2 号线和 10 号线日客运量占全网比例随时间变化的情况。由图可以看出,北京地铁 2 号线日客运量占全网比例由 2008 年上半年的 34% 下降到 2013 年的 15%。10 号线的比例则维持在 14% 左右,在 10 号线二期开通后,其比例跃升为 17%。上海地铁 4 号线占全网客运量的比例维持在 10% 左右。环线客运量分担率未上升的情况,说明这些线路客运量的增加与轨道网络客运量的增加同步,因此其增加原因主要是轨道交通网络化不断扩大引发的客运量增加,而不是线路周边土地开发引发的额外交通需求。

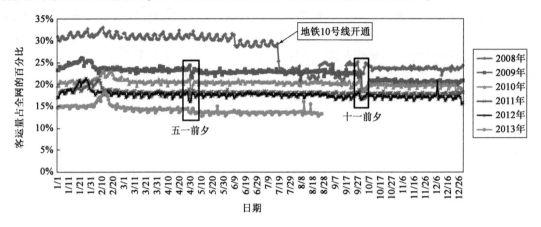

图 3-14　北京地铁 2 号线日客运量占全网比例示意图

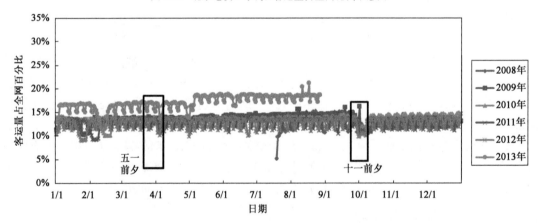

图 3-15　北京地铁 10 号线日客运量占全网比例示意图

3.3.2　环线断面客流的基本特征

由于城市强中心的作用和职住不平衡,轨道线路断面一般表现出明显的向心性和潮汐性,同一线路不同方向的断面流量不均衡性明显,波动性较大。但对于环线来说,由于其特殊性,一般不出现郊区连接线和城市主干线客流向中心城不断累积的过程。同时,环线客流通过上下行两个方向都可以到达目的地车站,客流多选择路径较近的方向。因此,环线客流的波动性相对于城市主干线和郊区线较小。

表 3-5 给出了 2013 年北京和上海 18 条线路早高峰时段各断面流量的标准差系数。通过数据对比可以发现,北京地铁 2 号线和上海地铁 4 号线最小,分别为 22% 和 35%。北京地铁

10号线在成环运行初期环路效果不明显,且周边地区的土地开发强度差异较大,其标准差系数达到57%。

北京和上海轨道交通线路早高峰断面流量标准差系数(2013年)　表3-5

排序	线路	上行方向			下行方向			最大比值(%)
		标准差	平均值	比值	标准差	平均值	比值(%)	
1	2号线	4588	21265	22	3428	20150	17	22
2	上海4号线	4521	13043	35	1893	10786	18	35
3	北京八通线	1668	3555	47	10270	22037	47	47
4	北京8号线	1356	2769	49	4281	13060	33	49
5	北京1号线	10639	28478	37	12206	23179	53	53
6	北京5号线	9293	17212	54	12508	25048	50	54
7	北京6号线	3853	7606	51	8588	15761	54	54
8	北京10号线	12964	22726	57	8002	18673	43	57
9	上海3号线	4433	7826	57	7420	12160	61	61
10	北京亦庄线	3703	5821	64	3787	6141	62	64
11	上海5号线	1829	3364	54	4637	7117	65	65
12	北京15号线	2487	3806	65	2436	7406	33	65
13	北京4号线—大兴线	15509	23428	66	7085	15446	46	66
14	北京13号线	13655	19025	72	6208	16473	38	72
15	上海2号线	89054	126693	70	13589	18606	73	73
16	北京9号线	5207	9507	55	2797	3707	75	75
17	上海1号线	16466	20736	79	12740	22697	56	79
18	北京昌平线	523	1730	30	10270	9621	107	107

图3-16给出了北京地铁2号线和10号线早高峰小时断面流量,由图可以看出,北京地铁2号线的断面客流分布相对均衡,各个断面之间的波动幅度不大。北京地铁10号线的断面客流则在不同区段表现出明显的波动。2013年5月,北京地铁10号线成环运营,北段和东段断面客流量较大,南段和西段较小。

3.3.3　环线换乘客流特征

环线换乘客流的特征是环路换乘站点多,单个站点换乘量较大,线路换乘量也大。图3-17为北京轨道交通换乘站换乘量的分布,换乘量最大的10个换乘站中,9个位于环线上。根据相关数据,北京市全网换乘量每天大约450万人次,而环线上23个换乘站换乘量达到320万人次,占到71%。非环线之间的换乘量仅占全网换乘量的29%。上海地铁环线换乘站换乘量占总换乘量的42%,环内占44%,环外占14%。

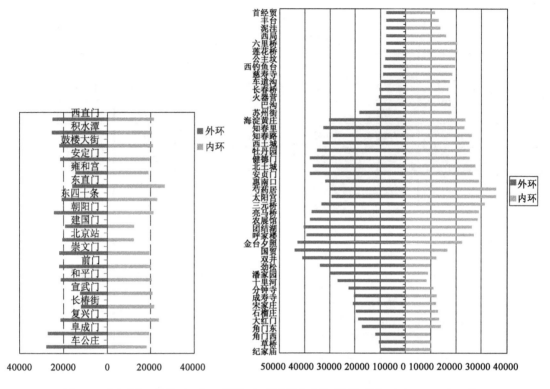

图3-16 北京地铁2号线(左)和10号线(右)早高峰小时断面流量(单位:人次)(2013年7月)

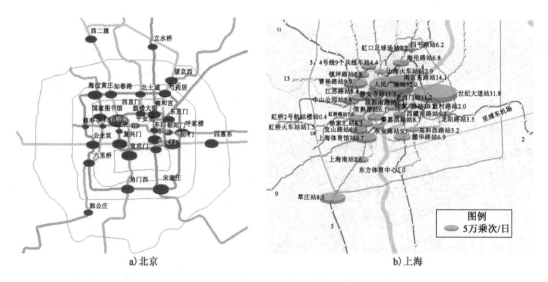

图3-17 轨道换乘站换乘量示意图

换乘点多、换乘点换乘量大导致环线本身的换乘量较大。以2013年7月某工作日为例,北京地铁10号线一天的换出量或换入量大约为86万人次,北京地铁2号线为68万人次,分别占全网的19%和15%,高于其他所有非环线路,如图3-18所示。

第 3 章 城市轨道交通客流特征

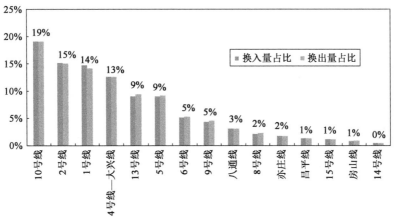

图 3-18 北京轨道线路换乘量占全网换乘量比例(2013 年 7 月某日)

3.3.4 环线客流站间分布特征

环线的换乘量一般较大,但是其本线客流仍然是其客流的重要组成部分。图 3-19 给出了北京地铁 2 号线和 10 号线本线客流站间分布的情况。可以看出,北京地铁 2 号线本线每天进出客流大约 24 万人次,占线路客运量的 17%。10 号线本线每天进出客流大约 42 万人次,占线路客运量的 22.6%。在环线换乘量较大的情况下,其本线进出客流占客运量比例没有明显小于其他线路的占比。

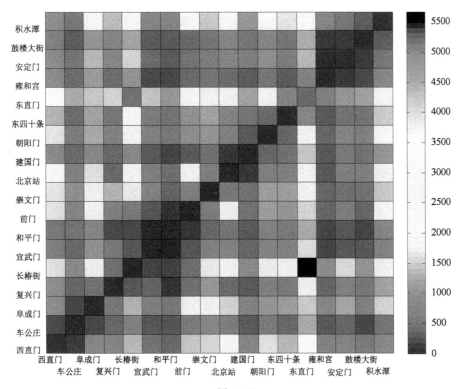

图 3-19

41

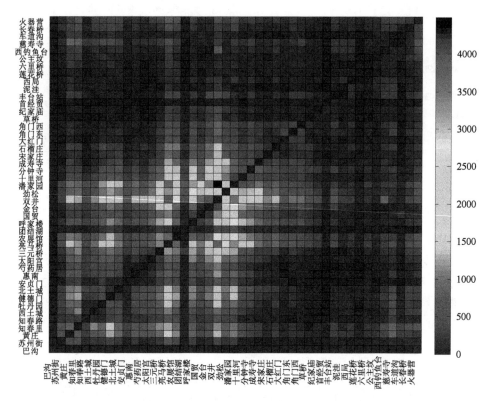

图3-19 北京地铁2号线(上)和10号线(下)本线客流站间分布

北京地铁2号线本线进出客流的站间分布如图3-19所示,各个站之间的O-D分布较为平衡,只有东直门与各个站的客流交换量相对较大,最大的O-D出现在长椿街与东直门之间,基本处在线路的对角线方向。10号线本线客流的站间分布则呈现出明显的不均衡性。在劲松和三元桥之间站点的客流分布明显高于其他站点。这与线路周边土地利用有明显关系,国贸、双井、团结湖地区有大量的就业岗位,而芍药居和太阳宫地区则是主要的居民聚集区,两地作为居住和就业的聚集区,它们之间有大量的出行需求。因此,10号线东段的早高峰南向北方向高断面客流中本线客流占据主导,换乘客流造成的压力相对较小,因此应该通过提高该区段的运输能力来应对大客流的冲击。而与东段不同,10号线北段知春里至三元桥之间的客流分布相对较少,说明10号线该区段的大断面流量主要来自其他线路换入的客流,因此其压力缓解措施可以通过在网络中布置新的替代路径实现。

虽然北京地铁2号线和10号线同为环线,但是其客流需求则存在明显不同。2号线线路较短,主要沿北京二环路,周边地段经过长时间的发展,开发强度较高,客流需求较为均衡。而10号线的线路较长,通过的地区复杂多样,其客流需求也存在明显的波动性,运营组织中需要区别对待,以满足人们地铁出行的需求。

3.4 车站客流特征

3.4.1 平常日车站客流特征

选取北京地铁 1 号线 2010 年和 2011 年的日进站客流量分析城市轨道交通车站客流的年增长统计特征。1 号线 2010 年和 2011 年的日进站客流量变化趋势如图 3-20 所示。

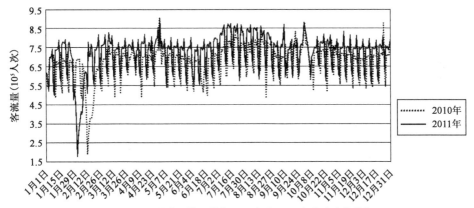

图 3-20 北京地铁 1 号线 2010 年和 2011 年客流变化趋势

从图 3-20 中可以看出,北京地铁 1 号线 2011 年的日客流量明显比 2010 年的日客流量大,并且日客流量呈现一定的周期性波动。另外,从图中可以看出,2010 年和 2011 年每年 2 月出现一个客流低谷期,这一时期正好是春节假期前后,在此期间会出现全年的最低日客流量;2010 年和 2011 年每年劳动节前后会出现一个明显的客流高峰,国庆节期间出现全年第二个明显的客流高峰,12 月下旬出现的客流高峰大概位于圣诞节前后。由此可以推断,不仅春节、劳动节和国庆节这种我国法定假日会导致客流发生较大幅度的波动,像圣诞节这种在我国影响力较大的非法定节日也会导致客流发生明显的变化。

选取北京地铁 1 号线 2011 年的日进站客流数据分析城市轨道交通日客流量的月变化规律,1 号线 2011 年不同月份的平均日进站客流量变化趋势如图 3-21 所示。

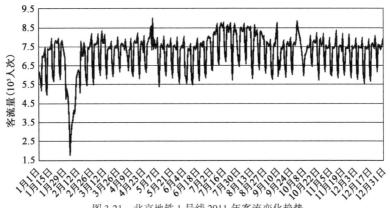

图 3-21 北京地铁 1 号线 2011 年客流变化趋势

从图3-21中可以明显地看出,北京地铁客流在2月初出现一个低谷期,日客流量达到全年的最低值,在5月初、9月中旬和10月初出现3个明显的客流小高峰,客流低谷和客流高峰出现的时间分别位于2011年春节假期(2月2日至2月8日)、五一劳动节假期(4月30日至5月2日)、中秋节假期(9月10日至12日)和国庆节假期(10月1日至7日)前后。由此可以看出,节假日因素会导致客流发生较大的变化,而且不同节假日对客流变化产生的影响也不相同。另外,从图3-21中还可以看出,城市轨道交通客流全年总体上呈现以周为时间单位的周期性变化。

为了更加详细地分析城市轨道交通平常日客流的变化规律,将北京地铁1号线2011年1月1日—2012年5月20日受到法定节假日(包括元旦、清明节、五一劳动节、春节、情人节、妇女节)影响客流量的时间段剔除,选取2011年1月1日—2012年5月20日不受节假日影响的42个完整周,共计294个平常日的日进站客流量数据分析城市轨道交通平常日客流的变化规律。北京地铁1号线平常日的日进站客流变化趋势如图3-22所示。

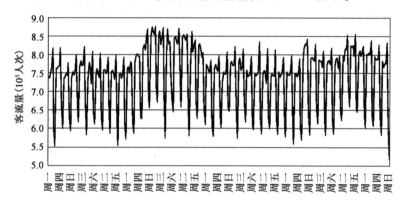

图3-22 平常日客流变化趋势

为了详细分析平常日中工作日客流和周末客流的变化趋势,特选取2012年4月9日—2012年5月20日不受节假日影响的4个完整周的日进站客流量进行分析,这4周平常日的客流变化趋势如图3-23所示。

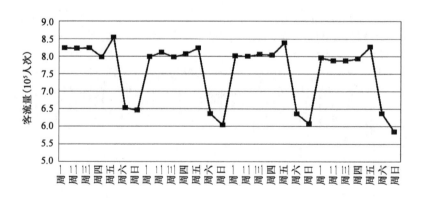

图3-23 4周工作日和周末客流变化趋势

从图3-23中可以看出,平常日的客流量基本以周为周期发生波动变化,周一至周四客流量变化幅度不大,周五的客流量出现一周的最大值,周六和周日的客流量大幅度下降,达到一周内的最低值。导致客流发生这种变化的原因和人们的出行规律有关;周一至周四是正常的工作日,人们上下班出行比较有规律,虽然受天气、社会活动等外界因素的影响,但是客流量变化幅度不大;周五是工作日的最后一天,很多乘客选择回家或者外出过周末,导致客流量比其他工作日大;周六大部分人不用上班,会选择外出购物、游玩或者在家休息,客流量比平常日减少很多;周日是周末的最后一天,大多数人会选择在家休息,尽量减少不必要的外出,为第二天上班做准备,所以客流量达到一周的最小值。

3.4.2 节假日车站客流统计特征

在我国法定节假日中,元旦、清明节、劳动节、端午节和中秋节是3天假期,国庆节和春节是7天长假,中秋节和国庆节相隔时间较短,甚至出现重合。为了详细了解节假日因素对客流变化的影响,选取并分析了北京地铁1号线在2010年、2011年和2012年各节假日的车站客流数据,总结出了不同节假日的车站客流变化规律。

(1)春节客流变化规律

北京地铁1号线2010年、2011年和2012年每年春节前14天和7天春节假期的日进站客流量变化趋势如图3-24所示。

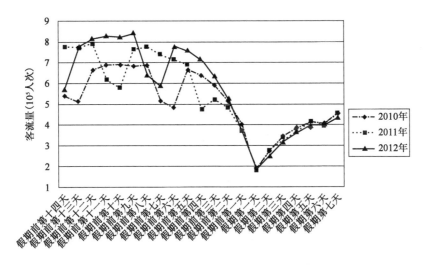

图3-24 春节客流变化趋势

从图3-24中可以看出,每年春节假期前后城市轨道交通日客流量呈V形变化。春节假期前一周的日客流量呈现逐渐降低的趋势,春节当天的日客流量达到最低值;春节过后日客流量又呈现上升的趋势;整个春节假期期间的客流量均比平常日的客流量低。春节期间客流出现这种V形波动是因为我国有回家过年的传统习俗。随着春节的临近,大量在北京工作或生活的人返乡回家,地铁客流量随着北京市内人数的减少而降低,春节当天的客流量达到全年最低值;春节过后,返城人数不断增多,北京地铁客流量又呈现上升的趋势。

(2)清明节客流量变化规律

北京地铁1号线2010年、2011年和2012年每年清明节前14天和3天假期的日进站客流量变化趋势如图3-25所示。

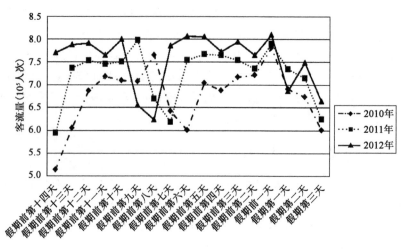

图 3-25　清明节客流变化趋势

从图 3-25 中可以看出,清明节前一天出现客流高峰,假期期间客流量基本呈现逐渐降低的变化趋势,清明节假期第三天的客流量达到假期期间的最低值。另外可以看出,清明节期间的客流量处于逐年增大的趋势,从而反映出近几年北京地铁客流量逐渐增大的趋势。

（3）五一劳动节客流量变化规律

北京地铁 1 号线 2010—2012 年每年劳动节前 14 天和 3 天假期的日进站客流量变化趋势如图 3-26 所示。

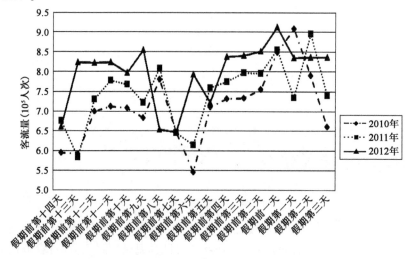

图 3-26　劳动节客流变化趋势

从图 3-26 中可以看出,五一劳动节前一周的客流量呈现逐渐增大的趋势,假期前一天的客流量达到节前客流量的最大值;并且还可以看出,节前第一周的日客流量明显比节前第二周的日客流量大。三个劳动节假期期间客流变化规律均不相同,2010 年五一期间客流量呈现逐渐递减的变化趋势;2011 年五一假期第二天客流量突然增大,甚至超过假期前一天;2012 年五一假期期间客流变化不大。由此可见,节假日因素不仅对节前一周的客流变化产生影响,也对假期期间的客流变化产生影响。

(4) 端午节和儿童节客流量变化规律

2010年端午节放假日期为6月14—16日,2011年端午节放假日期为6月4—6日,可见2010年端午节前第十三天和2011年端午节前第三天是儿童节,这两年的儿童节和端午节相隔时间均较短,所以本节选取北京地铁1号线2010年和2011年每年包含6月1日儿童节在内端午节前的14天和3天假期的日进站客流量变化趋势,如图3-27所示。

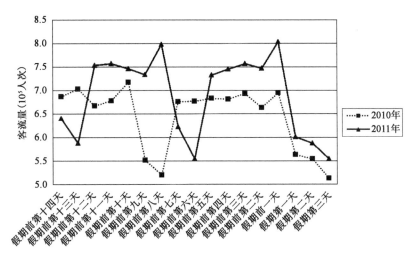

图3-27 端午节和儿童节客流变化趋势

从图3-27中可以看出,端午节前一周和假期期间客流量的变化规律和平常日客流变化规律明显不同。端午节前一天会出现客流高峰,假期期间的日客流量逐渐降低,假期最后一天的日客流量达到最低值;另外可以看出,2010年儿童节(端午节前第十三天)是周二,2011年儿童节(端午节前第三天)是周三,两个儿童节当天的客流量均比其余平常日中周二和周三的客流量高,说明,儿童节会导致当天客流量增大,其原因主要是儿童节当天北京市各个景点和博物馆等对儿童有优惠,这会吸引一部分乘客出行,导致客流量增大。

(5) 国庆节和中秋节客流量变化规律

2010年和2011年中秋节放假时间分别为2010年9月22—24日和2011年9月10—12日;2010年和2011年国庆节放假均为10月1—7日。可见,两个假期之间相差时间较短,并且均出现在9月底至10月初。所以本节选取北京地铁1号线2010年和2011年9月1日—10月10日的日进站客流量分析国庆节和中秋节假期对城市轨道交通客流量的影响。中秋节和国庆节期间日进站客流量变化趋势如图3-28所示。

从图3-28中可以看出,中秋节和国庆节假期前后北京地铁客流的变化和平常日客流变化明显不同。国庆节假期前的客流量因受节假日因素的影响而呈现逐渐增大的趋势,在国庆节前一天和国庆节当天出现了客流高峰,之后客流量呈逐渐降低的趋势,假期的最后一天客流量达到国庆节期间客流量的最低值。2010年和2011年中秋节假期前一天也出现了客流小高峰,但是客流量没有国庆节前一天的客流量大;2010年中秋节和国庆节假期期间客流变化规律相似,也呈现逐渐递减的趋势,而2011年中秋节期间客流量呈现"∧"形变化。两个中秋节假期期间客流变化规律不同说明,假期期间客流量的变化波动具有一定的随机性。

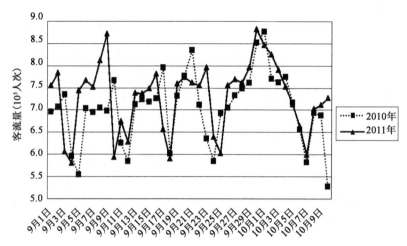

图3-28　中秋节和国庆节客流变化趋势

（6）圣诞节和元旦假期客流量变化规律

因为圣诞节和元旦假期时间相近，所以对两个节假日一起进行分析。北京地铁1号线2010年12月1日—2011年1月3日和2011年12月1日—2012年1月3日的日进站客流量变化趋势如图3-29所示。

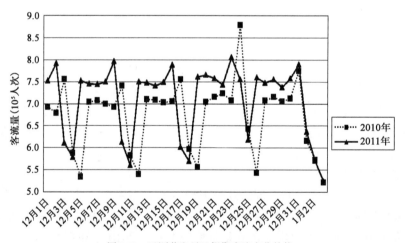

图3-29　圣诞节和元旦假期客流变化趋势

从图3-29中可以看出，圣诞节和元旦假期期间城市轨道交通客流的变化规律与平常日客流变化规律不同。2010年12月24日（周五）平安夜出现一个客流小高峰，其客流量明显比其他周五的客流量大很多；圣诞节当天虽没出现客流高峰，但是圣诞节的日客流量也明显比其他周六的客流量大。2011年平安夜（周六）和圣诞节（周日）的日客流量没有23日（周五）的客流量大，但是也明显比其他周六和周日的客流量大。由此看出，平安夜和圣诞节均会导致城市轨道交通的日客流量变大。另外，2011年和2012年元旦放假均为1月1—3日，2010年12月31日（周五）和2011年12月31日（周六）即2011年和2012年的元旦假期的前一天均出现了客流高峰，并且两个元旦假期期间的日客流量均呈现逐渐降低的趋势。由此可以说明，不仅我国法定假日会导致城市轨道交通客流量发生较大的变化,像圣诞节这种较大的非法定节日也会导致客流量发生较大的波动。

(7)情人节和妇女节客流量变化规律

因为2010年的情人节(2月14日)和春节假期重合,本节选取2011年和2012年每年2月10—3月10日的日进站客流量分析情人节和妇女节对城市轨道交通客流的影响。北京地铁1号线情人节和妇女节日进站客流量变化趋势如图3-30所示。

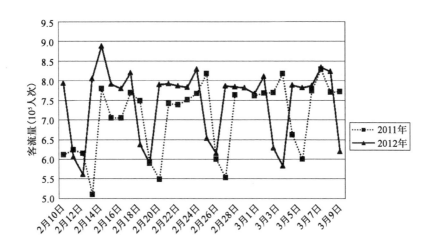

图3-30 情人节和妇女节客流变化趋势

从图3-30中可以看出,2011年和2012年的情人节和妇女节均出现客流高峰,这两个节日当天的客流量明显比其余平常日的客流大一些,并且情人节当天的客流量比妇女节的客流量大。由此说明,情人节和妇女节均会对城市轨道交通客流量产生较大的影响,并且情人节对城市轨道交通客流量变化的影响比妇女节大。

综上所述,节假日因素对城市轨道交通客流的影响非常大;在各节假日中,春节对客流变化的影响与其他节假日对客流变化的影响正好相反。春节前一周的客流量处于不断下降的状态,春节当天客流量达到全年日客流量的最低值,春节过后客流呈现逐渐上升的趋势,所以,春节假期客流总体上呈现"V"形变化;其余法定节假日前一周的客流量均会出现不同幅度的增大,假期前一天均会出现一个客流小高峰,假期期间客流基本为逐渐下降的趋势,导致客流呈现"Λ"形变化;情人节、妇女节、儿童节、平安夜和圣诞节均会导致客流变大,从而出现客流小高峰,使客流也呈"Λ"形变化。另外还可以看出,各个法定节假日期间(春节除外)客流量逐渐下降的变化趋势和周末客流逐渐下降的变化趋势类似,并且假期前一天和平常日中的周五均会出现一个客流高峰。

3.4.3 不同类型车站的客流统计特征

数据显示,商业及文体景区类、对外枢纽类、高校类等车站周末进站量普遍还要高于工作日,其中高校、商业及文体景区类车站客流的增加幅度超过了15%。表3-6是将各类车站按用地性质进行聚类分析,以工作日进站量为1分别计算周六及周日客流变化情况。

不同用地类型车站工作日及周末进站量关系　　　　　　　表3-6

进站量	居住	办公	商业及文体景区	对外枢纽	公交枢纽	高校	混合
工作日	1	1	1	1	1	1	1
周六	78.4%	60.6%	115.3%	111.2%	82.2%	129.6%	73.0%
周日	72.9%	54.6%	117.1%	114.1%	81.8%	127.4%	67.8%

此外，与全网工作日与周末进站客流随时间分布存在明显区别不同，商业及文体景区类、对外枢纽类、高校类等工作日及周末客流进站时间分布形态基本一致，典型车站进站客流随时间分布如图3-31所示。

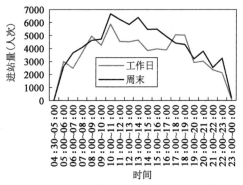

a) 北京站进站量时间分布(对外枢纽类)

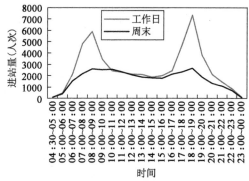

b) 四惠站进站量时间分布(公交枢纽类)

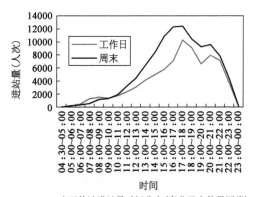

c) 西单站进站量时间分布(商业及文体景区类)

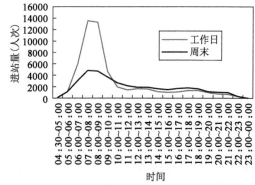

d) 天通苑站进站量时间分布(居住类)

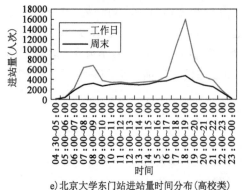

e) 北京大学东门站进站量时间分布(高校类)

f) 国贸站进站量时间分布(办公类)

图3-31　典型车站工作日与周末进站量时间分布

通过对各车站最大小时进站量的发生时间及比例进行统计,结果显示,车站进站客流平均高峰小时系数为18.22%。其中,首都国际机场T2航站楼高峰小时系数最低,仅为8.3%;霍营站高峰小时系数最大,达到41%。总体看来,居住类车站高峰小时系数普遍较高,对外枢纽类车站则整体偏低。

不仅各站高峰小时系数差异明显,而且不同类型车站高峰小时的发生时间也存在差别。数据显示,进站高峰小时发生在7:00—9:00的车站比例为57.6%,发生在17:00—19:00的车站比例为39.7%。另有2.7%的车站高峰小时发生在其他时段,此类车站主要涉及对外枢纽类、商业及文体景区类。非典型车站高峰小时发生时段及比例见表3-7。

非典型车站高峰小时发生时段及比例　　　　表3-7

车站	高峰小时时间	高峰小时比例(%)	站点周边用地性质
北京站	10:00—11:00	8.37	对外枢纽
T2航站楼	10:00—11:00	8.33	对外枢纽
北京西站	15:00—16:00	8.38	对外枢纽
天安门东	16:00—17:00	11.60	商业及文体景区
动物园	16:00—17:00	15.22	商业及文体景区
奥体中心	21:00—22:00	14.96	商业及文体景区

对比工作日与周末排名前十位的车站(表3-8、表3-9)可以看出,工作日办公类车站客流较多,周末则是商业类车站客流较高;对外枢纽类及公交枢纽类车站每日进站客流总量均比较靠前。由此可以判断,城市对外、对内接驳方式对轨道交通客流贡献较大。

工作日进站前十名车站排名　　　　表3-8

车站	用地性质	工作日排名
东直门	公交枢纽	1
国贸	办公	2
西单	商业	3
大望路	混合	4
西直门	公交枢纽	5
西二旗	办公	6
北京站	对外枢纽	7
北京西站	对外枢纽	8
三元桥	混合	9
崇文门	混合	10

周末进站前十名车站排名　　　　表3-9

车站	用地性质	周末排名
西单	商业	1
北京站	对外枢纽	2
北京西站	对外枢纽	3

续上表

车站	用地性质	周末排名
东直门	公交枢纽	4
西直门	公交枢纽	5
北京南站	对外枢纽	6
王府井	商业	7
国贸	办公	8
大望路	混合	9
前门	公交枢纽	10

通过以上分析可得出：车站用地类型不同，进站客流的规模和时间分布不同，特别是工作日与周末的客流特征存在较大差异，商业及文体景区类、对外枢纽类、高校类等车站周末进站量高于工作日，且决定车站规模的进站客流最大时段并非全部发生于工作日。因此，在规划设计中，不应该简单地用工作日线路高峰时段或工作日车站高峰小时的车站上、下车客流作为确定车站规模的依据。在线路可行性研究阶段及初步设计阶段的客流预测中，对于大型客流集散车站，特别是设置在对外枢纽、商业中心和文化体育活动场所的站点，除给出常规客流预测结果外，还应分析此类车站周末及节假日的乘降量及其对线路客流量的影响。

第4章 短时客流预测常用方法

4.1 概　　述

预测是指在掌握现有信息的基础上,依据客观事物变化规律和发展趋势,对特定对象未来的状态或发展趋势做出科学的判断与推测。从预测方法来看,预测大致可以分为趋势外延法和因果法两种模式。第一种方法仅考虑预测历史客流的变化规律,根据历史数据找到客流时变规律,从而推测出未来客流的结果,这一类方法适合短时客流预测。第二种方法是以城市居民出行调查为基础,分析影响客流变化的主要因素,再根据相应的数学模型对未来客流进行推算和估计,这一类方法主要用于长期的客流预测。

短时客流预测是城市轨道交通运营管理的重要决策依据,其预测精度将直接影响城市轨道交通决策者调整运营规划的科学性和准确性。近几十年来,世界各国的学者和专家利用各领域的预测方法,开发出了用于短时客流预测的模型和方法,大体上可分为5类:基于统计的预测模型、神经网络预测模型、基于混沌理论的预测模型、支持向量机预测模型、组合预测模型。

4.2 基于统计的预测模型

基于统计方法的预测模型是以历史数据为前提,假设所预测的未来数据与已有历史数据具有相似特征,可利用数理统计方法来处理客流历史数据。基于该方法的短期预测模型主要有时间序列模型、历史平均模型、线性回归模型、极大似然估计模型、卡尔曼滤波模型等。这里主要介绍时间序列模型和卡尔曼滤波模型。

4.2.1 时间序列模型

时间序列模型是描述时间序列数据统计特性的一种常用方法,是参数化模型处理动态随机数据的一种较实用的方法。时间序列预测通过分析历史数据揭示所研究对象随时间变化的规律,再将这种规律延伸到未来,从而对未来做出预测。

时间序列模型主要分为两种:线性平稳时间序列模型和非线性平稳时间序列模型。线性平稳时间序列模型主要有自回归模型(AR 模型)、滑动平均模型(MA 模型)、自回归—滑动平均混合模型(ARMA 模型);非线性平稳时间序列模型主要有自回归求和滑动平均模型(ARIMA 模型)和季节模型(SARIMA)。在这些模型中,AR 模型、MA 模型和 ARMA 模型仅适用于平稳时间序列建模和预测,ARIMA 模型适用于非平稳时间序列建模和预测,也可以将 AR

模型、MA 模型和 ARMA 模型视为 ARIMA 模型的特例。

p 阶自回归模型 AR(p) 是一种较为简单的随机时间序列模型,时间序列的预测值 x_t 用历史数值的线性组合和一个随机扰动表示,即

$$x_t = \varphi_0 + \varphi_1 x_{t-1} + \varphi_2 x_{t-2} + \cdots + \varphi_p x_{t-p} + \varepsilon_t \tag{4-1}$$

式中:$\{x_i\}$——时间序列的历史数值($i = 1, 2, \cdots, t-1$);

p——自回归模型的最高阶数;

φ_i——模型的待定系数($i = 0, 1, 2, \cdots, p$);

ε_t——零均值的白噪声序列,表示时间序列在第 t 时期的随机误差。

q 阶滑动平均模型 MA(q) 是另一种随机时间序列模型,时间序列的预测值 x_t 由零均值的白噪声扰动项的线性组合来表示,即

$$x_t = \theta_0 + \varepsilon_t - \theta_1 \varepsilon_{t-1} - \theta_2 \varepsilon_{t-2} - \cdots - \theta_q \varepsilon_{t-q} \tag{4-2}$$

式中:q——滑动回归模型的最高阶数;

θ_i——模型的待定系数($i = 0, 1, 2, \cdots, q$)。

自回归滑动平均混合模型(ARMA)是一种常见的线性时间序列预测模型。该模型的基本原理为:把预测对象随时间变化而形成的数据作为一个随机时间序列,该序列未来的发展变化对预测对象过去的发展变化存在依赖性和延续性。时间序列的预测值 x_t 不仅与历史时刻的自身值有关,还与历史时刻进入系统的误差有一定的关系。ARMA 模型如下:

$$x_t = \mu + \varphi_1 x_{t-1} + \varphi_2 x_{t-2} + \cdots + \varphi_p x_{t-p} + \varepsilon_t - \theta_1 \varepsilon_{t-1} - \cdots - \theta_q \varepsilon_{t-q} \tag{4-3}$$

式中:μ——常数;

$\varphi_1, \varphi_2, \cdots, \varphi_p, \theta_1, \theta_2, \cdots \theta_q, \mu$——待定系数,可根据历史数据估计出来。

使用 ARMA 模型进行预测的基本步骤如下。

步骤 1:数据处理。对时间序列进行零均值化处理及平稳化处理。

步骤 2:模型识别。利用自相关和偏相关分析方法,分析给定样本序列的随机性、平稳性等相关特性,由定阶准则确定模型的阶数 p、q。

步骤 3:参数估计。在确定模型和阶次的基础上,对模型待定参数进行估计。

步骤 4:模型检验。对初步建立的模型进行合理性检验,若不满足要求,则需要进行模型的重新选择,返回步骤 1。

步骤 5:进行预测。利用观测值,通过检验后的模型对未来序列值进行预测。

若时间序列 $\{x_t\}$($t = 1, 2, \cdots, n$) 在 d 阶差分后变为平稳序列,则可以对差分后的平稳时间序列进行 ARMA 模型拟合,即为 ARIMA 模型。所以,ARIMA 模型实质上是差分计算与 ARMA 模型的组合运算。可见,AR(p) 模型可以认为是当 $q = 0$ 时的 ARMA(p, q) 模型,MA(q) 模型是当 $p = 0$ 时的 ARMA(p, q) 模型。

时间序列模型建模简单,容易理解,在数据充分的条件下,有较高的预测精度,但同时也存在以下不足:

(1) 这类模型是在研究交通系统过去变化规律的基础上来推断和预测其未来值的,只使用了交通历史数据,没有考虑其他任何相关因素的影响(如路网连接、天气状况、节假日活动等),而交通系统是受很多因素影响的复杂非线性系统,当交通状态急剧变化时,该模型的预测结果与实际值之间会存在明显误差。

(2) 对于受多种随机因素影响的短时预测,该模型需要复杂的结构辨识和检验过程。
(3) 其固定不变的模型参数使得该种模型难以达到短期动态交通预测的要求。
(4) 模型需要以大量不间断的数据作为支撑,但是由于各种原因,实际的数据采集系统都会出现数据缺失问题,该类模型对于不完整数据条件下的短期预测是不适合的。

4.2.2 卡尔曼滤波模型

1960 年,Kalman 提出了卡尔曼滤波理论,它是一种广泛应用于统计学、经济学等领域的时间序列方法。1984 年,Okutani 和 Stephanedes 将卡尔曼滤波模型应用于交通客流预测领域中[4]。

卡尔曼滤波模型通过由状态方程和观测方程组成的线性随机系统的状态空间模型进行滤波器的描述,并利用状态方程的递推性,按照线性无偏最小均方误差估计准则,采用一套递推算法对该滤波器的状态变量做最佳估计,从而求得对滤掉噪声后有用信号的最佳估计。该方法的输入参数可以是过去几个时间段或当前时间段的一些变量(客流量、行程时间等),最终输出将来相应时间段的预测量。

卡尔曼滤波模型实质上是一种线性回归模型。预测 $t+k$ 时刻交通量的卡尔曼滤波模型可以描述如下:

$$x_{t+k} = H_0(t) x_t + H_1(t) x_{t-1} + \cdots + H_p(t) x_{t-p} + \omega(t) \tag{4-4}$$

式中:x_{t+k} —— $t+k$ 时刻的预测值;

x_{t-j} —— $t-j$ 时刻的观测值($j=1,2,\cdots,p$);

$H_i(t)$ ——采用线性迭代的方式进行估计的参数向量($i=1,2,\cdots,p$);

$\omega(t)$ ——误差项。

在每次迭代过程中,用上一步得到的误差信息不断修正预测因子向量 $x_{t-j}(j=1,2,\cdots,p)$ 和系统状态向量,在有噪声 $\omega(t)$ 干扰的情况下,力求使 $H_i(t)$ 趋于最优,从而更加准确地预测 x_{t+k}。

卡尔曼滤波方法采用了灵活的递推状态空间模型,既可用于处理平稳的数据系列,又适用于处理非平稳数据系列,具有线性、无偏和均方差最小的优点。但是因为此模型是线性预测模型,所以,当客流量变化的非线性和随机性较大时,预测结果会受到一定的影响。另外,卡尔曼滤波方法中矩阵和向量计算量较大,算法较复杂,不适合在线实时预测。

基于统计方法的预测模型理论简单,容易理解,预测因子选择灵活,预测精度较高,且随着时间间隔的变化,预测精度变化不大,即具有很好的鲁棒性。但大部分模型都基于线性基础,且在每次计算时都要进行权值的调整,大量的矩阵和向量运算导致了算法的复杂性,因此对于变化较大的交通流预测来说,输出值会产生延迟,难以实现在线预测。

4.3 神经网络预测模型

神经网络预测模型是一种基于模拟人脑神经细胞学习特性而建立的信息处理系统。它的原理是:用一部分数据进行模型的训练与学习,确定网络结构,包括隐含层数、各层节点数、传递函数类型、各层连接权值等;网络结构确定后,再运用测试样本对网络模型进行测试,直到误差值小于预设误差值。

按照网络性能,神经网络预测模型可以分为离散型和连续型,也可分为随机型和确定型;按照网络结构,神经网络预测模型可以分为前馈型和反馈型;按照网络学习方式,可分为监督学习型和无监督学习型;按照网络连接突触的性质,可以分为一阶关联网络和高阶关联网络;按照对生物神经系统的不同组织层次,又可以分为神经元层次模型、网络层次模型、组合式模型、神经系统层次模型和智能模型。

4.3.1 单层神经网络模型

单层神经网络模型是1958年由美国计算机科学家Rosenblatt提出的[12]。单层神经网络模型是具有一层神经元的采用阈值激活函数的前馈型神经网络,具有学习能力和简单的模式识别能力,它通过对网络权值的训练使输出达到期望值。图4-1给出了单层神经网络模型的结构。

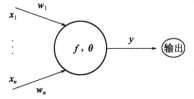

图4-1 单层感知器网络结构

其中,$x_i(i=1,2,\cdots,n)$表示输入层第i个神经元的输入值;$w_i(t)(i=1,2,\cdots,n)$表示t时刻输入层第i个神经元与输出层神经元之间的连接权值;f是神经元的作用函数;θ是神经元的阈值;y表示输出层神经元的输出。

单层神经网络学习算法的步骤如下。

步骤1:初始化。令$t=0$,$w_i(i=1,2,\cdots,n)$和θ各随机取一个较小的非零值。

步骤2:输入数据$x_i(i=1,2,\cdots,n)$和期望输出d。

步骤3:按照下面的公式计算实际输出值及误差:

$$y = f\left[\sum_{i=1}^{n} \omega_i(t) x_i + \theta\right] \tag{4-5}$$

$$e = (d-y)^2 \tag{4-6}$$

步骤4:按照下面的公式对各权值和阈值进行修正:

$$w_i(t+1) = w_i(t) + \eta(d-y)y(1-y)x_i \quad (i=1,2,\cdots,n) \tag{4-7}$$

$$\theta(t+1) = \theta(t) + \eta(d-y)y(1-y) \tag{4-8}$$

式中:η——学习步长,$\eta \in (0,1)$。

步骤5:判断权值和阈值对所有输入样本是否稳定不变,如果满足收敛条件,算法停止;否则,转到步骤2,重复以上计算过程。

4.3.2 反向传播神经网络模型

反向传播(BP)神经网络模型是一种多层感知器神经网络,是普遍的、通用的神经网络模型之一。BP神经网络模型是前馈神经网络的核心,它的学习算法是把学习过程分成正向传播和反向传播两个阶段。BP神经网络模型的结构如图4-2所示。

其中，x_j ($j=1,2,\cdots,M$)表示输入层第 j 个神经元节点的输入值，w_{ij} 表示输入层第 j 个神经元节点到隐含层第 i 个神经元节点之间的权重，$\phi(x)$ 表示隐含层的激励函数，θ_i 表示隐含层第 i 个神经元节点的阈值，w_{ki} 表示隐含层第 i 个神经元节点到输出层第 k 个神经元节点之间的权重，$\psi(x)$ 表示输出层第 k 个神经元节点的激励函数，a_k ($k=1,\cdots,L$)表示输出层第 k 个神经元节点的阈值，O_k 表示输出层第 k 个神经元节点的输出。

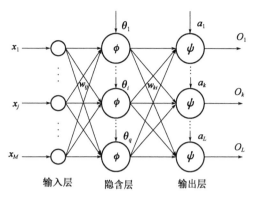

图 4-2 BP 神经网络模型的结构

BP 神经网络模型的基本思想为：输入层接受外界的输入信息并将其传递给隐含层各个神经元；隐含层负责信息变换，根据信息处理的需求，隐含层可以设计为单隐层或多隐层结构；隐含层将处理后的信息传递给输出层，经过进一步处理由输出层向外界输出最后结果。如果输出误差不符合要求，进入误差反向传播阶段。输出误差通过输出层按照误差梯度下降的方式反向逐层修改网络的权值，各层的权值通过循环进行的信息正向传播和误差反向传播过程不断进行调整，直到网络输出误差达到要求或者达到设定的学习次数为止。

BP 神经网络模型的算法流程如图 4-3 所示。

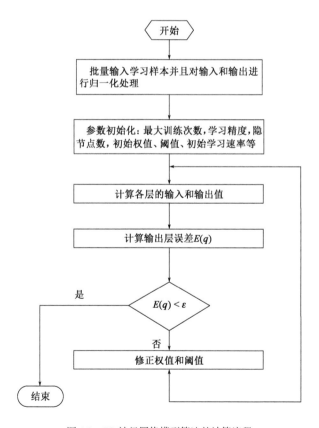

图 4-3 BP 神经网络模型算法的计算流程

BP神经网络模型具有结构简单、计算量小、简单易行等优点。同样,这种方法也存在诸多缺陷,例如,隐含层节点个数的选取、网络结构的确定都只能依靠经验,具有学习效率低、收敛速度较慢以及易陷入局部最小等问题。针对BP神经网络的这些不足,国内外学者也提出了许多改进方法,如共轭梯度算法、加入动量项、调整自适应学习速率等。

4.3.3 径向基函数神经网络

1989年,Moody和Darken提出一种三层前馈网络预测模型——径向基函数(Radial Basis Function,RBF)神经网络预测模型,它是一种高效的前馈型神经网络预测模型,能够解决大样本、高维数等预测问题,计算量少,学习速度快,具有良好的推广能力。

同BP神经网络预测模型一样,RBF神经网络预测模型也具有三层结构,即输入层、隐含层和输出层。输出层是对隐含层输出结果的线性加权求和。隐单元的激活函数是径向基函数,隐单元和输出单元的连接权值是可调的。RBF神经网络预测模型的实质就是把历史数据从一个空间转入另一个空间,其中,从输入层空间到隐含层空间的变换是非线性的,而从隐含层空间到输出层空间的变换是线性的。RBF神经网络预测模型的结构如图4-4所示。

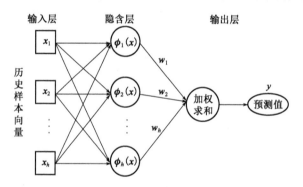

图4-4 RBF神经网络预测模型结构

从图4-4中可以看出,RBF神经网络预测模型的输入层是$(x_1,x_2,\cdots,x_n)$,隐含层为$[\phi_1(x),\phi_2(x),\cdots,\phi_h(x)]$,输出层为$y$,$(w_1,w_2,\cdots,w_h)$表示隐含层和输出层之间的连接权重。输入层将数据输入到输入层的各个节点,各隐含层节点的输出经过线性加权求和即得到RBF神经网络预测模型的输出值。

在RBF神经网络预测模型中,从输入层到隐含层之间的变换采用非线性变换,也就是说径向基函数$\phi_i(x)(i=1,2,\cdots,h)$为非线性函数。通常,该径向基函数为如下高斯函数:

$$\phi(x) = \exp\left[-\frac{(x-c_i)^2}{2\sigma_i^2}\right], \quad i=1,2,\cdots,h \tag{4-9}$$

式中:x——n维输入向量;

h——隐含层节点数;

c_i——网络隐含层第i个节点的中心;

σ_i——径向基函数的宽度。

RBF神经网络预测模型的训练过程可分为两步,分别是:第一步,训练输入层和隐含层之间的关联关系;第二步,训练隐含层和输出层之间的关联关系。其训练的基本原理是:从零个隐含层神经元开始训练,通过检查输出值的预测误差,网络将自动增加隐含层神经元个数;训练样本每循环一次,将产生最大输出误差对应的训练样本作为权值向量,产生一个新的隐含层神经元,然后重新计算;重复这个过程直至达到误差要求或最大隐含层神经元个数为止。

RBF 神经网络预测模型的具体计算步骤如下。

步骤 1:初始化。设定隐单元的个数为 h,并将高斯函数(4-9)作为径向基函数。

步骤 2:参数选定。采用 k-means 聚类算法确定网络中的 h 个隐单元的中心,并根据各中心之间的距离确定各隐单元的宽度。

步骤 3:模型训练。输入训练样本,对模型进行训练,得出隐含层到输出层的权值。

步骤 4:模型测试。输入测试样本,对模型进行测试,计算第 k 个测试样本点的实际输出 y_k,计算方法如下:

$$y_k = w_0 + \sum_{i=1}^{h} w_i \phi_i(x) \tag{4-10}$$

式中,w_0 表示误差。

步骤 5:误差分析。通过如下误差函数计算误差:

$$E = \frac{1}{2} \sum_k (y_k - \hat{y}_k)^2 \tag{4-11}$$

式中,$\hat{y}_k$ 表示第 k 个测试样本点的期望输出。

若误差大于预设误差,则返回步骤 2,重新训练模型;否则,转下一步。

步骤 6:确定 RBF 神经网络模型,利用模型进行预测。

在上面的计算过程中,步骤 2 需要采用 k-means 聚类算法确定 RBF 网络中的数据中心 c_i 和宽度 σ_i。k-means 聚类算法的具体计算步骤如下:

首先,假设在第 k 次迭代时,聚类中心为 $c_1(k),c_2(k),\cdots,c_h(k)$,相应的聚类域为 $w_1(k),w_2(k),\cdots,w_h(k)$。

步骤 1:算法初始化。从输入样本点中随机选取 h 个不同的初始聚类中心,并令 $k=1$。

步骤 2:计算所有输入样本点与聚类中心的距离:$x_j - c_i(k)(i=1,2,\cdots,h;j=1,2,\cdots,n)$。

步骤 3:对输入样本点 x_j,按最小距离原则对其进行分类,即当 $i(x_j) = \min_i [x_j - c_i(k)]$,$i=1,2,\cdots,h$ 时,x_j 即被归为第 i 类,即 $x_j \in w_i(k)$。

步骤 4:根据如下式子重新计算新的聚类中心:

$$c_i(k+1) = \frac{1}{n_i} \sum_{x \in w_i(k)} x, \quad i=1,2,\cdots,h \tag{4-12}$$

式中,n_i 表示第 i 个聚类域 $w_i(k)$ 中包含的样本数。

步骤 5:如果 $c_i(k+1) \neq c_i(k)$,转入步骤 2;否则聚类结束,转入下一步。

步骤 6:根据各聚类中心之间的距离确定各隐节点的宽度。如果径向基函数采用高斯函数,则其宽度可由下式求解:

$$\sigma_i = \frac{c_{\max}}{\sqrt{2h}}, \quad i=1,2,\cdots,h \tag{4-13}$$

式中,$c_{\max}$ 表示所选取中心之间的最大距离。

RBF 神经网络是一种逼近性能良好的前馈神经网络,它不仅有生理学基础,而且结构更简洁,具有学习速度更快、不存在局部极小等优点,现已广泛应用于函数逼近、非线性控制、自适应滤波、图像处理、模式识别等领域[91]。

4.3.4 Elman 神经网络模型

Elman 神经网络模型是 Elman 在 1990 年提出的一类具有局部反馈的神经网络模型。后来,Pham 等人在此基础上又提出了修正的 Elman 神经网络模型,通常把这种修正的 Elman 神经网络模型作为标准的 Elman 神经网络模型。与前面介绍的 BP 神经网络模型和 RBF 神经网络模型不同,Elman 神经网络模型具有从输出层到输入层的反馈连接,这种反馈机制使得 Elman 神经网络模型具有映射动态特征和适应时变特性的功能。Elman 神经网络模型的结构如图 4-5 所示。

Elman 神经网络模型除了具有输入层、隐含层和输出层以外,还具备一个特殊的单元,称为状态层。状态层从隐含层接受反馈信号,记忆隐含层上一时刻的输出值。因此,Elman 神经网络模型的输入包括两部分,一部分是外部输入值,另一部分是隐含层上一时刻的输出值。训练结束后,递归连接部分将当前时刻隐含层的输出反馈到状态层,并将其保留到下一个训练时刻。由于加入了内部反馈机制,Elman 神经网络模型就具备了对动态数据的处理能力。

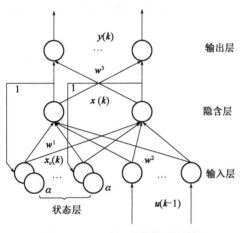

图 4-5 Elman 神经网络模型的结构

Elman 神经网络模型有一个简单的学习过程,设网络的外部输入为 $u(k-1)$,隐含层的输出为 $x(k)$,网络输出为 $y(k)$,则有如下非线性表达式:

$$\begin{cases} x(k) = f[w_k^1 x_c(k) + w_k^2 u(k-1)] \\ x_c(k) = \alpha x_c(k-1) + x(k-1) \\ y(k) = g[w_k^3 x(k)] \end{cases} \quad (4-14)$$

式中,w_k^1, w_k^2, w_k^3 分别表示状态层到隐含层、输入层到隐含层和隐含层到输出层的连接权值矩阵;f 和 g 分别表示隐含层和输出层的传递函数;α 为自连接反馈增益因子,$0 \le \alpha \le 1$。当 $\alpha = 0$ 时,此网络为标准的 Elman 神经网络模型。当 $\alpha \ne 0$ 时,为修正后的 Elman 神经网络模型。

神经网络模型是一种具有深度综合和自学习能力的计算方法,它能够学会如何对输入和输出方式进行分类和关联,具有独特的并行结构、自适应、自组织、联想记忆、较强的容错性和鲁棒性等特点,在复杂的非线性系统中具有较高的建模能力及良好的数据拟合能力。因此,神经网络模型可满足复杂环境和多目标控制的要求,被大量应用于交通预测领域。当然,这类模型也存在不足,例如,大多使用固定的转移函数,训练过程只能通过神经元权值的调整进行数据处理,这种不足导致该网络模型存在局部极小、推广能力差、收敛速度慢及难以实现在线调整等问题。

4.4 支持向量机预测模型

支持向量机预测模型是由 Corinna Cortes 和 Vapnik 于 1995 年首先提出的一种智能学习方法,与神经网络预测模型类似,它们都是学习机制,但与神经网络预测模型不同的是支持向量机预测模型使用的是数学方法和优化技术。由于支持向量机预测模型在模式识别、回归估计、风险预算、时间序列分析与预测、密度估计、新奇性检验等各个领域获得了巨大成功,其一直是机器学习、神经网络、人工智能等方向的专家与学者研究的热点。

支持向量机预测模型和线性回归方法一样,基本思想都是通过预测误差最小化来寻找一个能较好地接近训练数据点的估计函数 f,不同的是,支持向量机预测模型通过一个非线性映射函数 φ 将输入空间的数据 x 映射到高维空间 C 中,再在此高维空间进行线性回归计算,从而得到原来低维空间里非线性回归的效果。

对于给定样本数据 $(x_1,y_1),(x_2,y_2),\cdots,(x_m,y_m)$,其中 $x_i \in R^k$ 为输入变量,$y_i \in R$ 为输出变量,且 $y_i = f(x_i), i = 1,2,\cdots,m$,$f(x)$ 为待估计的未知函数。

设定非线性映射 $\varphi: R^k \to H$,其中 φ 称为特征映射,H 为特征空间,则被估计函数 $f(x)$ 为如下形式:

$$y = f(x) = w^T \varphi(x) + b \tag{4-15}$$

式中,w 为空间 H 中的权向量;b 为偏置值,$b \in R$。

这样,估计非线性函数问题转化为如下的数学优化问题:

$$\min_{w,b,e} J(w,e) = \frac{1}{2}w^T w + \frac{1}{2}\gamma \sum_{i=1}^{l} e_i^2 \tag{4-16}$$
$$\text{s.t.} \quad y_i = w^T \varphi(x_i) + b + e_i$$

式中,$e_i \in R^k$,$i = 1,2,\cdots,m$ 为误差变量。

由于 w 可能为无限维,因此,直接求解上面的优化问题是极其困难的,可以将这个优化问题转化到其对偶空间中。

首先,定义如下形式的拉格朗日(Lagrange)函数:

$$L(w,b,e,a) = J(w,e) - \sum_{i=1}^{m} a_i [w^T \varphi(x_i) + b + e_i - y_i] \tag{4-17}$$

式中,$a_i \in R$ 为拉格朗日乘子。

可得到上述优化问题的最优性条件如下:

$$\begin{cases} \dfrac{\partial L}{\partial w} = 0 \Rightarrow w = \sum_{i=1}^{m} a_i \varphi(x_i) \\ \dfrac{\partial L}{\partial w} = 0 \Rightarrow \sum_{i=1}^{m} a_i = 0 \\ \dfrac{\partial L}{\partial e_i} = 0 \Rightarrow w = a_i = \gamma e_i \quad (i = 1,\cdots,m) \\ \dfrac{\partial L}{\partial a_i} = 0 \Rightarrow y_i = w^T \varphi(x_i) + b + e_i \quad (i = 1,\cdots,m) \end{cases} \tag{4-18}$$

消去 w 与 e_i，求解优化问题。式(4-16)转化为求解如下线性方程组：

$$\begin{bmatrix} 0 & (1\boldsymbol{m})^{\mathrm{T}} \\ 1\boldsymbol{m} & \Omega + \dfrac{1}{\gamma}I \end{bmatrix} \begin{bmatrix} b \\ a \end{bmatrix} = \begin{bmatrix} 0 \\ y \end{bmatrix} \quad (4\text{-}19)$$

式中，向量 $1\boldsymbol{m} = (1,1,\cdots,1)^{\mathrm{T}}$；$\boldsymbol{a} = (a_1, a_2, \cdots, a_m)^{\mathrm{T}}$；$\boldsymbol{Y} = (y_1, y_2, \cdots, y_m)^{\mathrm{T}}$；$\boldsymbol{\Omega}$ 为一矩阵，可表示为：$\boldsymbol{\Omega} = (\Omega_{ij})_{m \times m}$，其中 $\Omega_{ij} = \varphi(x_i)^i \varphi(x_j)$。

可以看出，式(4-19)为一个线性方程组，通过求线性方程组(4-19)就可求得 a 与 b 的值，从而得到被估计函数 $f(x)$ 的表达式，即式(4-15)可变换为如下形式：

$$y = f(x) = \sum_{i=1}^{m} a_i K(x, x_i) + b \quad (4\text{-}20)$$

支持向量机预测模型的基本原理是通过一个非线性映射函数 $\varphi(x)$，将输入空间的低维数据映射到高维特征空间中，通过高维空间的线性回归计算，实现低维空间里非线性回归的效果。由 Mercer 定理[92]可知，支持向量机预测模型的非线性回归问题只需引入核函数 $K(x, x_i)$，就可以对低维空间的非线性回归问题进行求解。

由式(4-20)可以看出，采用不同的核函数 $K(x, x_i)$ 就会产生不同的支持向量机预测模型，即核函数决定支持向量机预测模型的分类性能。核函数是支持向量机预测模型中能够调整的少数参数之一，而参数形式决定分类器的类型、复杂程度及分类性能，因此支持向量机预测模型中核函数的选取是非常重要的。

一般来说，常用的核函数有线性核函数、多项式核函数、径向基(RBF)核函数、Sigmoid 核函数。

(1) 线性核函数：$K(x, x_i) = x \cdot x_i$。

(2) 多项式核函数：$K(x, x_i) = [(x \cdot x_i) + 1]^d$，其中 d 为多项式的阶。

(3) 径向基核函数：$K(x, x_i) = \exp(-\|x - x_i\|^2 / 2\sigma^2)$，其中 x_i 为核函数的宽度。

(4) Sigmoid 核函数：$K(x, x_i) = \tanh[\gamma(x \cdot x_i) + c]$。

常用核函数可以分为两类：一类是全局性核函数，另一类是局部性核函数。线性核函数、多项式核函数、Sigmoid 核函数是常用的全局性核函数。图 4-6 为多项式核函数的曲线图，其

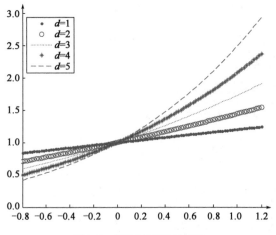

图 4-6 多项式核函数曲线图

中 d 分别取 1、2、3、4、5,测试输入取 0.2,从图中可以看出,全局性核函数允许远离测试输入的数据点对核函数值产生影响,泛化能力强,但是学习能力较弱。RBF 核函数是一种典型的局部性核函数,图 4-7 为 RBF 核函数的曲线图,图例中的 p 即为 σ,σ 分别取 0.1、0.2、0.3、0.4、0.5,测试输入取 0.2。从图中可以看出,局部性核函数仅仅在测试点附近小邻域内对数据点有影响,它的学习能力较强,但是泛化能力相对较弱。

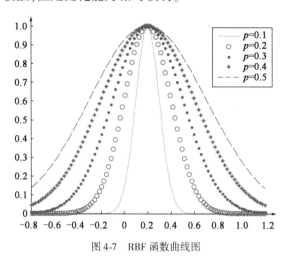

图 4-7 RBF 函数曲线图

采用支持向量机预测模型进行数据分析的基本流程总结如下。

步骤 1:初始化。选取核函数形式,可采用前面介绍的高斯函数,确定模型参数的取值范围,设定计算误差。

步骤 2:构造参数对。构造二维参数对网格平面,形成参数对。

步骤 3:选取一组参数对训练模型。从步骤 2 所确定的参数对中选取一个参数对,输入训练样本进行训练,得到预测函数。

步骤 4:测试模型。输入测试样本,通过预测函数得到测试样本的实际输出数据。

步骤 5:计算误差并记录该组参数对所对应误差及预测函数。利用测试样本的期望输出及测试样本的实际输出数据,通过误差分析函数进行误差计算并得到对应误差。

步骤 6:记录步骤 5 所得到的误差,并判断是否所有参数对都被训练,若是,转入步骤 7;否则,回到步骤 3。

步骤 7:选取产生最小误差的参数对并判断是否小于预设误差,若小于预设误差,则进入步骤 8;否则,回到步骤 2,并以最小误差对应的参数对为中心,构建新的二维网络平面。

步骤 8:输出预测模型。通过步骤 7 的判断得到满足预设误差的最优参数对及预测模型。

步骤 9:得到预测结果。利用预测模型进行预测并得到预测结果。

4.5 基于混沌理论的预测模型

混沌理论是一门研究非线性动力学系统的新兴理论,该理论以揭示貌似随机的现象背后可能隐藏的简单规律为研究目的。混沌存在的根源就是复杂系统所表现出来的非线性动力学性质。复杂系统中总会存在着混沌,而交通系统是人的群体参与的、开放的、复杂非线性系统,因此交通系统中也存在着混沌。从理论上讲,混沌理论对非线性、不确定性强的交通客流预测是非常适用的,所以该类模型具有很好的发展与应用前景。基于混沌理论的预测模型主要是以混沌理论、耗散理论、分形理论、自组织理论、协同理论等为基础,利用有关混沌理论中的相空间重构、分形论、奇怪吸引子、自组织论等理论建立预测模型。

下面就以最大 Lyapunov 指数来说明基于混沌理论的预测模型。基于最大 Lyapunov 指数的混沌时间序列预测算法可总结为如下步骤[93]。

步骤 1:对于一组时间序列数据 $\{x_t\}$ ($t=1,2,\cdots,n$),计算求得最大 Lyapunov 指数 λ_1。对于连续系统来说,最大 Lyapunov 指数的计算方法主要有定义方法、Jacobian 方法、QR 分解方法、奇异值分解方法等。

步骤 2:根据 G-P 算法[94]计算关联维数 d,再由 Takens 定理[95]选取嵌入维数 $m \geq 2d+1$,得到如下的重构相空间:

$$Y(t) = \{x(t), x(t+\tau), \cdots, x[t+(m-1)\tau]\} \in \mathbf{R}^m, \quad t = 1,2,\cdots,M \quad (4\text{-}21)$$

式中,M 为重构相空间中点的个数。

步骤 3:以 Y_M 为预报中心点,选取相空间中与 Y_M 最近的邻点 Y_k,其距离为 $d_M(0)$,即

$$d_M(0) = \min \|Y_M - Y_i\| = \|Y_M - Y_k\| \quad (4\text{-}22)$$

于是,可以根据 Lyapunov 指数的定义,建立如下预测模型:

$$\|Y_M - Y_{M+1}\| = \|Y_k - Y_{k+1}\| \mathrm{e}^{\lambda_1} \quad (4\text{-}23)$$

式中,Y_{M+1} 未知,为了得到预测值,从 Y_{M+1} 中分离出最后一个分量即可。

混沌系统的基本特点就是系统对初始值的极端敏感性,两个相差无几的初值所产生的轨迹随着时间的推移按指数方式分离。Lyapunov 指数就是定量地描述这一现象的量。Lyapunov 指数是衡量系统动力学特性的一个重要定量指标,它表征了系统在相空间中相邻轨道间收敛或发散的平均指数率。对于系统是否存在动力学混沌,可以通过最大 Lyapunov 指数进行判断,一个正的 Lyapunov 指数,意味着在系统相空间中,无论初始两条轨线的间距多么小,其差别都会随着时间的演化而成指数率地增加,以致无法预测。

4.6 组合预测模型

前面所介绍的各类预测模型都属于单一预测模型,每类模型各有其优点、缺陷和适用条件,如果将各类模型组合起来,会得到更加理想的结果,这就是组合预测模型。1969 年,Bates 和 J. Granger 首次提出了组合预测的理论和方法,基本思想就是设法把不同的预测模型组合起来,充分利用每种预测方法中所包含的独立信息,以适当的形式得出组合预测模型。由于组合预测模型集合了不同的单一预测方法,综合运用不同预测方法中的独立信息,从而使预测的精确度和可靠性有较大的提高。

组合预测模型就是将多个单一预测方法加权组合,得到一个最终的预测模型系统。在实践中,可以根据需求将多种预测方法进行组合,以达到预测精度要求。各种预测方法的组合模

式分为三种:第一,基于各单一预测模型所得预测结果平均值的组合;第二,基于降维处理的组合;第三,基于特征选择模式的组合。

(1) 平均模式

平均模式是将各种不同的单一预测方法所产生的预测结果做平均处理,作为组合预测模型的最终预测结果。其中,最简单的方法就是将各单一预测方法得到的结果的平均值作为组合预测的结果。M 个单一预测方法所得到的最终预测结果矢量 x 可以表示为

$$x = \frac{1}{M}\sum_{i=1}^{M} x_i \tag{4-24}$$

如果所有的单一预测方法有类似的预测精度,那么这一平均模式能够减小最终结果的误差。否则,应该根据不同预测方法的预测性能大小,对各单一预测方法的预测结果进行加权平均,以得到最终预测结果。其中,对具有较高预测精度的预测方法的结果赋予较大的权重,对预测精度较低的预测方法的结果赋予较小的权重。预测结果由下式表示:

$$x = \sum_{i=1}^{M} w_i x_i \tag{4-25}$$

其中,w_i 是单一预测方法预测结果所对应的权重($i = 1, 2, \cdots, M$)。

确定权重标准的一种方式是求解线性方程组,如最小二乘法。普通最小二乘法就是试图通过减少预测值与实际输出之间误差平方的值来得到权重值。对于一个给定的数据矩阵 X 和输出向量 y,每个预测方法的权重满足:

$$y = w'X \tag{4-26}$$

确定权重的另一种方式是运用单一预测方法的预测性能来确定权重的大小,如下式所示:

$$w_i = \frac{1/MSE_i}{\sum_{i=1}^{M} 1/MSE_i} \tag{4-27}$$

利用该权重求解方式,使得具有较高预测性能的预测方法能够得到较大权重,预测结果的精确度得以提高。

(2) 降维模式

降维模式是根据主成分分析法(PCA)所提供的数据进行线性变换,以替代单一预测方法结果的权重值。PCA 是一种掌握事物主要矛盾的统计分析方法,可以从多元事物中解析出揭示事物本质的主要影响因素,把复杂的问题简化。将 N 维的输入向量 x 转换成 K 维的输出向量 z,PCA 可定义如下:

$$z = Wx \tag{4-28}$$

其中,$W = [w_1, w_2, \cdots, w_k]^T$ 是变换矩阵,由协方差矩阵 R_x 的 K 特征向量形成,与 K 最大特征值有关。降低的尺寸向量 z 由 K 个主成分要素组成,其中,z_1 代表最重要的要素,z_K 代表最不重要的要素。

在主成分 z 和正交变换矩阵 W 的基础上,原向量 x 可由以下关系来重建:

$$x = W^{-1}z \tag{4-29}$$

重建向量消除了与协方差矩阵 R_x 减少的特征值相关的不重要信息,被消除的信息成分通常对应噪声成分。

(3) 特征选择模式

特征选择就是从给定的数据集中确定原始特征的一个子集,同时删除无关的或(和)冗余的特征。特征选择的目标是改善预测方法的预测性能,提供更快、更具成本效益的预测方法,并能提供一个更容易理解的产生数据的潜在过程。合适的特征可以提高模型精度,减少建模计算时间,因此,特征选择对于预测建模来说极为重要。

设一数据集向量为 $X = (x_1, x_2, \cdots, x_m)$,分量 $x_j(j = 1,2,\cdots,m)$ 的取值可体现相应特征 x_j 对样本 X' 类别判定的贡献。如果 x_j 极小并趋向于0,那么特征 x_j 对样本 X' 的分类判定几乎不起作用。如果某个特征约简后,基于数据向量的分类函数准确率仍保持不变或有所提高,则说明该特征属于冗余特征。

该特征选择技术的原理就是通过过滤器的预处理,从能够得到最高预测精度的数据子集开始进行特征的顺序选择,直到预测结果不能再改善为止。

按照组合预测的目标和特点,组合预测模型可以从以下几个角度进行分类[96]:

(1) 按照组合预测模型和各单个预测模型之间的函数关系,组合预测模型可以分为线性组合预测模型和非线性组合预测模型。

假设组合预测模型为 f,组合预测方法中包含 m 个单项预测模型,各个单项预测模型分别为 $f_i(i = 1,2,\cdots,m)$;若 $f = l_1 f_1 + l_2 f_2 + \cdots + l_m f_m$,$l_1, l_2, \cdots, l_m$ 是各个单项预测方法的权重,称该组合预测模型为线性组合预测模型;若 $f = g(f_1, f_2, \cdots, f_m)$,$g(\cdot)$ 是一个非线性函数,该组合预测模型被称为非线性组合预测模型。常见的非线性组合预测形式有加权几何平均组合预测模型、加权调和平均组合预测模型等。

(2) 按照各个单项预测模型加权系数计算方法的不同,组合预测模型可以分为最优组合预测模型和非最优组合预测模型。

最优组合预测模型的基本思想是构造目标函数,在设定的约束条件下使目标函数达到最大值或者最小值,从而能够得到各个单项预测方法的加权系数。最优组合预测模型一般可以表示为如下所示的数学规划问题:

$$\max(\min)\phi = \phi(l_1, l_2, \cdots, l_m)$$

$$\text{s.t.} \begin{cases} \sum_{i=1}^{m} l_i = 1 \\ l_i \geq 0, \quad i = 1, 2, \cdots, m \end{cases} \tag{4-30}$$

式中,$\phi(l_1, l_2, \cdots, l_m)$ 是目标函数;$l_1, l_2, \cdots, l_m$ 为各个单项预测方法的加权系数。

在一些问题中,用最优组合预测模型可能出现单项预测方法的加权系数为负的情况,而负的加权系数没有实际意义,所以出现了非最优组合预测。非最优组合预测模型就是根据各个单项预测方法预测误差的方程和其加权系数成反比的基本原理得到组合预测方法的权系数的计算公式。非最优组合预测模型的目标函数值一般劣于最优组合预测模型的目标函数值。

第5章 基于单模型的城市轨道交通客流预测方法

5.1 客流的时间序列特征

5.1.1 基本方法

时间序列数据就是依时间顺序取得的观察数据集合,主要特征为:观测值之间相互依赖,且存在先后顺序。研究时间序列可以揭示客观现象的内在演化规律,从而对客观事物的发展变化进行预测和控制。在具体问题研究中,数据可以随时间连续变化,也可以随时间离散变化,通常采用等距时间间隔方式获得离散时间序列数据。

按照序列的统计性和稳定性,时间序列数据可分为平稳时间序列和非平稳时间序列。实际上,绝大部分时间序列都是非平稳的。根据 Cramer 分解定理,任何时间序列都可以分解为一部分是由多项式决定的确定性信息,另一部分是平稳的均值为零的误差成分。

非平稳时间序列分析的基本思路是:将其转化为平稳时间序列,或者将其与平稳时间序列联系起来,然后利用平稳序列分析方法进行研究。图 5-1 给出了非平稳时间序列分析的基本过程。

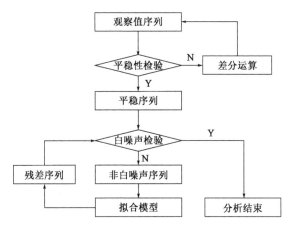

图 5-1 非平稳时间序列分析的基本过程

假定随机时间序列 $\{x_t\}$ ($t = 1, 2, \cdots, n$),其中序列元素可表示为:

$$x_t = \rho x_{t-1} + \mu_t \tag{5-1}$$

式中,μ_t 表示白噪声;ρ 为参数。

如果 $\{x_t\}$ 满足下列条件：

(1) 均值 $E(x_t) = \mu$，是与时间 t 无关的常数。

(2) 方差 $\mathrm{var}(x_t) = \sigma^2$，是与时间 t 无关的常数。

(3) 若协方差 $\mathrm{cov}(x_t, x_{t+k}) = \gamma_k$ 只与时间间隔 k 有关，与时间 t 无关的常数，则称该时间序列是平稳时间序列。

在时间序列分析中，首先要解决的问题是时间序列平稳性问题。判断序列的平稳性，是进行时间序列分析的重要前提。

自相关分析法是分析时间序列平稳性的有效方法，该方法根据绘制的自相关函数（简称 ACF）图和偏自相关函数图（简称 PACF）来测定时间序列的随机性、平稳性和周期性。下面简单介绍自相关分析的基本方法。

时间序列 $\{x_t\}(t=1,2,\cdots,n)$ 中相隔 k 期的两个随机变量 x_t 和 x_{t-k} 的协方差即滞后 k 期的自协方差函数 γ_k 可表示如下：

$$\gamma_k = \mathrm{cov}(x_t, x_{t+k}) = E[(x_t - \mu)(x_{t-k} - \mu)] \tag{5-2}$$

式中，μ 表示时间序列 $\{x_t\}(t=1,2,\cdots,n)$ 的均值。

时间序列 $\{x_t\}(t=1,2,\cdots,n)$ 的自相关函数可表示为：

$$\rho_k = \frac{\gamma_k}{\sqrt{\sigma_{x_{t-k}}\sigma_{x_t}}} \tag{5-3}$$

式中，$\sigma_{x_t}^2 = E[x_t - E(x_t)]^2$。

如果时间序列为平稳序列，自相关函数还可以表示为：

$$\rho_k = \frac{\gamma_k}{\nu_0} \tag{5-4}$$

时间序列的自相关函数也可以表示为如下形式：

$$\hat{\rho}_k = \frac{\sum_{t=1}^{n-k}(x_t - \bar{x})(x_{t+k} - \bar{x})}{\sum_{t=1}^{n}(x_t - \bar{x})^2} \tag{5-5}$$

式中，$\bar{x} = \frac{1}{n}\sum_{t=1}^{n} x_t$。

时间序列的偏自相关函数 $\hat{\varphi}_{kk}$ 可表示如下：

$$\hat{\varphi}_{kk} = \begin{cases} \hat{\rho}_1 & (k=1) \\ \dfrac{\hat{\rho}_k - \sum_{j=1}^{k-1}\hat{\varphi}_{k-1,j}\hat{\rho}_{k-j}}{1 - \sum_{j=1}^{k-1}\hat{\varphi}_{k-1,j}\hat{\rho}_{k-j}} & (k=2,3,\cdots) \end{cases} \tag{5-6}$$

式中，$\hat{\varphi}_{k,j} = \hat{\varphi}_{k-1,j} - \hat{\varphi}_{k,k}\hat{\varphi}_{k-1,k-j}$。

自相关系数描述了当前序列与先前序列之间常规的相关程度，而偏自相关系数则是在设定其他先前序列的影响后，用于描述当前时间序列和先前某一时间序列之间的相关程度。

如果时间序列 $\{x_t\}(t=1,2,\cdots,n)$ 的自相关函数随着滞后 k 的增加迅速下降为 0，则认为该时间序列为平稳序列;如果自相关函数不随着滞后k的增加迅速下降为0,则认为该时间序列为非平稳序列[97]。

自相关函数和偏自相关函数不仅能判断时间序列的平稳性、随机性和周期性,还能初步识别平稳时间序列的模型类型和模型阶数。如果自相关函数图(或偏自相关函数图)在p阶之后变为0,则称其有p阶截尾性;如果自相关函数图(或偏自相关函数图)不能在某一步之后变为0,而是按照指数(或者呈正弦波形式)衰减,则称其具有拖尾性。

如果平稳时间序列的偏自相关函数为p阶截尾,而自相关函数图逐步衰减且不截尾,则该序列是AR(p)模型;如果平稳时间序列的自相关函数图为q阶截尾,而偏自相关函数图逐步衰减且不截尾,则该序列为MR(q)模型;如果平稳时间序列的自相关函数图和偏自相关函数图均不截尾,但较快收敛,则该时间序列可能为ARMA(p,q)模型。

为了进一步验证时间序列的非平稳性,还需要进行假设检验,单位根检验是最常用的一种方法。时间序列平稳性的单位根检验的基本思想是:对式(5-1)进行回归分析,如果$\rho \geq 1$,则称随机变量x_t有一个单位根。有单位根的时间序列就是随机时间序列,而随机时间序列是非平稳的。

检验一个时间序列$\{x_t\}$($t=1,2,\cdots,n$)的平稳性,可通过检验如下带有截距项α的一阶自回归模型来完成:

$$x_t = \alpha + \rho x_{t-1} + \mu_t \tag{5-7}$$

可以证明,检验式(5-7)中的$\rho \geq 1$等价于检验下式中的$\delta \geq 0$:

$$\Delta x_t = \alpha + \delta x_{t-1} + \mu_t \tag{5-8}$$

如果检验结果满足给定的置信水平,则时间序列$\{x_t\}$($t=1,2,\cdots,n$)是非平稳的。

通常,可采用Dickey-Fuller(DF)方法来检验自回归模型(5-8)是否存在单位根。但是,DF检验只适用于时间序列为AR(1)的情况,如果时间序列存在高阶滞后相关,DF方法就不再适用。在这种情况下,可以使用增广DF检验方法(Augmented Dickey-Fuller,ADF)进行检验。

为保证检验中随机误差项的白噪声特性,Dickey和Fuller对式(5-8)检验进行了扩充,提出了如下三个模型:

模型一

$$\Delta x_t = \delta x_{t-1} + \sum_{i=1}^{m} \beta_i \Delta x_{t-i} + \varepsilon_t \tag{5-9}$$

模型二

$$\Delta x_t = \alpha + \delta x_{t-1} + \sum_{i=1}^{m} \beta_i \Delta x_{t-i} + \varepsilon_t \tag{5-10}$$

模型三

$$\Delta x_t = \alpha + \beta t + \delta x_{t-1} + \sum_{i=1}^{m} \beta_i \Delta x_{t-i} + \varepsilon_t \tag{5-11}$$

ADF检验从模型三开始检验,然后是模型二和模型一,只要其中有一个模型的检验结果拒绝原假设,就认为该时间序列是平稳时间序列;如果三个模型的检验结果都不能拒绝原假设,则该时间序列是非平稳时间序列,需要对时间序列进行差分处理,直到不存在单位根为止。

5.1.2 平常日客流的平稳性分析

以2011年1月1日—2012年5月20日北京地铁1号线的平常日客流为研究对象,采用上面介绍的自相关、偏自相关函数和单位根检验方法对客流数据的时间序列稳定性进行判定。

首先,采用 SPSS 软件绘制客流序列的自相关和偏自相关函数图,如图 5-2 所示。

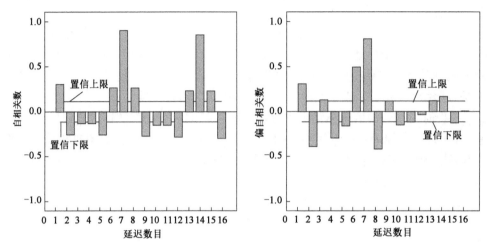

图 5-2 北京地铁 1 号线平常日客流自相关(左)和偏自相关(右)特征

从图 5-2 中可以看出,平常日客流的自相关函数在 $k = 7,14$ 处均取得特征性的峰值,说明平常日客流具有以周为周期的规律性波动特征。另外,自相关函数图中有较多的自相关函数没有落入置信区间,说明平常日客流具有随机性。自相关函数和偏自相关函数均不随着滞后 k 的增加而快速下降为 0,可以认为平常日客流序列为非平稳序列。

再利用 Eviews 软件对同样的客流序列进行单位根检验,表 5-1 给出了计算结果。

平常日客流单位根检验结果　　　　表 5-1

检验项目	t 统计量	P 值
ADF	-2.142258	0.2284
显著性水平为 1%	-3.453652	—
显著性水平为 5%	-2.871693	—
显著性水平为 10%	-2.572253	—

从表 5-1 中可以看出,单位根统计量 ADF = -2.142258,大于显著性水平临界值 1% ~ 10%,所以,接受原假设,认为该平常日客流序列存在单位根,也就说明北京地铁 1 号线平常日客流为非平稳时间序列。

5.2 基于时间序列分析的客流预测方法

城市轨道交通客流具有明显的动态特征,同时,也具有较强的周期性规律,因此,城市轨道交通客流属于典型的时间序列数据。可利用时间序列分析方法分析历史客流的动态变化规律,从而对未来客流进行预测。

基于时间序列分析客流预测的基本思路为:首先,选择一定长度的时间序列数据进行特征分析;然后,建立时间序列模型;通过检验并进行优化,再利用最终的模型对未来客流进行预测;最后,通过预测客流与实际客流的对比分析,评价预测效果。

5.2.1 基础数据分析

选定北京城市轨道交通2011年2月14日—2011年9月4日共203天的日客流数据进行分析。图5-3给出了该组数据的时序图,可以看出,日客流具有以周(7天)为固定周期的季节性变化特征,且为非平稳序列。

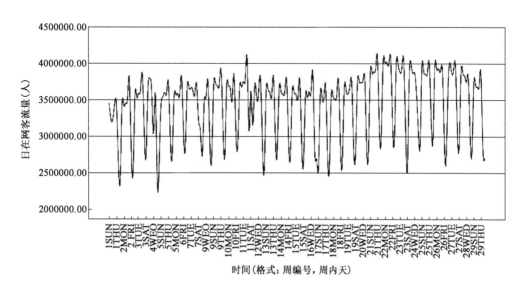

图5-3 北京城市轨道交通日客流量时间序列图

采用如下形式的时间序列模型来拟合客流数据的动态变化规律:

$$x_t = S_t(T_t + I_t) \tag{5-12}$$

式中,T_t为长期趋势波动参数;S_t为季节性变化参数,表示数据的稳定周期循环波动因素;I_t为随机波动参数,表示除去长期趋势波动和季节性变化之外的其他因素。

根据时序图所表现出来的周期特征,对原始数据进行季节性差分处理,提取序列的周期特征。图5-4给出了一周内7天的周期因子。可以看到,工作日客流超出日平均客流的5%(周一)~10%(周五),并且,从周一到周五,数据呈现出缓慢上升的趋势。周六和周日为休息日,日客流量分别比工作日平均客流低15%和20%。

根据估计得到的周期因子,可将客流时间序列的周期因子消除,将式(5-12)变换为如下形式:

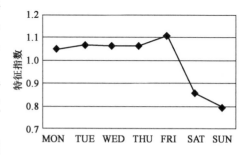

图5-4 以周为单位的周期因子

$$Y_t = \frac{X_t}{\hat{S}_t} = T_t + I_t \tag{5-13}$$

式中，$\hat{S}_t$ 表示实际周期因子 S_t 的估计值。

图 5-5 给出了消除周期因子后所得到的时间序列 $\{Y_t\}$ ($t = 0, \pm 1, \pm 2, \cdots$) 的时序特征，图中虚线表示时间序列的线性拟合结果。

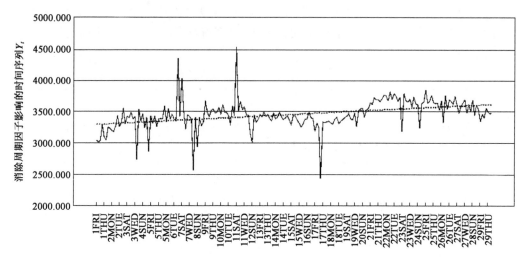

图 5-5 消除周期因子后的客流时间序列

根据回归分析，可得出如下的线性回归方程：

$$\hat{T}_t = 1.6 \times 10^3 t + 3.2886 \times 10^6 \qquad (5\text{-}14)$$

其中，斜率 $k = 1.6 \times 10^3 \gg 0$，说明时间序列具有线性增长趋势。

经过上面的统计分析发现，直接利用公式 $Z_t = Y_t - \hat{T}_t$ 提取线性趋势的效果并不理想，因此，采用一阶差分方法再进行线性趋势的提取。图 5-6 给出了相应的处理结果。

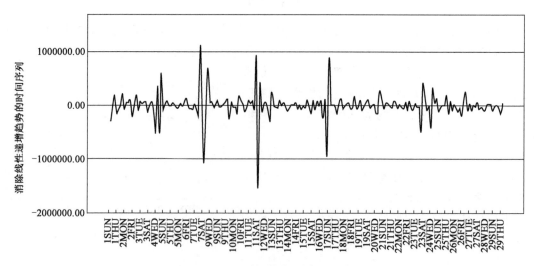

图 5-6 消除线性递增趋势后的客流时间序列

图 5-7 给出了上面时间序列的 ACF 和 PACF 的计算结果。可以看到,ACF 具有 1 阶截尾性,而 PACF 具有明显的短期相关性,因此,可以判断 PACF 具有拖尾性。

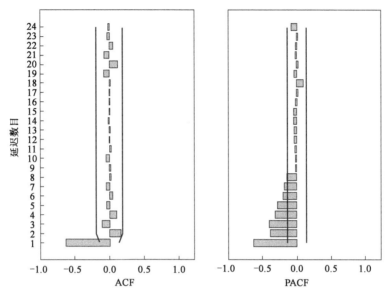

图 5-7 消除线性递增趋势后的客流序列的 ACF 和 PACF 特征

采用 MA(1)模型对图 5-6 中的时间序列进行建模,表 5-2 给出了模型的显著性检验结果。根据表 5-2 的结果,参数估计值 $\theta_1 = 0.824$,参数检验统计量对应的显著性概率 $p < 0.001$,这说明参数估计满足显著性水平,MA(1)模型拟合成功。同时,白噪声检验的统计量 $LB = 12.068$,P 值为 0.796,大于 0.05,因此,认为残差序列为白噪声序列。

MA(1)残差序列检验和参数显著性检验　　　　　　　　表 5-2

残差序列的白噪声检验			参数显著性		
延迟阶数	χ^2 统计量 LB	P 值	待估参数 θ_1	t 统计量	P 值
18	12.068	0.796	0.824	20.113	<0.001

图 5-8 给出了残差序列的 ACF 和 PACF,可以看出,此时的残差序列为平稳序列。

5.2.2 确定预测模型

根据上面的时间序列特征分析,经过模型优化,确定预测模型为如下形式的 ARIMA(0,1,1)(0,1,1)$_7$ 模型:

$$(1-B)(1-B^7)X_t = (1-\theta_1 B)(1-\theta_{S1}B^7)\varepsilon_t \tag{5-15}$$

式中,B 为延迟算子;$\theta_1 = 0.809$;$\theta_{S1} = 0.888$;ε_t 为随机白噪声。

可以看出,模型(5-15)的左端包含两部分,其中,$(1-B^7)$ 项为季节性差分,用于描述客流序列中周期为 7 天的固定周期波动;$(1-B)$ 为非季节差分,用于描述序列中的线性递增趋势。模型(5-15)的右端也包含两部分,其中,$(1-\theta_{S1}B^7)$ 为 1 阶季节性移动平均项,用来刻画序列中包含的季节性波动过程中的线性递增趋势,此项表示时间序列中的缓慢递增趋势;

$(1-\theta_1 B)$ 为 1 阶非季节性移动平均项，用来刻画序列中包含的季节性波动以外的线性递增趋势。

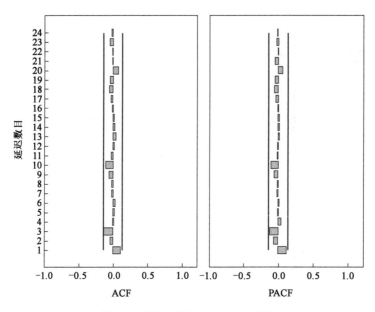

图 5-8　残差序列的 ACF 和 PACF 特征

可将方程(5-15)的左端展开，即

$$(1-B)(1-B^7)X_t = (1-B-B^7-B^8)X_t = X_t - X_{t-1} - X_{t-7} - X_{t-8} \quad (5-16)$$

类似地，将方程(5-15)的右端展开，即

$$(1-\theta_1 B)(1-\theta_{S1}B^7)\varepsilon_t = (1-\theta_1 B-\theta_{S1}B^7+\theta_1\theta_{S1}B^8)\varepsilon_t$$
$$= \varepsilon_t - \theta_1\varepsilon_{t-1} - \theta_{S1}\varepsilon_{t-7} + \theta_1\theta_{S1}\varepsilon_{t-8} \quad (5-17)$$

由方程(5-16)和方程(5-17)，可得到如下计算客流预测值的递推公式：

$$X_t = X_{t-1} - X_{t-7} - X_{t-8} + \varepsilon_t - 0.809\varepsilon_{t-1} - 0.888\varepsilon_{t-7} - 0.809 \times 0.888\varepsilon_{t-8} \quad (5-18)$$

图 5-9 给出了残差序列的 ACF 和 PACF，可以看出，这两个统计指标均明显小于 2 倍标准差，所以，可以说该残差序列是平稳序列。

表 5-3 给出了对模型(5-18)的检验结果。可以看出，参数 θ_1 和 θ_{S1} 都是满足显著性条件的。根据表中的白噪声检验，可以判断残差序列是白噪声序列。因此，ARIMA$(0,1,1)(0,1,1)_7$ 模型拟合成功。

ARIMA$(0,1,1)(0,1,1)_7$ 模型的残差序列检验和参数显著性检验　　　表 5-3

残差序列的白噪声检验			参数显著性		
延迟阶数	χ^2 统计量 LB	P 值	待估参数	t 统计量	P 值
18	8.869	0.919	θ_1	17.967	<0.001
			θ_{S1}	17.700	<0.001

第 5 章 基于单模型的城市轨道交通客流预测方法

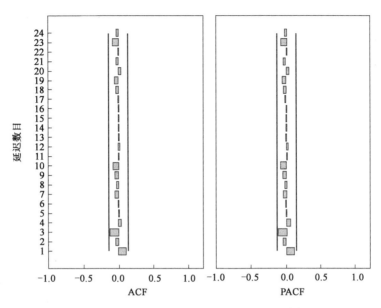

图 5-9 ARIMA 模型残差序列的 ACF 和 PACF 特征

5.2.3 预测结果分析

利用方程(5-18)预测 2011 年 2 月 14 日之后第 30~32 周北京地铁日客流。计算结果如图 5-10 所示。图中黑色竖线表示第 30 周的周一客流预测结果,竖线右侧为 3 周 21 天的预测值序列,竖线左侧为拟合模型所用到的 29 周的序列数据,其中虚线为观察值,实线为模型拟合值。可以看出,模型(5-18)可以很好地拟合前 29 周的观察值序列。

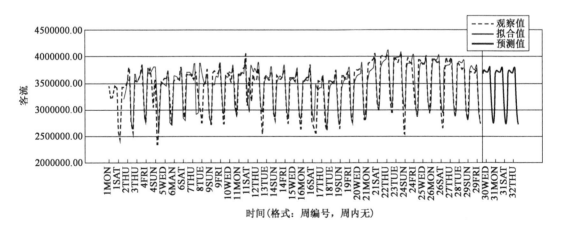

图 5-10 观察值与预测值的比较

图 5-11 给出了观察值与预测值的对比。其中,虚线表示 2011 年 9 月 4 日(第 29 周第 7 天);其右侧深色线为预测值,浅色线为观察值。预测值的平均百分比误差 MPE = 1.334% ≪ 5%,预测比较准确。

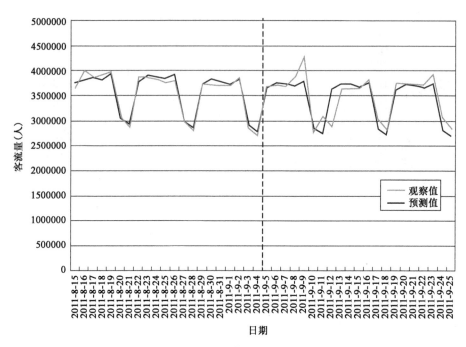

图 5-11　预测值的误差分析

5.3　多模块加权神经网络客流预测方法

5.3.1　基本方法

正如前面所介绍的,神经网络预测模型具有鲁棒性好、记忆能力强、自学习能力强大,以及非线性映射能力突出等优点,在交通预测领域中有着广泛应用。RBF 神经网络模型是一种高效的前馈式神经网络模型,能够解决大样本、高维数等预测问题,且计算量少,学习速度快。然而,RBF 神经网络预测模型采用单项核函数,无法考虑数据分布情况对预测结果的影响,当样本数据分布较为复杂时,无法保证其预测精度。

城市轨道交通系统是一个开放的、受多种因素影响的复杂非线性系统,其客流变化不仅受天气、节假日、突发事件、其他交通方式等因素的影响,而且与路网结构的变化直接相关。因此,采用传统的 RBF 神经网络预测模型进行客流预测时,由于客流变化的复杂性,其学习速度会受到影响。

针对 RBF 神经网络预测模型单项核函数的局限性,本节提出了一种基于时序特征多模块加权神经网络方法对城市轨道交通客流进行预测。其基本思路为:首先,分析影响客流变化的各种因素,统计历史客流数据的时序规律;然后,把历史数据分成不同模块,将具有不同时序特征的数据作为单独的学习模块进行处理,构建基于时序特征的多模块加权神经网络模型;最后,将每个模块特征层的输出进行加权处理,得到最终的预测结果。

改进的 RBF 神经网络预测模型的基本过程如下。

步骤 1：给定历史数据，并根据预测需求对其进行预处理。

步骤 2：统计分析历史数据的变化趋势及特定的周期规律，考虑各影响因素对客流的影响，包括天气、节假日、大型活动、其他交通方式等，将具有不同变化趋势及具有特定周期规律的数据进行分类处理，分别作为不同模块的输入样本。

步骤 3：输入层接收具有一定规律特征的数据样本，并建立与之相对应的单项核函数预测模块。

步骤 4：对输入的特征数据进行非线性处理。对每个模块分别进行训练与学习，每一个模块特征层的神经元数目是相应输入特征的一半，如果相应的输入特征数量的一半为小数，则需要增加一个神经元。

步骤 5：对具有一定规律和特征的数据信息进行整合处理，它的神经元数目是特征层和输出层所有神经元数目的算术平均值。

步骤 6：整合层神经元与输出层完全连接，并产生网络的最终输出结果。将模块模型的预测值作为输入值，实际值作为输出值，训练 RBF 神经网络预测模型，直至达到预设误差要求。

改进的 RBF 神经网络预测模型如图 5-12 所示。

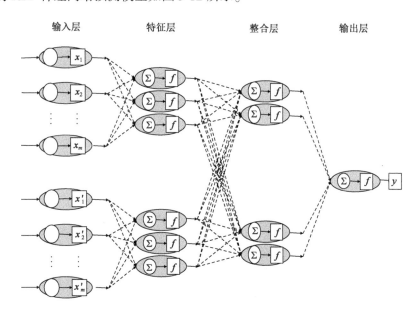

图 5-12　改进的 RBF 神经网络预测模型结构图

改进的 RBF 神经网络预测模型的具体计算过程如下。

步骤 1：初始化。首先，定义如下形式的误差函数，并给定预设误差：

$$E = \frac{1}{2}\sum_{k}(y_k - y'_k)^2 \tag{5-19}$$

式中：y_k——第 k 个样本点的期望输出；

y'_k——第 k 个样本点的实际输出。

假定特征层单元的个数为 h，选择如下形式的高斯函数作为 RBF 函数：

$$\phi_i(x) = \exp[-(x-c_i)^2/2\sigma_i^2], \quad i=1,2,\cdots,h \tag{5-20}$$

式中：x——输入样本；

c_i——特征层第i个单元的中心；

σ_i——特征层第i个单元的宽度。

步骤2：参数拟合。采用无监督k-means聚类算法确定各模块特征层单元的中心，根据各中心之间的距离确定各单元的宽度，然后通过有监督学习方法分模块训练各特征层单元与整合层单元之间的权值，确定多模块加权神经网络的中心c_i和宽度σ_i。

步骤3：模型训练。输入训练样本，对模型进行训练，得出整合层到输出层的权值。计算方法如下：

$$y = \sum_{l=1}^{m} w_l \varphi_l(x) = w^T \varphi, w = \varphi^{-1} \cdot y = (\varphi^T \varphi)^{-1} \varphi^T \cdot y \tag{5-21}$$

式中：y——样本的期望输出；

m——整合层神经元个数；

w_l——整合层中第l个神经元到输出层的权值；

φ——如下形式的矩阵：

$$\varphi = \begin{bmatrix} \varphi_{11} & \varphi_{12} & \cdots & \varphi_{1m} \\ \varphi_{21} & \varphi_{22} & \cdots & \varphi_{2m} \\ \vdots & \vdots & & \vdots \\ \varphi_{m1} & \varphi_{m2} & \cdots & \varphi_{mm} \end{bmatrix} \tag{5-22}$$

步骤4：模型测试。输入测试样本，对改进的模型进行测试，计算第k个测试样本点的实际输出y'_k。

步骤5：误差分析。运用误差函数计算误差，并与预设误差进行比较。若误差大于预设误差，则返回到步骤2，重新训练模型；否则，进入步骤6。

步骤6：确定基于时序特征的多模块加权RBF神经网络预测模型。

步骤7：利用训练好的模型进行预测。

5.3.2 客流数据的时序特征分析

选取清明节前及清明节假期的北京地铁客流历史数据和平常日的各进站量作为样本数据。经过预处理，选取的历史数据依次为：2009年3月9日—4月12日各线路日客流量，2010年3月8日—4月11日各线路日客流量，2011年2月14日—3月20日各线路日客流量。

首先，分析清明节前各线路客流的变化趋势。2009年清明节假期为4月4—6日，选取假期前26天(3月9日—4月3日)的各线路客流数据作为统计对象，图5-13显示了2009年清明节前26天各条线路客流量的变化趋势。由图可以看出，同一周的各条线路客流具有相似的变化趋势，周一到周四工作日的客流相差不是很大，周五的客流明显变多，周六、周日的客流呈明显的下降。

第 5 章　基于单模型的城市轨道交通客流预测方法

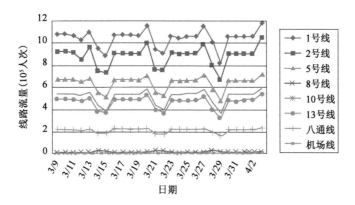

图 5-13　2009 年清明节前北京地铁各线路客流变化趋势

2010 年清明节假期为 4 月 3 日—5 日,选取假期前 26 天(3 月 8 日—4 月 2 日)的各线路客流数据作为统计对象,图 5-14 显示了 2010 年清明节前各条线路客流的变化趋势。可以看出,2010 年的客流变化规律基本和 2009 年的一致,周一到周四工作日的客流相差不大,周五的客流明显变多,周六、周日的客流明显下降。

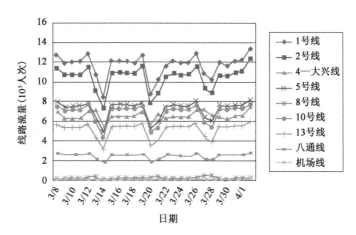

图 5-14　2010 年清明节前北京地铁各线路客流变化趋势

2011 年清明节假期为 4 月 3 日—5 日,选取假期前 35 天(2 月 14 日—3 月 20 日)的各线路客流数据作为统计对象,其变化趋势如图 5-15 所示。可以看出,与 2009 年、2010 年的变化趋势基本一致,周一到周四客流变化不大,周五的客流变高,周六、周日的客流明显下降。

选取 2011 年清明节前 2 月 14 日—3 月 20 日北京地铁 2 号线的一周客流为统计对象,其时序特征如图 5-16 所示。由图可以看出,对于同一条线路的一周内的客流来说,周五客流量相对较大,是一周客流的高峰,其他工作日客流相对平均,周末客流最小。虽然前文提到每周的平均客流量变化不大,但具体到每周的各天,其变化会有一定的波动。

以 2009—2011 年历史同期的北京地铁 2 号线客流数据为统计对象,其时序特征如图 5-17 所示。可以看出,对于同一条线路不同年份的客流量,其历史同期的每日客流呈现明显的自然增长的趋势。而对于同一年份来说,一周内的客流都具有周五客流相对较大、其他工作日客流

79

较平均、周末客流量最小的时序特征。

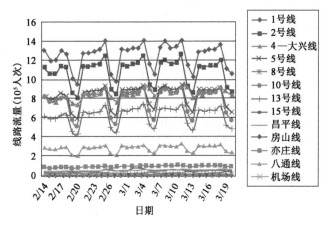

图5-15 2011年清明节前北京地铁各线路客流变化趋势

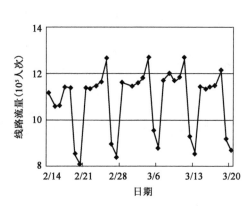

图5-16 2011年清明节前北京地铁2号线客流变化趋势

接下来,分析清明节期间各线路客流的变化趋势。以2009年清明节三天各线路客流数据为统计对象,其时序特征如图5-18所示。可以看出,2009年清明节假期三天的大多数线路的客流量均呈现明显的递减变化趋势,假期第一天的客流量最多,第二天和第三天的客流量依次递减。

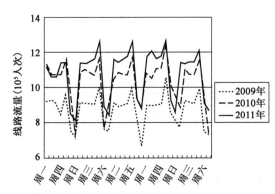

图5-17 北京地铁2号线三年内清明节前五周客流变化趋势

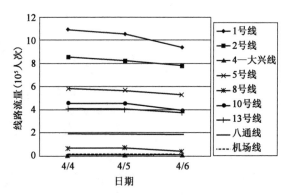

图5-18 2009年清明节各线路客流变化趋势

以2010年清明节三天各线路客流数据为统计对象,其时序特征如图5-19所示。可以看出,2010年清明节假期三天的大多数线路的客流呈现明显的递减变化趋势,假期第一天的客流量最多,第二天和第三天的客流量依次递减。

以2009年、2010年清明节三天北京地铁1号线的客流数据为统计对象,其变化趋势如图5-20所示。可以看出,对于同一年的清明节假期,由于假期第一天为出行的高峰期,所以其线路流量是假期三天中最多的一天,第二天相对减少,由于前两天假期的出行较多,第三天进入休息调整阶段,出行最少。对于假期的同一天,各天的线路流量具有逐年递增的趋势,这符合客流的自然增长规律。

第 5 章 基于单模型的城市轨道交通客流预测方法

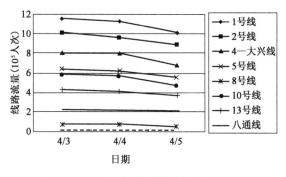

图 5-19 2010 年清明节各线路客流变化趋势

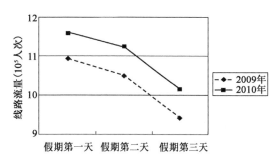

图 5-20 清明节假期三天各线路客流变化趋势

在清明节期间,很多居民会进行短期的旅游,包括扫墓、探亲、旅行、购物等。通过对不同线路客流数据的统计分析,结合各线路的特性,分析各类因素对清明节假日轨道交通客流的影响。

首先,选取 2009 年 3 月 9 日—4 月 12 日清明节前后共 5 周的北京地铁 1 号线周末客流数据作为统计对象,其变化规律如图 5-21 所示。可以看出,对于北京地铁 1 号线的周末客流,周六客流大于周日客流,这与人们在 5 天的工作后,周六集中外出购物或短期旅行有关,而周日一般会在家歇息,出行相对较少。清明节期间的出行具有周末出行的特点,但是该期间的线路流量明显高于周末的线路流量;同时,北京地铁 1 号线沿线有八宝山公墓、八角公园、石景山游乐园、北京国际雕塑公园、玉渊潭公园、西单购物广场、天安门广场等公共场所,均为清明节期间人们出行的集中地。因此,清明节期间扫墓、踏青、购物等出行是影响该线路客流的主要因素。

选取 2010 年 3 月 8 日—4 月 11 日清明节前后共 5 周的北京地铁 8 号线客流数据作为统计对象,其变化规律如图 5-22 所示。可以看出,北京地铁 8 号线的线路流量具有明显的以周为单位的周期性,周一到周五工作日的线路流量明显较少,周末客流量明显增多,而清明节假期(4 月 3 日—5 日)的客流量明显比相邻几周的周末客流量大。由于 8 号线沿线主要包括奥体中心、奥林匹克公园、奥林匹克森林公园等旅游点,因此,清明节客流会明显增多。

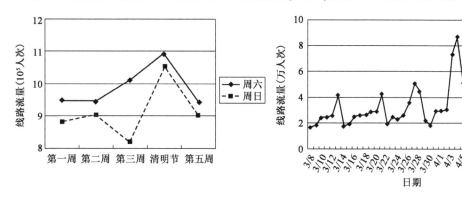

图 5-21 北京地铁 1 号线周末客流变化趋势　　图 5-22 北京地铁 8 号线客流变化趋势

选取 2011 年 2 月 14 日—3 月 20 日清明节前共 5 周的房山线客流数据作为统计对象,其变化规律如图 5-23 所示。可以看出,该线路客流也呈现出一定的周期性。周一到周五工作日

81

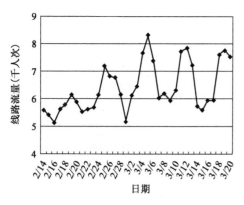

图 5-23 北京房山线客流变化趋势

的客流相对较少,但各天也具有一定的差异性;周末的客流明显增多。房山线虽然是一条郊区线路,2011 年还没有接入北京地铁路网,但是它经过世界公园,并且能与公交有效接驳,所以,该线路中周末的短期旅游出行乘客较多。清明节作为一个小假期,旅游乘客的增多,必然会对该线路的客流带来影响。

最后,选取 2009—2011 年清明节前后共 5 周的北京地铁 1 号线周末客流数据作为统计对象,其变化规律如图 5-24 所示。可以看出,周六客流明显高于周日客流,这与乘客周末出行习惯有关,经过了 5 天的工作日,多数人利用周末第一天进行购物、旅游出行,第二天更倾向于在家休息。而 2009 年和 2010 年的第五周的周六、周日分别是该年清明节的第一天和第二天,因此,清明节出行伴有周末出行的规律。而清明节假期又是扫墓、探亲、踏青出行的集中期,故而其客流量明显高于其他各周周末的客流。

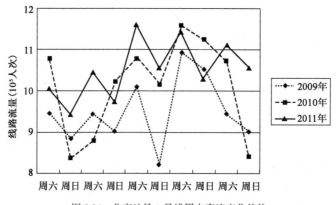

图 5-24 北京地铁 1 号线周末客流变化趋势

5.3.3 样本的聚类分析

聚类分析是数理统计中的一种多元分析方法,该方法根据样本或变量数据的诸多特征,按照性质上的不同亲疏程度,进行无先验知识的自动分类,产生多个分类结果。同一类内部的个体特征之间具有很高的相似性,不同类之间个体特征的差异性较大。常用的聚类分析方法有两种:一类是系统聚类法,另一类是 K 均值聚类法。

系统聚类分析是最基本、最常用的聚类方法。该方法将相似程度较大的样本(或指标)聚合为一类(关系密切的聚合到一个小的分类单位,关系疏远的聚合到一个大的分类单位),形成不同的划分类型,从而得到一个由小到大的分类系统,最后以谱系图的形式将所有样本(或指标)间的亲疏关系呈现出来。

系统聚类法的基本步骤如下。

步骤 1:选择样本之间距离的定义及类间距的定义,在这里采用平方欧氏距离。

步骤 2：计算 N 个样本两两之间的距离，得到距离矩阵。设初始模式样本共有 N 个，每个样本自成一类，即建立 N 类，$G_1^{(0)}, G_2^{(0)}, \cdots, G_N^{(0)}$。计算各类之间的距离(初始时即为各个样本之间的距离)，得到一个 $N \times N$ 维的距离矩阵 $\boldsymbol{D}^{(0)}$。将聚类开始运算前的状态记为 0。

步骤 3：构造 N 类，每类只含有一个样本。

步骤 4：合并符合类间距离定义要求的两类为一个新类。求得前一步聚类运算所得距离矩阵 $\boldsymbol{D}^{(n)}$(n 为逐次聚类合并的次数)中的最小元素，加入该元素为 $G_i^{(n)}$ 和 $G_j^{(n)}$ 两类之间的距离，则将 $G_i^{(n)}$ 和 $G_j^{(n)}$ 合并为一类 $G_{ij}^{(n+1)}$，以建立新的分类：$G_1^{(n+1)}, G_2^{(n+1)}, \cdots$

步骤 5：计算新类 $G_{ij}^{(n+1)}$ 与当前其他各类 $G_1^{(n+1)}, G_2^{(n+1)}, \cdots$ 之间的距离，得 $\boldsymbol{D}^{(n+1)}$，直到类数为 1。

步骤 6：画出聚类谱系图。

步骤 7：通过对聚类谱系图的分析，决定类的个数和类。

按照上面的步骤，对北京地铁 1 号线连续三年的一周日客流数据进行系统聚类，运用 IBM SPSS Statistics Version 20 软件，得到聚类谱系图(图 5-25)，图中横坐标是 0~25 的平方欧氏距离。

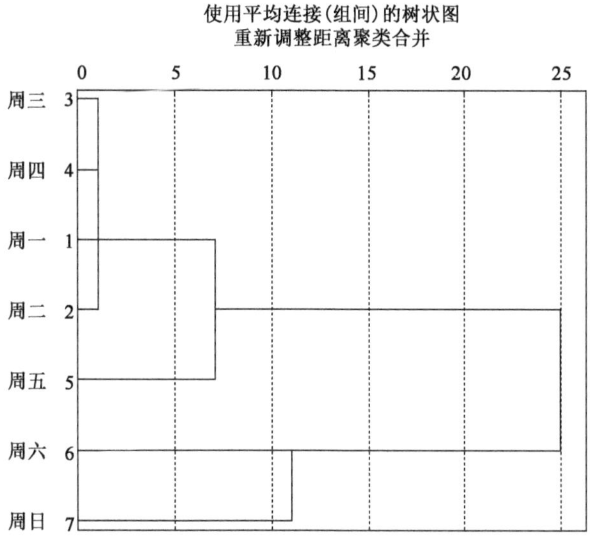

图 5-25 北京地铁 1 号线一周客流的系统聚类谱系图

根据谱系图 5-25，可以确定日期的划分类型有以下五种形式。

(1) 将一周划分为周一、周二、周三、周四、周五、周六、周日七种类型。
(2) 将一周分为周一到周四、周五、周六、周日四种类型。
(3) 将一周分为周一到周五工作日、周六、周日三种类型。
(4) 将一周分为周一到周五工作日和周六周日休息日两种类型。
(5) 将一周 7 天作为一个整体类型。

一周中有 7 天，每天客流量会有一定的差别。周一到周五是工作日，周末是休息日。周五是一周的最后一天工作日，客流相对集中，客流量大；周末客流较为分散，客流量小，并且周六客流量明显大于周日客流量；周一到周四工作日的客流量较为平稳。因此，对线路流量的聚类过程，可以产生以上五种日期划分形式。

K 均值聚类方法是聚类分析中的另一种重要算法,其具有简洁高效的特点使得该算法成为被广泛使用的聚类算法。K 均值聚类方法的基本思想为:首先从 N 个数据对象中任意选择 K 个对象作为初始聚类中心。而对于所剩下其他对象,则根据它们与这些聚类中心的相似度(距离),分别将它们分配给与其最相似的(聚类中心所代表的)聚类;然后再计算每个所获新聚类的聚类中心(该聚类中所有对象的均值);不断重复这一过程,直到标准测度函数开始收敛为止。

K 均值聚类分析的基本步骤如下。

步骤1:从 N 个数据对象中任意选择 K 个对象作为初始聚类中心。

步骤2:根据每个聚类对象的均值(中心对象),计算每个对象与这些中心对象的距离,并根据最小距离重新对相应对象进行划分。

步骤3:重新计算每个(有变化)聚类的均值(中心对象)。

步骤4:计算标准测度函数,当满足一定条件,如函数收敛时,则算法终止;如果条件不满足,则返回到步骤2。

对 2009—2011 年的清明节前后共五周的客流量进行 k-means 聚类,运用 IBM SPSS Statistics Version 2.0 软件进行计算,表 5-4 给出了聚类结果。由表中的数据可以看出:周一到周五工作日的客流量与周末客流量具有明显的差异,因此,可以将一周分为周一到周五工作日和周六周日休息日两种类型。

客流聚类结果　　　　　　　　　　　　　　　　　　　表 5-4

	日	周一	周二	周三	周四	周五	周六	周日
第一周	聚类	1	1	1	1	1	2	2
	距离	60702.789	112069.514	115648.364	50595.332	85795.913	103098.191	210192.216
	日	周一	周二	周三	周四	周五	周六	周日
第二周	聚类	1	1	1	1	1	2	2
	距离	36210.137	44576.233	25853.76	34826.625	130179.769	124850.825	102608.795
	日	周一	周二	周三	周四	周五	周六	周日
第三周	聚类	1	1	1	1	1	2	2
	距离	58582.463	36868.341	37825.461	42592.826	147493.881	149319.22	118716.893
	日	周一	周二	周三	周四	周五	周六	周日
第四周	聚类	1	1	1	1	1	1	2
	距离	42077.675	116372.656	32631.154	35514.955	184434.849	178012.743	177205.328
	日	周一	周二	周三	周四	周五	周六	周日
第五周	聚类	2	1	1	1	1	2	2
	距离	228175.641	21887.517	30061.416	27632.699	95021.673	87429.862	157164.189

5.3.4 客流预测及分析

根据前面的客流时序特征分析以及聚类分析,将一周的历史客流数据划分为周一到周五工作日、周末休息日两种类型,对具有不同时序特征的客流数据进行分模块处理。模型中包含两个预测模块:第一模块,选用周末的历史数据;第二模块,选用工作日的历史数据。将周末历史数据和工作日历史数据分别作为单模块预测模型的输入,其中前一天的历史数据作为训练样本,后一天的历史数据作为测试样本,分别构成样本对其进行训练学习,然后利用训练好的单模块模型的输出作为整合层的输入,客流的实际值作为期望输出,对改进的多模块神经网络预测模型进行训练,直至达到预设误差。

用训练好的基于时序特征的多模块加权神经网络预测模型和经典的RBF神经网络预测模型,分别对北京市轨道交通2011年清明节假期的各线路的客流进行预测,表5-5给出了预测结果。

不同模型得到的预测结果(单位:人次)　　　　　　　　　　　表5-5

线路	经典RBF神经网络预测模型			改进的RBF神经网络预测模型		
	4月3日	4月4日	4月5日	4月3日	4月4日	4月5日
1号线	1439320	1417985	1345549	1299290	1253615	992118
2号线	891686	890665	872512	1090027	1042098	860119
4—大兴线	845988	846187	835910	998364	999454	755359
5号线	661869	663935	663960	750388	728531	593801
8号线	36319	35251	33136	74288	84018	38113
10号线	588921	578961	588961	679519	667570	501132
13号线	493113	481724	471741	554032	534618	434319
15号线	48618	47162	44496	56274	53914	41989
昌平线	61388	61990	60672	76166	72972	61921
房山线	7627	7455	7071	10440	10002	9016
亦庄线	98225	97106	95363	98158	94042	83223
八通线	242422	228234	211915	258241	253231	213945
机场线	18120	17223	15988	22028	18276	21357
总和	5433617	5373879	5247273	5967214	5812341	4606411

为了对预测结果进行评价,引入平均绝对百分比误差(MAPE)。MAPE的计算公式如下:

$$\text{MAPE} = \frac{1}{N}\sum_{i=1}^{N}\left|\frac{x_i - \hat{x}_i}{x_i}\right| \times 100 \tag{5-23}$$

式中:N——样本点个数;
　　　x_i——真实值;
　　　$\hat{x}_i$——预测值。

图5-26给出了各线路的平均绝对百分误差。可以看出:对于各条线路,运用改进的基于时序特征的多模块加权神经网络预测模型误差大都在10%以下,预测精度高;尤其对受多种因素影响的1号线、8号线、房山线的预测,具有比经典模型更高的预测精度。

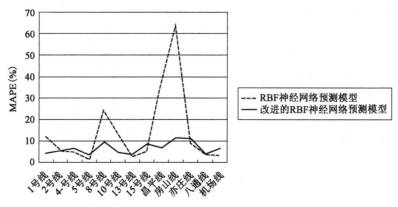

图 5-26 各线路的平均绝对百分误差

图 5-27 给出了清明节每天路网的平均绝对百分误差。可以看出：对于清明节假期各天路网的客流量来说，改进的 RBF 神经网络预测模型误差明显小于改进前 RBF 神经网络预测模型误差，尤其假期前两天的预测误差，在 5% 以下。

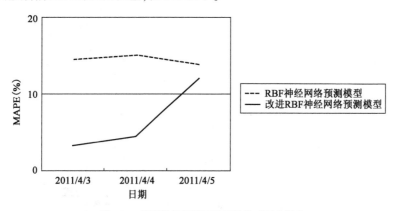

图 5-27 清明节假期路网的平均绝对百分误差

5.4 基于混合核函数的支持向量机客流预测方法

5.4.1 基本方法

支持向量机与神经网络类似，都是一种学习机制，但与神经网络不同的是，支持向量机是建立在统计学习理论和结构风险最小化原则基础上的，它集优化、核函数、最优化等特点于一身，可根据有限的样本信息，在模型的复杂性和学习能力之间寻求最佳折中。

正如前面所介绍的，支持向量机通过核函数映射，将输入空间的非线性问题映射到高维特征空间中，因此，核函数的形式决定了支持向量机的类型及复杂程度。常用的核函数有线性核函数、多项式核函数、RBF 核函数、Sigmoid 核函数等。

通常，分类精度是衡量预测效果的重要指标，它的含义为：模型分类结果中被正确划分到

某个类别中的样本占所有分类样本的比重。其计算公式表示如下:

$$\text{分类精度} = \frac{\text{正确划分的样本数}}{\text{所有样本数}} \times 100\% \quad (5-24)$$

在文献[99]中,选取了450个样本作为训练样本,150个样本作为测试样本,利用Matlab编程实现了基于上述四类核函数的支持向量机的计算。表5-6和表5-7分别给出了不同核函数的分类精度以及模型估计时间。

不同核函数模型的分类结果　　　　表5-6

核函数类型	建模样本分类精度(%)	测试样本分类精度(%)
线性核函数	80.44	76.67
多项式核函数	83.09	82.00
RBF核函数	86.22	81.33
Sigmoid核函数	79.13	74.01

不同核函数模型的计算时间　　　　表5-7

核函数类型	训练时间(s)	测试时间(s)
线性核函数	0.00465	0.00440
多项式核函数	0.00688	0.00468
RBF核函数	0.029338	0.01014
Sigmoid核函数	0.05694	0.01919

根据分类精度的结果可以看出,RBF核函数和多项式核函数具有明显优势;而对于不同模型的计算时间,这四类核函数的计算时间都很短,且相差不大;线性核函数的训练时间和测试时间都是最短的,而Sigmoid核函数是最长的。

可以将上面四类核函数分为两类,即全局性核函数和局部性核函数,其中线性核函数、多项式核函数、Sigmoid核函数是常用的全局性核函数,而RBF核函数则是一种典型的局部性核函数。鉴于全局性核函数和局部性核函数各自的优缺点,可以考虑把这两类核函数组合在一起,既能够使得核函数在测试点附近有较大的响应,又能够保证距离测试点较远的点的核函数值不会迅速衰减,从而进一步提高支持向量机的分类性能。

根据核函数的构成条件,两个核函数之和仍是符合条件的核函数。基于此,可以将多项式核函数和RBF核函数进行组合,构造如下形式的混合核函数:

$$K_{\text{mix}} = \sqrt{\frac{\lambda}{2}} K_{\text{POLY}} + \left(1 - \sqrt{\frac{\lambda}{2}}\right) K_{\text{RBF}} \quad (5-25)$$

式中,$K_{\text{POLY}} = [(x \cdot x_i) + 1]^d$ 为多项式核函数;$K_{\text{RBF}} = \exp[-\|x - x_i\|^2 / 2\sigma^2]$ 核函数;λ 为参数,可用于调节组合函数中多项式核函数和RBF核函数的作用大小。当 λ 接近0时,RBF核函数在组合函数中占主导地位;而当 λ 接近2时,多项式核函数占主导地位。为了保证混合核函数(5-25)不失原有映射空间的合理性,建议 λ 取值 $0 \sim 2$。

采用混合核函数的支持向量机预测算法的流程如下。

步骤1:初始化。构建式(5-25)所表示的混合核函数,选定模型内的参数,选取误差函数,并预设误差。

步骤2：构造参数对。分别取不同的混合核函数参数和RBF核函数隐含层节点数，得到N对不同的参数对。

步骤3：选取一组参数对训练模型。选取由步骤2所确定的一对参数对，输入训练样本进行训练，得到预测函数。

步骤4：测试模型。输入测试样本，通过预测函数得到测试样本的实际输出数据。

步骤5：计算误差并记录该组参数对所对应的误差及预测函数。利用测试样本的期望输出及测试样本的实际输出数据，通过误差函数计算得到对应的均方误差。

步骤6：记录误差，判断参数对个数是否达到N，若达到N则进行下一步；否则返回步骤3。

步骤7：选取产生最小误差的参数对，并判断该误差是否小于预设误差，若小于预设误差则进行下一步；否则返回步骤2，以最小误差对应的参数对为中心，构建新的二维网络平面。

步骤8：输出预测模型。得到满足预设误差的最优参数对及预测模型。

步骤9：得到预测结果。利用预测模型进行预测并得到预测结果。

5.4.2 客流预测及分析

为了使混合核函数的预测结果具有一般性，首先需要对历史数据进行聚类分析，选取北京市轨道交通2号线西直门站两周周一到周四（2011年3月14—17日、21—24日共8天）的各时段（5:00—23:00）历史进站量，采用系统聚类分析方法，对一天中的各时段进行聚类分析，图5-28给出了系统聚类谱系图。

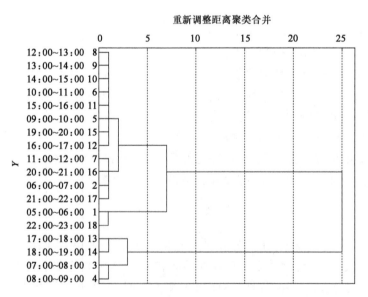

图5-28 北京地铁2号线西直门站各时段进站量的系统聚类谱系图[使用平均连接（组间）的树状图]

根据图中的结果，可以将一天内各个时段的进站量分为以下几种形式：

(1) 将一天分为高峰时段（07:00—09:00,17:00—19:00）和平峰时段（其他时段）。

(2) 将一天分为高峰时段（07:00—09:00,17:00—19:00）、低峰时段（05:00—06:00,

22:00—23:00)和平峰时段(其他时段)。

(3) 将一天分为高峰时段 1(07:00—09:00),高峰时段 2(17:00—19:00),低峰时段(05:00—06:00,22:00—23:00),次低峰时段(06:00—07:00,11:00—12:00,20:00—22:00),次高峰时段(其他时段)。

因为高峰时段和低峰时段的进站量与平峰时段的进站量相比较为突出,所以选择第二种时段的划分形式,即将一天的各时段分为高峰时段(07:00—09:00,17:00—19:00)、低峰时段(05:00—06:00,22:00—23:00)和平峰时段(其他时段)三种类型。

对于分时段的短期预测,每个时段的进站量不仅受到同一天中该时段前的其他时段进站量的影响,还受到预测天之前相同时段进站量的影响,与所预测时段的距离越近,对所预测时段的进站量影响越大。

支持向量机预测模型内参数的选择对预测结果具有较大影响,参数包括惩罚因子 C、不敏感因子 ε。确定训练样本集后,通过对模型参数的试算,最终选取的参数为: $C = 100$, $\varepsilon = 0.01$。根据经验值,选取多项式的阶数 $d = 2$。因此,混合核函数的性能主要由混合核函数的参数 λ 和 RBF 核函数的隐含层节点数 h 来决定。由经验公式知,RBF 核函数的隐含层节点数可取 $h = 8,10,13$,通过这两个参数的变化来分析 λ 的值及隐含层节点数 h 对改进模型的学习能力(训练时间)和推广能力(均方误差)的影响。结果见表 5-8。

基于 λ、h 不同取值混合核函数的模型训练时间和预测误差   表 5-8

λ 取值	训练时间(s)/均方误差		
	$h = 8$	$h = 10$	$h = 13$
1.75	12.69/40.70	13.36/59.62	16.13/42.84
1.50	12.45/47.68	13.65/30.38	16.13/21.56
1.25	12.48/53.64	13.74/48.50	16.05/28.75
1.00	12.44/82.95	13.95/36.70	16.12/29.57
0.75	12.58/74.35	14.01/49.66	15.96/33.52
0.50	12.47/77.18	13.97/42.67	16.20/51.38
0.25	12.72/69.30	14.07/38.53	16.68/23.31

通过混合核函数参数 λ 和 RBF 核函数隐含层节点数 h 的变化,对比各参数对条件下的预测误差与训练时间可以得出:当 $\lambda = 1.5, h = 13$ 时,所得的均方误差值最小,为 21.56;当 $\lambda = 1, h = 8$ 时,所用的训练时间最短,为 12.44s。构建预测模型的目的是得到更高的预测精度,而不同参数对条件下的训练时间相差不大,所以选取均方误差最小的参数对 $\lambda = 1.5, h = 13$ 来确定混合核函数的类型,构建基于混合核函数的支持向量机预测模型。

选用北京市地铁 2 号线西直门站 2011 年 3 月 28 日、29 日、30 日三天的各时段(5:00—23:00)历史进站量,对 3 月 31 日各时段进站量进行预测。

首先,采用基于多项式核函数的支持向量机预测模型对 3 月 31 日各时段的进站量进行预测,图 5-29 给出了预测值和真实值的对比,可以看出,预测效果并不是很好。

采用基于 RBF 核函数的支持向量机预测模型对同样的数据进行预测,图 5-30 给出了预测结果,同样,预测效果也不理想。

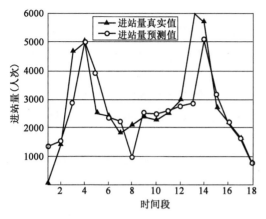

图 5-29 多项式核函数进站量预测与真实值对比图

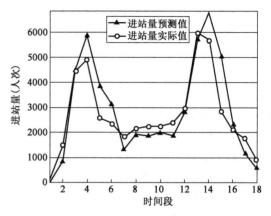

图 5-30 RBF 核函数进站量预测值与实际值对比图

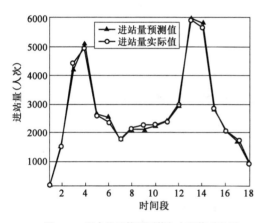

图 5-31 混合核函数预测值与实际值对比图

然后,采用基于混合核函数的支持向量机预测模型进行预测,图 5-31 给出了预测结果。可以看出,基于混合核函数的支持向量机预测模型相对于基于单项核函数的支持向量机预测模型,预测精度显著提高。

为了反映本章所述改进模型的预测性能,按照预测结果的评价原则,选择 MAPE 与相对误差两个指标作为评价指标体系,对基于不同核函数支持向量机预测模型的预测结果进行对比分析。表 5-9 和表 5-10 分别给出了基于不同核函数的支持向量机预测模型预测结果与实际值之间的平均绝对百分误差和相对误差结果。

基于不同核函数模型的预测误差(%) 表 5-9

时间段	多项式核函数	RBF 核函数	混合核函数
05:00~06:00	569.81	91.74	31.19
06:00~07:00	3.92	41.84	2.80
07:00~08:00	40.73	1.46	5.26
08:00~09:00	1.24	19.07	3.95
09:00~10:00	53.75	48.72	1.87
10:00~11:00	2.81	31.75	6.69
11:00~12:00	22.23	25.42	1.73
12:00~13:00	51.65	11.14	3.42
13:00~14:00	6.00	17.84	8.31
14:00~15:00	7.37	11.83	2.32
15:00~16:00	2.67	20.83	1.13

第5章 基于单模型的城市轨道交通客流预测方法

续上表

时间段	多项式核函数	RBF核函数	混合核函数
16:00~17:00	7.59	5.50	2.28
17:00~18:00	55.31	4.62	0.90
18:00~19:00	12.38	20.11	2.48
19:00~20:00	14.20	79.62	0.01
20:00~21:00	2.81	12.77	2.22
21:00~22:00	3.25	32.74	4.26
22:00~23:00	6.55	35.77	0.46

基于不同核函数模型预测的相对误差 表5-10

时间段	多项式核函数	RBF核函数	混合核函数
05:00~06:00	-5.6981	0.9174	0.3119
06:00~07:00	-0.0392	0.4184	-0.0280
07:00~08:00	0.4073	-0.0146	0.0526
08:00~09:00	0.0124	-0.1907	-0.0395
09:00~10:00	-0.5375	-0.4872	-0.0187
10:00~11:00	0.0281	-0.3175	-0.0669
11:00~12:00	-0.2223	0.2542	0.0173
12:00~13:00	0.5165	0.1114	0.0342
13:00~14:00	-0.0600	0.1784	0.0831
14:00~15:00	-0.0737	0.1183	0.0232
15:00~16:00	-0.0267	0.2083	-0.0113
16:00~17:00	0.0759	0.0550	0.0228
17:00~18:00	0.5531	0.0462	-0.0090
18:00~19:00	0.1238	-0.2011	-0.0248
19:00~20:00	-0.1420	-0.7962	0.0008
20:00~21:00	0.0281	-0.1277	0.0222
21:00~22:00	0.0325	0.3274	0.0426
22:00~23:00	-0.0655	0.3577	-0.0046

5:00—6:00时段是一天中最早的时间段,其客流量具有很大的不平稳性,预测误差往往非常大,所以现将一天中除去该时段的其他所有时段的误差进行对比分析,图5-32和图5-33分别显示了基于不同核函数模型的预测结果的平均绝对百分误差和相对误差的对比结果。

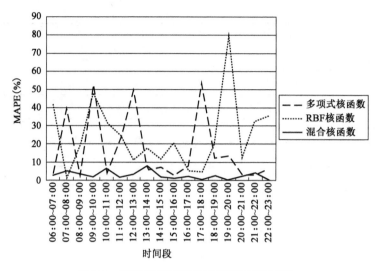

图 5-32 基于不同核函数模型预测的 MAPE 对比

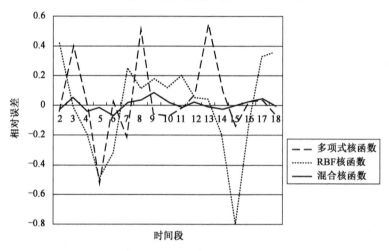

图 5-33 基于不同核函数模型预测的相对误差对比

由图可以看出,除个别时段外,基于混合核函数模型的预测误差值都明显小于基于单项核函数预测模型的误差值,从而表明本章提出的基于混合核函数的支持向量机预测模型能够有效提高模型的预测精度。

第6章 基于组合模型的城市轨道交通客流预测方法

6.1 并行加权神经网络预测方法

6.1.1 并行加权神经网络模型

RBF 神经网络预测模型是一种高效的前馈式神经网络预测模型,能够解决大样本、高维数等预测问题。然而,利用单个 RBF 神经网络预测模型进行客流预测时,如果将所有的客流数据直接输入到输入层,由于这些客流数据受多种因素的影响,当客流变化特征差别较大时,采用单一 RBF 神经网络预测模型会导致其学习速度下降,并影响预测效果。基于此,可根据城市轨道交通客流的聚类特征,将具有不同变化特征的客流分别作为 RBF 的输入,构建并行加权神经网络(Parallel Weighted Neural Network,PWNN)模型对城市轨道交通客流进行预测。

根据第5章的分析,在城市轨道交通中,工作日客流和周末客流具有明显的时序变化特征。因此,可以将工作日客流和周末客流分别作为 RBF 神经网络预测模型的输入模块,采用两个独立的 RBF 神经网络预测模型学习工作日和周末客流的变化规律,最后将两个 RBF 神经网络预测模型的预测结果进行加权求和,以得到最终的客流预测值。并行加权神经网络模型的结构如图 6-1 所示。

PWNN 模型预测的基本思路为:首先,将两类具有不同时序特征的客流数据分别作为 RBF 神经网络预测模型输入层的样本数据;其次,采用不同的 RBF 神经网络预测模型分别进行预测;最后,将每个 RBF 神经网络预测模型的预测结果进行线性求和,得出最终的客流预测值。PWNN 模型的预测流程如图 6-2 所示。

PWNN 模型的具体预测步骤如下。

步骤1:初始化。定义误差函数,给定预设误差;确定 RBF 核函数。

步骤2:参数选定。先用无监督 k 均值聚类算法确定各模块隐含层单元的中心,并根据各中心之间的距离确定各单元的宽度,然后用有监督学习方法分模块训练各隐含层单元与输出层单元之间的权值,以确定 PWNN 模型中各模块的中心 c_i 和宽度 σ_i。

步骤3:模型训练。输入训练样本,对模型进行训练,得出隐含层到输出层的权值。

步骤4:模型测试。输入测试样本,对模型进行测试。

步骤5:误差分析。运用误差函数计算误差,并与预设误差进行比较。若误差大于预设误差,则返回到步骤2,重新训练模型;否则进入步骤6。

步骤6:确定模型。确定基于时序特征的 PWNN 模型。

步骤7：预测结果。利用训练好的模型进行预测,得到预测结果。

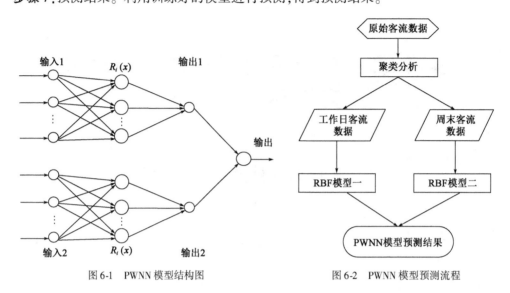

图 6-1　PWNN 模型结构图　　　　图 6-2　PWNN 模型预测流程

6.1.2　实例分析

选取北京地铁 1 号线 2011 年 1 月 1 日—2012 年 5 月 20 日的日进站客流数据作为基础数据,对 2012 年 5 月 21 日—5 月 27 日的日进站客流进行预测。在选取平常日的客流数据时,应避开受节假日因素影响的客流数据,因此,选取基础数据中去掉节假日的共 42 个完整周的日进站客流数据作为预测平常日进站客流的样本数据。

根据前面的客流聚类分析,平常日客流可分为工作日和周末客流两大类,因此,可将这两类数据作为单独的输入模块。以 2011 年 1 月 1 日—2012 年 5 月 13 日期间平常日客流数据作为训练样本,2012 年 5 月 14 日—5 月 20 日期间平常日的客流数据作为期望输出样本,对各自 RBF 神经网络预测模型进行训练,最后,利用训练好的 PWNN 模型进行客流预测,得到 2012 年 5 月 21—27 日的日进站客流的预测值。表 6-1 给出了分别采用单一 RBF 神经网络预测模型和 PWNN 模型的预测结果。

PWNN 模型与 RBF 神经网络预测模型平常日客流预测结果(人次)　　　表 6-1

日期	RBF 神经网络预测模型	PWNN 模型	客流实际值
5 月 21 日	765130	797569	782239
5 月 22 日	809918	775515	766341
5 月 23 日	790739	794201	776918
5 月 24 日	765960	769202	775968
5 月 25 日	838350	820132	831571
5 月 26 日	625603	614201	601751
5 月 27 日	609567	575380	519102

采用绝对百分误差(APE)作为预测结果的评价指标,APE 的计算公式如下:

$$\text{APE}_i = \left| \frac{y_i - \hat{y}_i}{y_i} \right|, \quad i = 1, 2, \cdots, N \tag{6-1}$$

式中：N——预测样本点的个数；

y_i——某一天客流量的真实值；

$\hat{y}_i$——预测值。

图 6-3 显示了单个 RBF 神经网络预测模型和 PWNN 模型进行平常日客流预测的效果。从图中可以看到，PWNN 模型的绝对百分误差低于 RBF 神经网络预测模型的预测误差，尤其是 PWNN 模型能够明显降低周末客流的预测误差。

下面利用 PWNN 模型对 2011 年清明节客流进行预测。清明节和春节时间较为接近，选取客流数据时要避免春节的影响，因此，选取北京地铁 1 号线 2009 年和 2010 年每个清明节前 20 个工作日和 5 个周末的日客流数据和当年清明节 3 天的实际日客流作为训练样本；用 2011 年清明节前 20 个工作日和 5 个周末的日客流数据作为预测样本。表 6-2 给出了采用 PWNN 模型和 RBF 神经网络预测模型的预测结果。

PWNN 模型与 RBF 模型清明节客流预测结果（人次） 表 6-2

日期	RBF 神经网络预测模型	PWNN 模型	实际值
假期第一天	1432481	1363891	1283713
假期第二天	1381674	1322466	1236972
假期第三天	1243947	1212826	1105013

类似地，图 6-4 给出了采用 PWNN 模型和 RBF 神经网络预测模型预测清明节客流的绝对百分误差。可以看出，PWNN 模型的预测误差明显小于 RBF 神经网络预测模型的预测误差，这说明 PWNN 模型同样也可以提高节假日客流预测的精度。

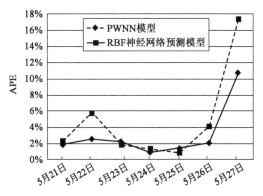

图 6-3 PWNN 模型与 RBF 神经网络预测模型平常日客流预测误差

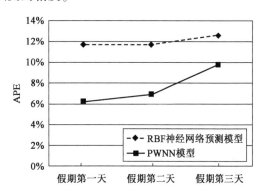

图 6-4 PWNN 模型与 RBF 神经网络预测模型清明节客流预测误差

6.2 ARIMA-RBF 组合预测方法

6.2.1 ARIMA-RBF 组合模型

ARIMA 模型适用于非平稳时间序列预测，其本质是基于线性预测的模型，无法模拟客流的非线性特征。而 RBF 神经网络预测模型具有学习速度快,在非线性预测中具有一定的优势;不过,它很难兼顾客流数据的线性和非线性特征。将适用于非平稳时间序列预测的 ARIMA 模型和适用于非线性预测的 RBF 神经网络预测模型进行组合,构建 ARIMA-RBF 组合模型对城市轨道交通客流进行预测,可更加准确地模拟客流数据的复杂自相关性、线性和非线性特征。

ARIMA-RBF 组合模型预测的基本思路为:先利用 ARIMA 模型对客流序列的线性组成进行预测,再用 RBF 神经网络预测模型对包含非线性特征的 ARIMA 预测模型误差进行预测,最后将两部分预测结果相加得到最终的客流预测值。

假设一个客流序列 y_t 由线性组成和非线性组成两部分构成,即

$$y_t = L_t + N_t \tag{6-2}$$

式中,L_t 和 N_t 分别表示客流序列中线性组成和非线性组成。

首先用 ARIMA 模型对客流序列中的线性组成进行预测,得到具有非线性特征的 ARIMA 模型的预测误差 e_t:

$$e_t = y_t - \hat{L}_t \tag{6-3}$$

式中,$\hat{L}_t$ 为 t 时刻 ARIMA 模型的预测值。

再将 e_t 作为 RBF 神经网络预测模型的输入单元。RBF 神经网络预测模型可以表示为:

$$e_t = f(e_{t-1}, e_{t-2}, \cdots, e_{t-n}) + \varepsilon_t \tag{6-4}$$

式中,f 为神经网络拟合的非线性方程;ε_t 为随机误差。

假设 RBF 神经网络预测模型的预测结果为 $\hat{N}_t$,则

$$\hat{y}_t = \hat{L}_t + \hat{N}_t \tag{6-5}$$

图 6-5 给出了 ARIMA-RBF 组合模型的预测流程。

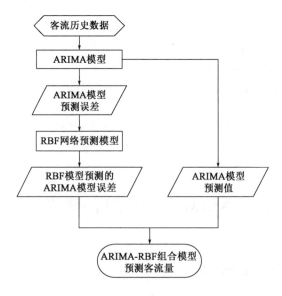

图 6-5 ARIMA-RBF 组合模型预测流程图

6.2.2 实例分析

同样采用北京地铁 1 号线 2011 年 1 月 1 日—2012 年 5 月 20 日的日进站客流数据来预测 1 号线 2012 年 5 月 21 日—5 月 27 日的日进站客流。首先,给出采用 ARIMA-RBF 组合模型进行客流预测的具体过程,如图 6-6 所示。

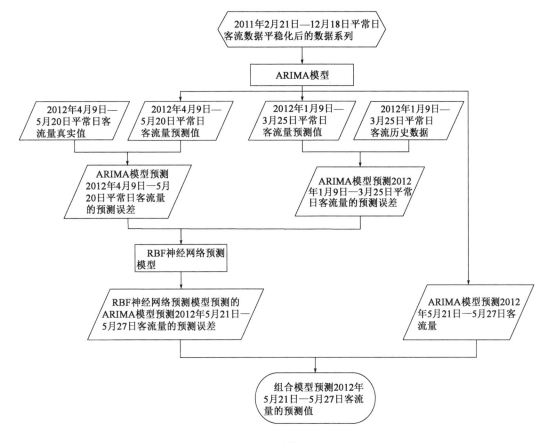

图 6-6 ARIMA-RBF 组合模型客流预测流程图

根据第 5 章的时间序列数据分析可知,城市轨道交通日进站客流是非平稳时间序列,因此,在构建 ARIMA-RBF 模型前要先将其转化为平稳序列。根据前面的分析可知,平常日的日进站客流序列是以周为周期的非线性、非平稳时间序列,需要对历史数据进行平稳化处理,按照以下式子对客流数据进行周期差分:

$$y_t = x_{t+s} - x_t, \quad t = 1,2,\cdots,n-s \tag{6-6}$$

式中:$\{y_t\}$——经过平稳化处理后的数据序列;

s——客流变化周期,7 天为一周期,故 $s = 7$。

经计算,$\{y_t\}$ 共有 287 个数据,得出 $\{y_t\}$($t = 1,2,\cdots,287$)的自相关函数和偏自相关函数,如图 6-7 所示。从图中可以看出,经过周期差分后得到的时间序列 $\{y_t\}$($t = 1,2,\cdots,287$)的自相关函数在 9 阶后截尾,偏自相关函数拖尾,说明此序列已成为平稳时间序列。

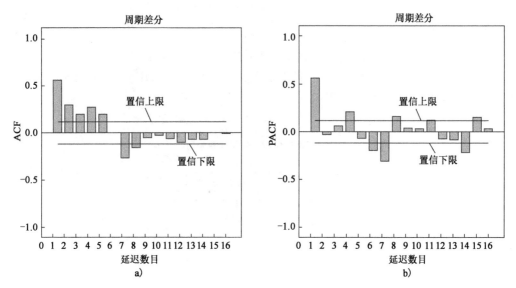

图6-7 客流数据的自相关函数和偏自相关函数

对平稳化处理后的时间序列 $\{y_t\}$ 进行单位根检验,结果见表6-3。

$\{y_t\}$ 单位根检验结果　　　　表6-3

检验项目	t 统计量	P
ADF	-4.305616	0.0005
显著性水平为1%	-3.453652	—
显著性水平为5%	-2.871693	—
显著性水平为10%	-2.572253	—

从表6-3中可以看出,$\{y_t\}$ 的单位根统计量 ADF = -4.305616,小于显著性水平1%~10%的ADF临界值,所以认为该序列不存在单位根,即经过平稳化处理后得到的 $\{y_t\}$ 是平稳时间序列。

(1) ARIMA 模型预测

同样地,从基础数据中筛选出不受节假日影响的42个完整周的历史客流数据,并将平常日客流数据分为3部分:2011年1月1日—12月18日期间的231个平常日、2012年1月9日—3月25日期间的35个平常日、2012年4月9日—5月20日期间的28个平常日。选取2011年1月1日—12月18日期间231个平常日的日进站客流量,利用ARIMA模型预测2012年1月9日—5月20日期间63个平常日及2012年5月21日—5月27日的日进站客流量。预测结果如图6-8所示,可以看出,ARIMA模型的预测具有一定的误差,尤其是周五、周六和周日3天客流预测与实际客流有明显差异。

(2) RBF神经网络预测模型预测

由ARIMA模型预测可以得到2012年1月9日—5月20日期间63个平常日的日进站客流预测值的误差,将这些预测误差作为训练样本,剩余28个工作日的客流预测误差作为预测样本,利用训练好的RBF神经网络预测模型对ARIMA模型的误差进行预测,即RBF神经网络预测模型的输出结果是2012年5月21日—5月27日的日进站客流预测误差的估计值;再将RBF模型

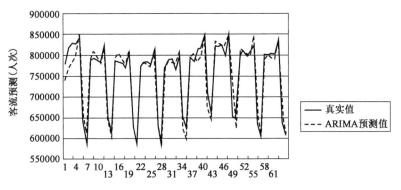

图 6-8　ARIMA 模型预测结果

的输出结果和 ARIMA 模型预测的客流相加,可得到 ARIMA-RBF 模型的客流预测值。

分别用 ARIMA 模型、RBF 神经网络预测模型和 ARIMA-RBF 组合模型对北京地铁 1 号线 2012 年 5 月 21 日—5 月 27 日的日进站客流进行预测,表 6-4 给出了相应的预测结果。

ARIMA 模型、RBF 神经网络预测与 ARIMA-RBF 组合模型预测结果(人次)　表 6-4

日期	ARIMA 模型	RBF 神经网络预测模型	ARIMA-RBF 模型	客流实际值
5 月 21 日	777135	765130	771334	782239
5 月 22 日	796629	809918	783237	766341
5 月 23 日	786159	790739	768306	776918
5 月 24 日	767755	765960	767387	775968
5 月 25 日	810601	838350	818934	831571
5 月 26 日	646181	625603	620980	601751
5 月 27 日	596231	609567	572861	519102

采用绝对百分误差(APE)作为预测结果的评价指标。三种模型的客流预测效果如图 6-9 所示。可以看出,ARIMA-RBF 模型的预测误差最小,RBF 神经网络预测模型的预测误差最大,ARIMA 模型的预测误差介于 RBF 神经网络预测模型和 ARIMA-RBF 模型之间。由此可见,ARIMA-RBF 模型的预测结果比两个单个模型的预测效果好,可提高城市轨道交通平常日客流预测的精度。

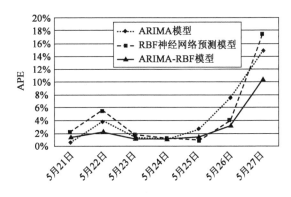

图 6-9　ARIMA 模型、RBF 神经网络预测模型与 ARIMA-RBF 组合模型预测误差

6.3 EMD-RBF 组合模型预测方法

6.3.1 EMD 模型

经验模式分解(Empirical Mode Decomposition,EMD)模型是1998年由 Huang 提出的一种适用于非线性和非平稳性信号的处理方法[100],在电力、气候等领域应用广泛。它是一种基于局部极值将数据分解成有限个不同的内模函数分量(IMF 分量)的分解方法,具有一定的局部自适应性、局部正交性、瞬时频率、完备性等特点。

利用 EMD 模型可以将非平稳客流数据分解为若干个具有不同振荡周期的 IMF 分量,虽然有的 IMF 分量仍具有不同程度的非平稳性,但各个 IMF 分量之间的相互影响能够被削弱。RBF 神经网络预测模型在非线性预测中表现出一定的优越性,利用 IMF 分量构建 RBF 神经网络预测模型,就能减小客流的非平稳性对预测结果的影响。

EMD 模型将数据分解成的内模函数分量需满足以下条件[101,102]:
(1)在整个序列中,极值点和过零点的数目相等或至多相差一个。
(2)在任意数据点,信号的局部极大值的包络线和局部极小值的包络线的平均值为零。

EMD 模型的基本思想是:对给定的原始信号,先获得信号的极大值和极小值,再将原始数据与极大值和极小值的包络线的平均值相减,从而得到一个分解信号,如此重复分解得到如下结果:

$$f(t) = \sum_{i=1}^{t} \mathrm{imf}(t) + \varepsilon \quad (6\text{-}7)$$

EMD 模型的具体分解步骤如下:
步骤1:找到原始信号 $s(t)$ 的所有极大值点 $\max(t)$ 和极小值点 $\min(t)$。
步骤2:利用三次样条插值法分别求得极大值点形成的上包络线 $e_{\max}(t)$ 和极小值点形成的下包络线 $e_{\min}(t)$。
步骤3:计算上、下包络线的局部均值:

$$m_1(t) = \frac{e_{\max}(t) + e_{\min}(t)}{2} \quad (6\text{-}8)$$

步骤4:提取基本模式分量:

$$h_1(t) = s(t) - m_1(t) \quad (6\text{-}9)$$

理想条件下,$h_1(t)$ 应为一个 IMF 分量,但是因为误差等因素的影响,$h(t)$ 不一定满足 IMF 的要求,需要反复进行筛选。

步骤5:将 $h_1(t)$ 作为新的信号 h_1 继续进行分解,设 h_1 的极值点上、下包络线的局部均值为 m_{11},则有:

$$h_{11} = h_1 - m_{11} \quad (6\text{-}10)$$

重复步骤1~步骤4达 k 次后,有:

$$h_{1k} = h_{1(k-1)} - m_{1k} \quad (6\text{-}11)$$

直到 h_k 满足 IMF 的两个条件停止计算,得到第一个内模函数分量 c_1,$c_1 = h_{1k}$。

第6章 基于组合模型的城市轨道交通客流预测方法

步骤6:将得到的c_1从原始信号中分离出来,得到:$r_1 = s(t) - c_1$;将r_1作为新的信号继续进行分解;重复以上步骤得到$c_2, c_3, \cdots, c_n$,直到信号满足预设的终止条件,得到一系列$c_i(i = 1, 2, \cdots, n)$和残余信号$r_n(t)$。终止条件为:如果残余信号$r_n(t)$的幅值过小或者残余信号的极值点少于一个,分解过程即可终止。

原始信号$s(t)$则可以表示为如下式子:

$$s(t) = \sum_{i=1}^{n} c_i + r_n(t) \tag{6-12}$$

EMD模型将原始信号分解为不同的IMF分量,这些IMF分量具有不同的频率,每个IMF分量都代表一种简单的振荡模式,从而实现了对原始信号的分解。

6.3.2 EMD-RBF 组合模型

EMD-RBF组合模型考虑到城市轨道交通客流的非线性和非平稳性的特点,并在设计模型过程中将这些特点考虑进去;从预测角度看,EMD-RBF模型将客流序列分解为不同频率的IMF分量,每个IMF分量均能表现一定的周期性、非线性和非平稳性等原始客流序列具有的特征,这种数据处理的方式可以更好地表现原始客流数据的特征。

EMD-RBF组合模型可以分为利用EMD方法分解客流序列、筛选有效IMF分量、利用RBF神经网络预测模型预测三个阶段。

(1)EMD分解阶段

利用EMD模型将原始客流数据分解为不同的IMF分量,这些IMF分量从高频率到低频率均代表着客流序列的一种振荡模式,客流序列的波动性就是这些模式叠加的结果。

(2)筛选有效IMF分量阶段

RBF模型的输入值与输出值的相关性较低会影响模型的预测效果。所以,为了构建合适的预测模型,要从提取出的IMF分量中筛选出与原始客流序列相关的有效IMF分量进行分析。经过EMD模型分解得到的IMF分量具有不同的频率,频率较大的IMF分量周期较短,频率较小的IMF分量周期较大。每个IMF分量的频率均与原始客流序列的频率不同,与原始客流序列的相关性也不同。本阶段的主要任务就是从IMF分量中筛选出与原始客流序列相关的有效IMF分量。

(3)利用RBF神经网络预测模型预测阶段

利用有效IMF分量构建RBF神经网络预测模型,可以通过以下几种方案构建RBF神经网络预测模型:

方案一:将每个IMF分量单独作为RBF神经网络预测模型的输入;

方案二:将筛选出的有效IMF分量分别作为RBF神经网络预测模型的输入;

方案三:将有效IMF分量聚集起来作为RBF神经网络预测模型的输入;

方案四:将有效IMF分量分别作为RBF神经网络预测模型的输入,其他与原始客流序列相关性较低的IMF分量聚集起来作为RBF神经网络预测模型的输入;

方案五:将有效IMF分量和其他与原始客流序列相关性较低的IMF分量分别聚集起来作为RBF神经网络预测模型的输入。

EMD-RBF组合模型的预测流程如图6-10所示。

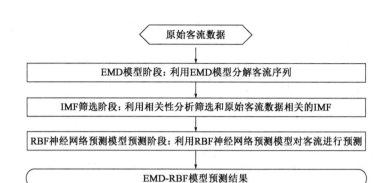

图6-10 EMD-RBF组合模型预测流程

RBF神经网络预测模型的输入值决定着输出值,本阶段主要从第二阶段筛选出的有效IMF分量和与原始客流序列相关性较低的IMF分量中选出最佳输入方案,以提高预测精度。

6.3.3 实例分析

和前面分析一样,选取北京地铁1号线2011年1月1日—2012年5月20日期间294个平常日共计42个完整周的日进站客流量数据预测2011年5月21日—5月27日的日进站客流量。

首先,利用EMD模型将294天日进站客流数据分解为6个不同的IMF分量(IMF C1,IMF C2,…,IMF C6)和一个残差序列(IMF C7),图6-11给出了按照提取先后顺序排列的所有IMF分量。可以看出,随着IMF分量提取数量的增加,IMF分量的频率逐渐降低,周期逐渐变大;IMF C1的振荡频率最大周期最短,变化具有一定的随机性,反映了客流序列的高频突发事件和客流变化的随机性;IMF C6的频率最小,周期最大;残差IMF C7代表平常日客流的趋势分量,其均值接近整体客流的平均值,它包含了平常日客流的基本客流部分,也反映了客流在分析时间范围内的总体变化趋势。

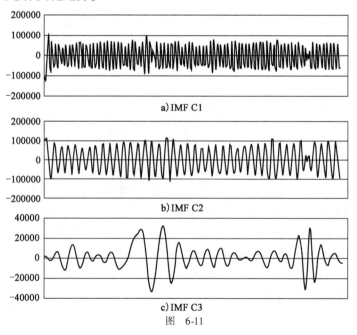

图 6-11

第6章 基于组合模型的城市轨道交通客流预测方法

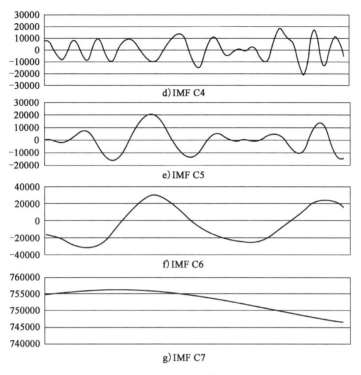

图 6-11 IMF 分量

第二阶段主要是从第一阶段提取出的 IMF 分量中筛选出与原始平常日客流序列相关的有效 IMF 分量。采用皮尔森积矩相关系数判断 IMF 分量和原始平常日客流的相关性。利用 SPSS 软件计算各个 IMF 分量和原始平常日客流序列的相关系数,结果如图 6-12 所示。

相 关 性

数据	实际数据	IMF C1	IMF C2	IMF C3	IMF C4	IMF C5	IMF C6	IMF C7
Pearson 相关性	1	0.570	0.688	0.152	0.103	0.211	0.277	0.010
显著性(双侧)		0.000	0.000	0.009	0.078	0.000	0.000	0.866
平方与叉积的和	1.99×10^{12}	7.230×10^{11}	1.028×10^{12}	41527301989	20768779894	44946781586	1.331×10^{11}	760269266.5
协方差	6798240717	2467507583	3507994841	141731406.1	70883207.83	153401984.9	454126918.3	2594775.653
N	294	294	294	294	294	294	294	294

图 6-12 IMF 分量和客流序列相关性检验

从图 6-12 中可以看出,IMF C1～C6 和原始平常日客流序列的相关系数分别为 0.57,0.688,0.152,0.103,0.211,0.277,0.010,IMF C1～C6 的相关系数检验的概率 p 值均接近 0,说明当显著性水平 α 为 0.05 或 0.01 时,应拒绝相关系数为 0 的零假设,认为 IMF C1～C6 和原始平常日客流序列存在线性相关关系;其中 IMF C2 和原始客流序列的相关性最强,IMF C4 和原始客流序列的相关性最低;IMF C7 和原始客流序列相关系数检验的概率 p 值均为 0.866,远大于 0.1,并且 IMF C7 和原始客流序列的相关系数为 0.01,可以认为 IMF C7 和原始客流序列不相关。由以上分析可知,IMF C1～C6 是有效 IMF 分量,IMF C7 不是有效 IMF 分量。

第三阶段主要利用 RBF 神经网络预测模型进行客流预测。首先,从北京地铁 1 号线 2011 年 1 月 1 日—2012 年 5 月 20 日期间的 294 个平常日客流中选取训练样本和测试样本,因为样本量不多,所以部分客流数据既作为训练样本也作为预测样本。选取前 280 个客流数据作为训练样本,主要训练 RBF 神经网络预测模型的结构,包括隐含层神经元个数和权重;从后向前选取 280 个客流数据作为预测样本,用已训练好的 RBF 神经网络预测模型预测 2012 年 5 月 21 日—5 月 27 日的日进站客流量。

根据上面的分析可知,从平常日客流数据中可以提取 7 个 IMF 分量,其中,IMF C1~C6 均和原始客流序列相关,是有效 IMF 分量,IMF C7 和原始客流序列不相关,不属于有效 IMF 分量。所以 EMD-RBF 组合预测模型有以下四种设计方案。

方案一:IMF C1~C7 分别作为 RBF 神经网络预测模型的输入,最终将 7 个 RBF 神经网络预测模型的输出组合得到 EMD-RBF 组合模型的预测结果;

方案二:将有效 IMF C1~C6 分别作为 RBF 神经网络预测模型的输入,最终将 6 个 RBF 神经网络预测模型的输出组合起来得到 EMD-RBF 组合模型的预测结果;

方案三:将有效 IMF C1~C6 组合起来作为 RBF 神经网络预测模型的输入,IMF C7 单独构建 RBF 神经网络预测模型,最终将两个 RBF 神经网络预测模型的输出组合起来得到 EMD-RBF 组合模型的预测结果;

方案四:将 IMF C1~C6 组合起来作为 RBF 神经网络预测模型的输入,直接得到 EMD-RBF 组合模型的预测结果。

利用上述 EMD-RBF 组合模型的四种设计方案及 RBF 神经网络预测模型预测北京地铁 1 号线 2012 年 5 月 21 日—5 月 27 日的日进站客流量,预测结果见表 6-5。

EMD-RBF 组合模型与 RBF 神经网络预测模型预测结果(人次)　　　　表 6-5

日期	客流实际值	RBF 神经网络预测模型	方案一	方案二	方案三	方案四
5 月 21 日	782239	765130	710217	794992	719136	792624
5 月 22 日	766341	809918	670509	786765	710819	781905
5 月 23 日	776918	790739	717273	787089	775345	770438
5 月 24 日	775968	765960	784514	792624	719768	772230
5 月 25 日	831571	838350	821480	826719	698032	819993
5 月 26 日	601751	625603	624472	636934	586636	675259
5 月 27 日	519102	609567	525557	584273	535673	583692

采用绝对百分误差(APE)和平均绝对百分误差(MAPE)作为预测结果的评价指标。经计算可以得出,EMD-RBF 组合模型的四种预测方案和 RBF 神经网络预测模型的平均绝对百分误差分别为 5.25%、3.82%、6.36%、4.39%、4.74%。显然,只利用有效 IMF 分量预测的 EMD-RBF 组合模型方案二和方案四的平均绝对百分误差最小,利用所有 IMF 分量预测的方案一和方案三的平均绝对百分误差较大。EMD-RBF 组合模型的四种预测方案及单个 RBF 神经网络预测模型预测结果的绝对百分误差如图 6-13 所示。

第 6 章 基于组合模型的城市轨道交通客流预测方法

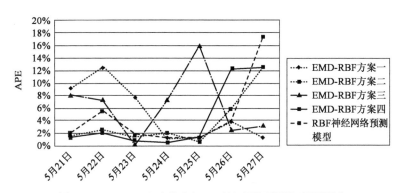

图 6-13 EMD-RBF 组合模型和 RBF 神经网络预测模型预测误差

从图 6-13 中可以看出,方案二和方案四预测工作日客流的误差较低,但是周末客流的预测误差较高;方案一和方案三预测周末客流的误差较低,但是从整体上看预测效果很不稳定,预测工作日客流的误差较大。所以从平均绝对百分误差和预测稳定性方面看,EMD-RBF 组合模型的方案二和方案四的预测效果最好。

由以上分析可知,筛选出有效 IMF 分量进行客流预测,不管是将有效 IMF 分量单独作为输入模块进行预测,还是将有效 IMF 分量组合起来进行预测,这两种预测方案均可以提高预测精度。其中将各个有效 IMF 分量单独作为 RBF 神经网络预测模型的输入的 EMD-RBF 组合模型的方案二的预测误差最小。利用有效 IMF 分量进行客流预测相对其他方案来说可以减少模型输入,所以方案二和方案四更加适合城市轨道交通平常日客流预测。

6.3.4 不同组合预测模型的对比分析

本章构建了 PWNN 模型、ARIMA-RBF 组合模型以及 EMD-RBF 组合模型,并对城市轨道交通客流进行了预测,这些模型都是基于客流时序特征分析而建立的。下面对这三种模型进行对比分析。

从模型的构建角度来说,PWNN 模型是基于城市轨道交通客流的多时序变化特征而构建的客流预测模型,将具有不同变化特征的工作日客流和周末客流分别作为输入模块进行预测;EMD-RBF 组合模型和 ARIMA-RBF 组合模型均考虑了平常日客流的非线性和非平稳性特征,但是 EMD-RBF 组合模型是从分解客流的角度出发,利用 EMD 方法将客流分解为不同振荡频率的 IMF 分量,每个 IMF 分量均能反映出一定的周期性、非线性和非平稳性等客流序列所具有的属性,这种数据处理的方式可以更好地表现原始客流数据的特征;ARIMA-RBF 组合模型从线性拟合客流序列角度出发,先将非平稳的客流序列转化为平稳序列,再用 ARIMA 模型线性拟合客流序列,用 RBF 神经网络预测模型预测非线性误差。

图 6-14 和图 6-15 分别给出了使用单个 RBF 神经网络预测模型、ARIMA 模型以及 EMD-RBF 组合模型三种模型预测平常日客流的绝对百分误差和平均绝对百分误差。

由图可以看出,三个组合模型的预测误差均比单个预测模型的预测误差低,这说明组合模型均能够提高城市轨道交通平常日客流预测的精度。在这三种组合模型中,ARIMA-RBF 模型的平均绝对百分误差最小,其次为 PWNN 模型。EMD-RBF 模型方案二和方案四的平均绝对百分误差稍微大一些,原因是在利用 EMD 模型分解客流的过程中最关键的计算步骤就是极值点的选取和包络线的拟合,实际选取的客流样本极值点和通过数值计算得到的极值点之间存在一定的误差,并且在曲线拟合过程中,由几个极值点拟合得到的曲线总是存在偏差,这两个问题对分解效果产生不利的影响,导致预测结果出现较大的偏差。

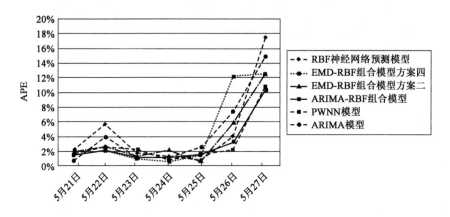

图 6-14　各模型预测误差对比

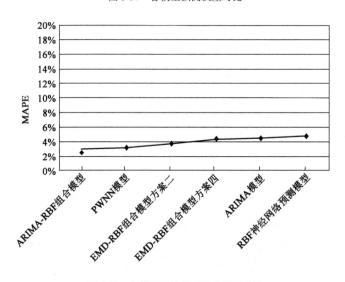

图 6-15　各模型平均绝对百分误差对比

从预测模型的适用性来看,ARIMA-RBF 组合模型是基于线性拟合和 RBF 神经网络预测模型非线性预测构建的组合模型,需要将非平稳的客流序列转化为平稳时间序列,适用于平稳性较好、线性较强的城市轨道交通平常日客流预测;EMD-RBF 组合模型利用 EMD 模型分解客流序列,适用于波动性较大的即非线性较强的平常日客流预测;PWNN 模型将具有不同变化特征的工作日客流和周末客流分别作为模型的输入模块,适用于工作日客流和周末客流变化特征较大的平常日客流预测。另外,PWNN 模型也能应用于城市轨道交通节假日客流的预测领域。

6.4 基于灰色关联度最大化的组合预测方法

6.4.1 基于灰色关联度最大化的组合预测模型

灰色关联度分析是根据因素之间发展态势的相似或相异程度来衡量因素间关系程度的方法。事实上,灰色关联度分析是针对系统的动态过程所进行的量化分析,通过对系统发展变化态势的定量描述和比较,依据数据序列几何形状的相似程度来判断各因素的关联性。灰色关联度分析具有原理简单、计算方便、易于掌握、排序明确、对数据分布类型及变量间相关类型无特殊要求等优点[103]。

组合预测方法是对不同预测模型赋予不同的权重系数进行组合而形成的一类预测模型,组合预测模型的关键就是要确定每个预测子模型的权重,总的原则是使组合预测的预测结果误差最小,并尽可能反映每个预测子模型在组合预测模型中的重要性,即每个预测子模型与预测对象的关联度大小。基于此,提出基于不同预测方案条件下不同预测方法的灰色关联度分析,并构建基于灰色关联度最大化的组合预测模型对城市轨道交通客流进行预测。

假定对某社会经济现象的指标序列进行组合预测,设 x_t 的组合预测值为:

$$\hat{x}_t = w_1 x_{1t} + w_2 x_{2t} + \cdots + w_m x_{mt}, \quad t = 1, 2, \cdots, N \tag{6-13}$$

其中,$\hat{x}_t$ 表示组合预测结果;x_{mt} 表示第 m 种单项预测结果;$w_1, w_2, \cdots, w_m$ 表示第 m 种单项预测方法的加权系数,须满足:

$$\sum_{i=1}^{m} w_i = 1, \quad w_i \geq 0, \quad i = 1, 2, \cdots, m \tag{6-14}$$

由式(6-13)可得到如下不等式:

$$\min_{1 \leq i \leq m} x_{it} \leq \hat{x}_t \leq \max_{1 \leq i \leq m} x_{it}, \quad t = 1, 2, \cdots, N \tag{6-15}$$

设 e_t 为组合预测方法在第 t 时刻的预测误差,由式(6-14)可得:

$$e_t = x_t - \hat{x}_t = x_t - \sum_{i=1}^{m} w_i x_{it} = \sum_{i=1}^{m} w_i (x_t - x_{it}) = \sum_{i=1}^{m} w_i e_{it}, \quad t = 1, 2, \cdots, N \tag{6-16}$$

其中,x_t 表示实际结果。

设 γ 为组合预测方法的关联度,则由式(6-13)～式(6-16)可得[7]:

$$\gamma = \frac{1}{N} \sum_{t=1}^{N} \frac{\min\limits_{1 \leq i \leq m} \min\limits_{1 \leq t \leq N} |e_{it}| + \rho \max\limits_{1 \leq i \leq m} \max\limits_{1 \leq t \leq N} |e_{it}|}{\left| \sum\limits_{i=1}^{m} w_i e_{it} \right| + \rho \max\limits_{1 \leq i \leq m} \max\limits_{1 \leq t \leq N} |e_{it}|} \tag{6-17}$$

显然,灰色关联度 γ 为各种预测方法的加权系数向量 $\boldsymbol{W} = (w_1, w_2, \cdots, w_m)^{\mathrm{T}}$ 的函数,可以将 γ 记为 $\gamma(L)$。根据灰色关联度的原理,组合预测方法的灰色关联度 γ 越大,表示组合预测方法越有效。因此,灰色关联度的组合预测模型可以表示如下:

$$\max \gamma(L) = \frac{1}{N} \sum_{t=1}^{N} \frac{\min\limits_{1 \leq i \leq m} \min\limits_{1 \leq t \leq N} |e_{it}| + \rho \max\limits_{1 \leq i \leq m} \max\limits_{1 \leq t \leq N} |e_{it}|}{\left|\sum\limits_{i=1}^{m} w_i e_{it}\right| + \rho \max\limits_{1 \leq i \leq m} \max\limits_{1 \leq t \leq N} |e_{it}|}$$

$$\text{s. t.} \begin{cases} \sum_{i=1}^{m} w_i = 1 \\ w_i \geq 0, \quad i = 1, 2, \cdots, m \end{cases}$$

(6-18)

假定用 $\gamma_{\min}$ 表示 m 种单项预测方法中关联度最小者,$\gamma_{\max}$ 表示各单项预测灰色关联度中的最大者,若 $\gamma \leq \gamma_{\min}$,则称组合预测模型(6-18)为劣性组合预测;若 $\gamma_{\min} \leq \gamma \leq \gamma_{\max}$,则称组合预测模型(6-18)为非劣性组合预测;若 $\gamma > \gamma_{\max}$,则称组合预测模型(6-18)为优性组合预测。

只有组合预测灰色关联度大于各单项预测灰色关联度中的最大者,才称该项组合预测为优性组合预测,即优性组合预测模型的关联度优于各单项预测方法中的最大者。

6.4.2 实例预测

选用北京地铁各线路客流的数据,包括2009年3月9日—4月12日8条线路的日客流量、2010年3月8日—4月11日9条线路的日客流量、2011年2月14—3月20日13条线路的日客流量,基于RBF神经网络预测模型和支持向量机预测模型两种预测方法,依据灰色关联度最大化方法确定两个模型的权重信息,采用基于灰色关联度最大化的组合预测模型对2011年清明节各线路客流进行预测。根据第5章的城市轨道交通客流时序特征分析,设计了以下三种样本数据方案。

(1)基于清明节历史数据与节前历史数据相结合的预测方案,具体过程如下。

步骤1:根据输入的历史数据,得到基于清明节历史数据的预测序列 $f_2^{-i}(i = 0, -1, -2, -3, \cdots)$ 和基于清明节前每日数据的预测序列 $f_1^{-i}(i = 0, -1, -2, -3, \cdots)$。其中,$f_1^0$ 表示基于清明节历史数据的预测年的预测值,f_1^{-i} 表示基于清明节历史数据的预测年以前第 i 年的预测值;f_2^0 表示预测年的基于清明节前每日数据的预测值,f_2^{-i} 表示预测年以前第 i 年的基于清明节前每日历史数据的预测值。

步骤2:确定权重序列。根据预测序列 $f_2^{-i}(i = -1, -2, -3, \cdots)$ 和 $f_2^{-i}(i = 0, -1, -2, -3, \cdots)$ 与实际历史数据的关系 $f^{-i} = w_1^{-i} f_1^{-i} + w_2^{-i} f_2^{-i}$,得到权重序列 $w_1^{-1}, w_1^{-2}, w_1^{-3}, \cdots$ 和 $w_2^{-1}, w_2^{-2}, w_2^{-3}, \cdots$。

步骤3:确定预测年的权重。根据权重序列 $w_1^{-1}, w_1^{-2}, \cdots$ 得到清明节历史数据预测值 f_1^0 对预测年清明节实际数据的权重 w_1;根据权重序列 $w_2^{-1}, w_2^{-2}, \cdots$ 得到清明节前每日历史数据预测值 f_2^0 对预测年清明节前实际值的权重 w_2。对于具有往年历史数据的线路,其三个权重值为上述预测值;对于没有往年历史数据的线路,其权重等于有历史数据的线路权重的平均。

步骤4:得到预测年的预测值:$f = w_1 f_1^0 + w_2 f_2^0$。

(2)基于周末历史数据与清明节客流增长的预测方案,具体过程如下:

步骤1:根据输入的历史数据,分别得到基于各线路清节前每周六、周日的线路流量的预测序列 $f_2^{-i}(i = 0, -1, -2, -3, \cdots)$、$g_2^{-i}(i = 0, -1, -2, -3, \cdots)$。其中,$f_2^0$、$g_2^0$ 分别表示

预测年的基于清明节前各周六、周日客流量的预测值;f_2^{-i}、g_2^{-i} 分别表示预测年以前第 i 年的基于清明节前各周六、周日的历史数据的预测值。

步骤2:确定误差参数序列。根据预测序列 $f_2^{-i}(i=-1,-2,-3,\cdots)$ 与清明节第一天历史数据的关系 $f^{-i}=w_1^{-i}f_2^{-i}$,得到系数序列 $w_1^{-1},w_1^{-2},w_1^{-3},\cdots$;根据预测序列 $f_2^{-i}(i=-1,-2,-3,\cdots)$ 与清明节第二天历史数据的关系 $h^{-i}=w_2^{-i}f_2^{-i}$,得到误差参数序列 $w_2^{-1},w_2^{-2},w_2^{-3},\cdots$;根据预测序列 $g_2^{-i}(i=0,-1,-2,-3,\cdots)$ 与清明节第三天历史数据的关系 $g^{-i}=r_2^{-i}g_2^{-i}$,得到误差参数序列 $r_2^{-1},r_2^{-2},r_2^{-3},\cdots$。

步骤3:确定预测年的权重。根据误差参数序列 $w_1^{-1},w_1^{-2},\cdots$ 得到基于清明节前每周六历史数据的预测值 f_2^0 关于预测年清明节假期第一天的实际数据的权重 w_1;根据误差参数序列 $w_2^{-1},w_2^{-2},\cdots$ 得到清明节前各周六的历史数据预测值 f_2^0 对预测年清明假期第二天的实际数据的权重 w_2;根据误差参数序列 $r_2^{-1},r_2^{-2},\cdots$ 得到清明节前每周日历史数据的预测值 g_2^0 对预测年清明节假期第三天的实际数据的权重 r_2。对于具有往年历史数据的线路,其三个权重值为上述预测值;对于没有往年历史数据的线路,其权重等于有历史数据的线路权重的平均。

步骤4:得到预测年的预测值。预测年清明节假期第一天、第二天、第三天的预测值分别为 $f^0=w_1f_2^0$,$h^0=w_2f_2^0$,$g^0=r_2g_2^0$。

(3)基于清明节前历史数据与清明节客流增长的预测方案,具体过程如下:

步骤1:根据输入的历史数据,得到基于清明节前每日历史数据的预测序列 $f_2^{-i}(i=0,-1,-2,-3,\cdots)$。其中,$f_2^0$ 表示预测年的基于清明节前每日数据的预测值,f_2^{-i} 表示预测年以前第 i 年的基于清明节前每日历史数据的预测值。

步骤2:确定误差参数序列。根据预测序列 $f_2^{-i}(i=-1,-2,-3,\cdots)$ 与实际历史数据的关系 $f^{-i}=w_2^{-i}f_2^{-i}$,得到系数序列 $w_2^{-1},w_2^{-2},w_2^{-3},\cdots$。

步骤3:确定预测年的权重。根据误差参数序列 $w_2^{-1},w_2^{-2},\cdots$ 得到清明节前每日历史数据预测值 f_2^0 对预测年清明实际值的权重 w_2。对于具有往年历史数据的线路,其三个权重值为上述预测值;对于没有往年历史数据的线路,其权重等于有历史数据的线路权重的平均。

步骤4:得到预测年的预测值。预测年的预测值 $f=w_2f_2^0$,输出预测值。

以上三种预测方案的预测流程如图 6-16 所示。

首先,采用基于三种预测方案的 RBF 神经网络预测模型和支持向量机预测模型两种单项预测方法,对 2011 年清明节假期的线路流量进行预测。运用单项预测模型,以各线路清明节前的客流历史数据及清明节客流历史数据作为训练的输入及目标输出值,组成训练样本对不同预测方案下的单项预测模型进行训练。将训练好的单项模型对 2011 年清明节 3 天的各线路流量进行预测,各天的预测结果分别由表 6-6~表 6-8 给出。

单项预测方法不同预测方案对 **2011** 年清明节第一天的客流预测值　　　　表 6-6

线路	RBF 神经网络预测模型的预测值(人次)			支持向量机预测模型的预测值(人次)		
	方案一	方案二	方案三	方案一	方案二	方案三
1 号线	1389119	1299290	1431895	1414237	1252793	1330388
2 号线	895732	1090027	1094517	876147	1023430	851698

续上表

线路	RBF 神经网络预测模型的预测值(人次)			支持向量机预测模型的预测值(人次)		
	方案一	方案二	方案三	方案一	方案二	方案三
4—大兴线	861003	998364	971233	831245	1000404	960235
5 号线	670970	750388	742843	660161	743934	595359
8 号线	37255	74288	95607	35686	72370	110164
10 号线	601930	679519	725615	578658	676741	578703
13 号线	503015	554032	562750	484520	542566	419258
15 号线	47786	56274	59751	47770	54028	49300
昌平线	63110	76166	48512	61301	78916	48346
房山线	7657	10440	4190	7495	11878	5207
亦庄线	99373	98158	98437	96514	102937	84734
八通线	243123	258241	264792	238197	251752	212538
机场线	17968	22028	21471	17804	21595	15962

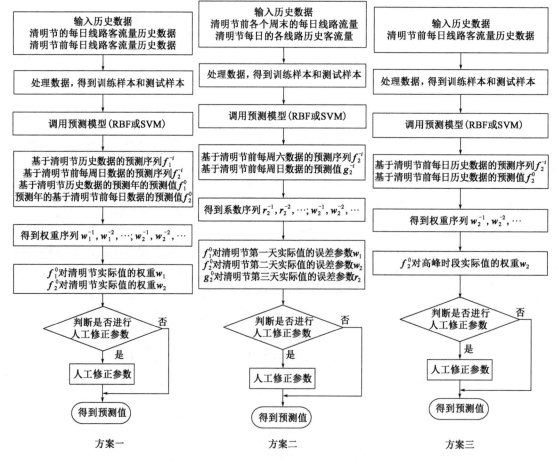

图 6-16 不同预测方案的流程图

单项预测方法不同预测方案对 **2011** 年清明节第二天的客流预测值　　表 6-7

线路	RBF 神经网络预测模型的预测值(人次)			支持向量机预测模型的预测值(人次)		
	方案一	方案二	方案三	方案一	方案二	方案三
1 号线	1398958	1253615	1381297	1403100	1208427	1283370
2 号线	911073	1042098	1046736	875144	978734	814464
4—大兴线	859862	999454	972104	831440	1001492	961130
5 号线	671850	728531	721712	662191	722679	578231
8 号线	36735	84018	106879	34637	80958	124784
10 号线	601299	667570	713158	578697	665274	568794
13 号线	479755	534618	543148	473329	523836	404682
15 号线	50127	53914	57302	46340	51494	47029
昌平线	62247	72972	46524	61911	75215	46119
房山线	7735	10002	4019	7325	11321	4967
亦庄线	96806	94042	94403	95414	98109	80832
八通线	231779	253231	259771	224257	247026	208482
机场线	16859	18276	17735	16923	17935	13225

单项预测方法不同预测方案对 **2011** 年清明节第三天的客流预测值　　表 6-8

线路	RBF 神经网络预测模型的预测值(人次)			支持向量机预测模型的预测值(人次)		
	方案一	方案二	方案三	方案一	方案二	方案三
1 号线	1416963	992118	1243771	1322101	1136059	1155588
2 号线	882732	860119	981332	867132	960775	763462
4—大兴线	851083	755359	896118	821343	821126	883314
5 号线	712342	593801	655132	652389	680685	524498
8 号线	32694	38113	61774	32558	49619	72592
10 号线	596744	501132	603835	578697	569508	481666
13 号线	467633	434319	498588	463520	509871	371523
15 号线	45015	41989	53975	43721	47676	44818
昌平线	57463	61921	43823	59861	75847	43951
房山线	6873	9016	3785	6948	10820	4734
亦庄线	94674	83223	88923	93701	104062	77032
八通线	209187	213945	249018	208222	248181	199861
机场线	16271	21357	23976	15709	24161	17840

假设某线路的清明节客流量实际值序列为 $\{x_j\}(j=1,2,\cdots,n)$，用 m 种单项预测方法分别对其进行预测，x_{ij} 是第 i 种单项预测方法在第 j 种预测方案下的预测值（$i=1,2,\cdots,m$；$j=1,2,\cdots,n$）。第 i 种单项预测方法的预测序列 $\{x_{ij}\}(i=1,2,\cdots,m;j=1,2,\cdots,n)$ 与实际值序列 $\{x_j\}(j=1,2,\cdots,n)$ 的灰色关联度可表示如下：

$$\gamma_{0i} = \frac{1}{n}\sum_{j=1}^{n}\frac{\min\limits_{1\leq i\leq m}\min\limits_{1\leq j\leq n}|e_{ij}| + \lambda\max\limits_{1\leq i\leq m}\max\limits_{1\leq j\leq n}|e_{ij}|}{|e_{ij}| + \lambda\max\limits_{1\leq i\leq m}\max\limits_{1\leq j\leq n}|e_{ij}|} \qquad (6\text{-}19)$$

其中,分辨系数 $\lambda \in (0,1)$,取 $\lambda = 0.5$;$e_{ij} = x_j - x_{ij}$,为第 $i(i=1,2,\cdots,m)$ 种单项预测方法在第 j 种预测方案下的预测误差,取 $m = 2n = 3$。

根据灰色关联度原理,组合预测的灰色关联度越大,表示组合预测方法越有效,因此,构建基于灰色关联度最大化的组合预测模型,如式(6-20)所示:

$$\max\gamma(L) = \frac{1}{n}\sum_{j=1}^{n}\frac{\min\limits_{1\leq i\leq m}\min\limits_{1\leq j\leq n}|e_{ij}| + \rho\max\limits_{1\leq i\leq m}\max\limits_{1\leq j\leq n}|e_{ij}|}{\left|\sum\limits_{i=1}^{m}w_i e_{ij}\right| + \rho\max\limits_{1\leq i\leq m}\max\limits_{1\leq j\leq n}|e_{ij}|} \qquad (6\text{-}20)$$

$$\text{s. t.}\begin{cases}\sum_{i=1}^{m} w_i = 1 \\ w_i \geq 0, \quad i=1,2,\cdots,m\end{cases}$$

基于不同方案下单项模型的预测误差,通过灰色关联度公式(6-19)可得到单项预测方法预测值与真实值的灰色关联度;运用 Lingo 数学软件,求出了基于灰色关联度最大化的组合预测模型(6-20)的最优值。计算结果见表 6-9。

不同预测方法的灰色关联度 表6-9

线路	关联度 γ(RBF)	关联度 γ(SVM)	关联度 γ(组合)
1 号线	0.6044	0.6858	0.7272
2 号线	0.7175	0.6202	0.8072
4—大兴线	0.7517	0.7317	0.7644
5 号线	0.8051	0.6121	0.7977
8 号线	0.6108	0.5633	0.8219
10 号线	0.7306	0.7326	0.7600
13 号线	0.8329	0.5721	0.8613
15 号线	0.5227	0.6056	0.6932
昌平线	0.5804	0.6241	0.6624
房山线	0.5153	0.6133	0.7643
亦庄线	0.6805	0.6472	0.6810
八通线	0.8130	0.6098	0.7722
机场线	0.7625	0.5451	0.7901

图 6-17 给出了单项预测方法和组合预测方法的预测结果与真实值之间的灰色关联度大小的对比。由图可以看出,对于 5 号线和八通线,$\gamma_{\text{SVM}} < \gamma_{\text{组合}} < \gamma_{\text{RBF}}$,说明该组合预测方法属于非劣性组合预测;对于其他所有线路,$\gamma_{\text{组合}} > \max\{\gamma_{\text{RBF}}, \gamma_{\text{SVM}}\}$,这表明该组合预测是优性组

合预测。从整体看来,基于灰色关联度最大化的组合预测模型能充分考虑影响客流的各种因素,能得到比单项预测方法更接近真实值的预测结果。

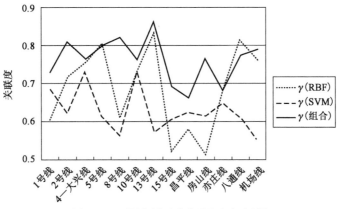

图 6-17　三种预测方法的关联度大小对比图

第7章 城市轨道交通客流预测案例分析

7.1 平常日进站客流预测

7.1.1 历史数据统计

以 2011 年 3 月份北京市轨道交通分时段的进站量历史数据为对象,对其变化趋势进行分析。由于站点较多,选取具有代表性的 1 号线、2 号线、4 号线、13 号线的各个站点的历史数据进行分析。

首先,对各站日进站客流的历史数据进行统计分析,以 2011 年 3 月 21 日—3 月 25 日的进站客流数据为例,图 7-1 给出了这一周内各工作日总的进站客流的变化趋势。从图中可以看出,一周内各工作日的进站客流总量呈递增趋势,周一的进站量最少,周二、周三、周四的进站量相差不大,周五的进站量明显变大。

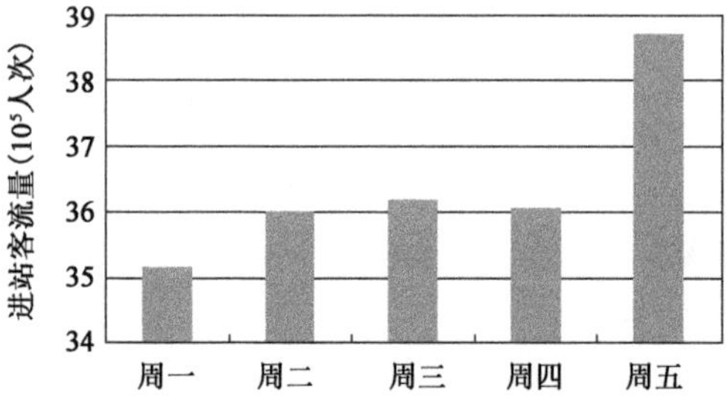

再以 2011 年 3 月份 1 号线、2 号线、4 号线、13 号线这四条线各站的日进站客流为统计对象,分析其变化趋势,图 7-2 给出了统计结果。可以看出,对于同一个车站,周五的进站量明显较大,而周一的进站量较小,周二、周三、周四的进站量变化不大,这与图 7-1 的统计结果基本一致。

图 7-1 一周内各工作日进站总客流变化趋势

同样以 2011 年 3 月份 1 号线、2 号线、4 号线、13 号线的各站日进站客流为对象,对进站客流的标准差进行分析,图 7-3 给出了统计结果。可以看出,对于各个站点的日进站客流,同一工作日(以周三为例)的标准差明显最小,各工作日以及周二、周三、周四的标准差明显比较大。

下面分析这四条线路各站分时段进站客流的分布情况,以 2011 年 3 月 2 日的客流数据为例,图 7-4 给出了各站一天内分时段的进站客流变化趋势。由图可以看出,对于一天内的各个时段,早高峰、晚高峰的进站客流最大,12:00—14:00 时段内的进站客流次之,而其他时段内的进站客流相对较少。

下面,以北京地铁 1 号线、2 号线、4 号线、13 号线这四条线路的早高峰(7:00—9:00)进站客流为统计对象,来分析各站分时段进站客流的变化趋势,图 7-5 给出了统计结果。可以看出,除一些个别站点外,大多数站点在同一工作日早高峰的进站客流相差不大。

第 7 章 城市轨道交通客流预测案例分析

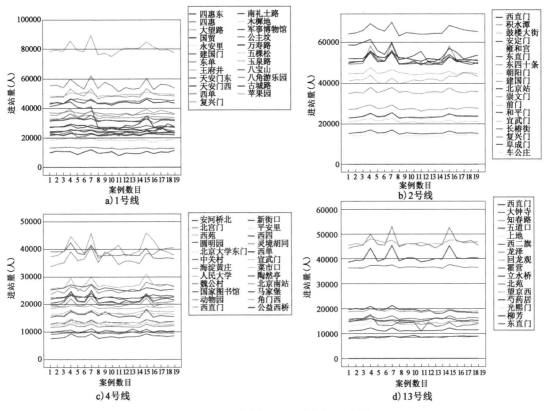

图 7-2 不同线路各站日进站客流变化趋势
注：本图仅作示意。

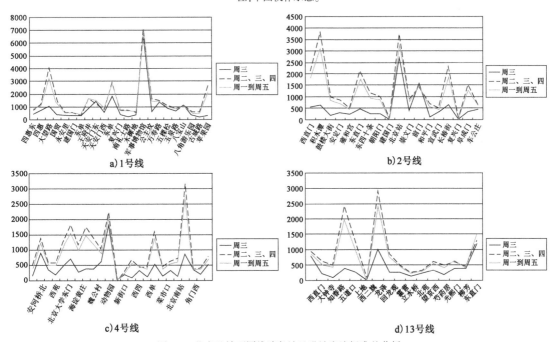

图 7-3 北京地铁不同线路各站日进站客流标准差分析

115

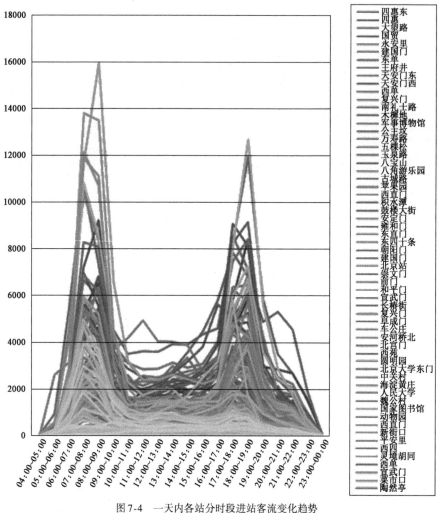

图 7-4 一天内各站分时段进站客流变化趋势

注：本图仅作示意。

类似地，分析早高峰(7:00—9:00)日进站客流的标准差，图 7-6 给出了各线路早高峰客流的标准差变化情况。可以看出，各个工作日的标准差，周二、周三、周四的标准差与同一工作日（以周三为例）的标准差相差不大；对于 1 号线的各个站点来说，周二、周三、周四的进站量标准差较小；对 2、4、13 号线来说，同一工作日（以周三为例）的进站量标准差较小。

同样地，分析北京地铁 1 号线、2 号线、4 号线、13 号线 4 条线路晚高峰(17:00—19:00)进站客流的变化趋势，图 7-7 给出了统计结果。可以看出，除一些个别站点外，大多数站点在同一工作日晚高峰的进站客流相差不大。

再来分析晚高峰(17:00—19:00)日进站客流的标准差，图 7-8 给出了统计结果。可以看出，各个站点的同一工作日的进站量标准差最小，周二、周三、周四的进站量标准差次之，各个工作日的标准差最大；各个站点的周二、周三、周四的进站量标准差与同一工作日（以周三为例）的进站量标准差相差不大。

第7章 城市轨道交通客流预测案例分析

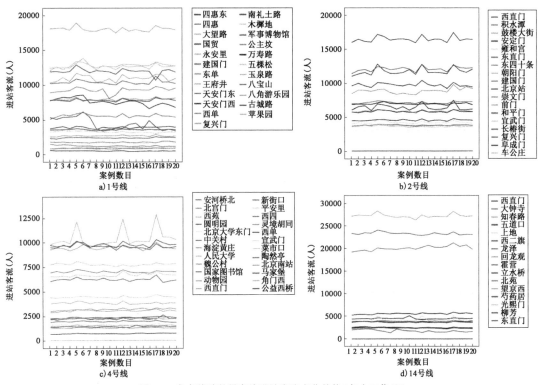

图 7-5 各条线路的早高峰进站客流变化趋势（各个工作日）

注：本图仅作示意。

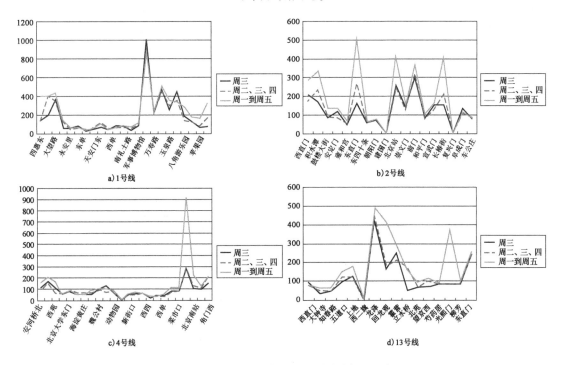

图 7-6 北京地铁各线路早高峰进站客流标准差对比

117

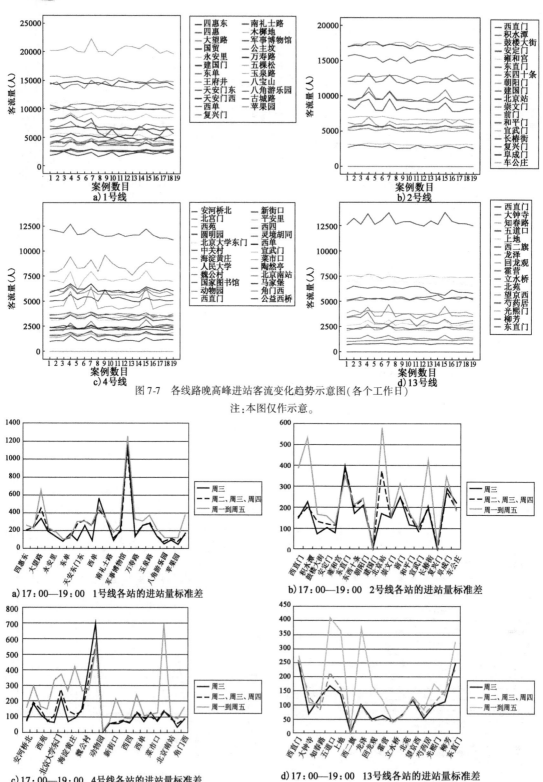

图 7-7　各线路晚高峰进站客流变化趋势示意图(各个工作日)

注:本图仅作示意。

图 7-8　北京地铁各线路晚高峰进站客流标准差对比

7.1.2 预测方案

为了达到较高的预测精度,在历史数据很少(有效数据少于 5 周)的情况下,对于常规条件下周二、周三、周四 3 天工作日的预测,应选用至少 4 天的周二、周三、周四的历史进站量进行预测;而在数据量较多(有效数据不少于 5 周)的情况下,应选用同一工作日的历史数据来预测同一工作日的进站客流。

在常规条件下,同一季节的各工作日的进站客流具有相对稳定性,因此,只需根据前两个月的历史数据就可以进行预测,即为小样本预测。基于此,本节选取具有小样本学习特征的支持向量机(SVM)预测模型来进行平常日进站客流预测。

正如前面介绍的,SVM 预测模型中包括两个参数,即参数 σ^2、γ(可调)。根据经验,核函数参数 σ^2 取值范围为 $[2^{-5},2^5]$。取值太小,则样本数据间的联系比较松弛,学习机器相对复杂,预测能力降低;取值太大,则样本数据间的影响过强,得到的拟合函数难以达到较高的精度。γ 的取值范围为 $[2^{-1},2^9]$。γ 较小,处于"欠学习"状态,预测误差较大,拟合能力变差,随着 γ 的增大,预测误差逐渐减小;当 γ 大于某一值时,处于"过学习"状态,误差逐渐增大,预测能力降低。

7.1.3 结果分析

历史客流数据仅包括 30 天的样本数据,因此,以周为周期,采用 4 个样本数据分别对不同日期的客流进行预测,即分别使用周一、周二、周三、周四、周五的历史数据对相应客流进行预测。根据预测结果与真实值的平均绝对百分误差(MAPE),对预测效果进行分析,图 7-9 ~ 图 7-11 分别给出了采用周二、周三、周四的样本数据对 2011 年 3 月 24 日(周四)的进站客流、分时段客流以及高峰时段客流进行预测的效果。可以看出,预测的各类进站客流误差都较小(均在 10% 以下),这说明采用 SVM 模型进行短时客流预测具有较好的实用性。

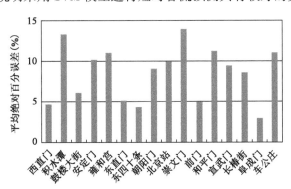

图 7-9 各站点日进站客流的平均绝对百分误差

下面,分别用周三历史数据和周二、周三、周四的历史数据对未来周三(2011 年 3 月 30 日)的客流进行预测。同样,基于平均绝对百分误差,对预测效果进行分析,图 7-12 给出了采用不同的样本数据对 2011 年 3 月 30 日高峰时段客流进行预测的结果。可以看出,在样本数据较少的情况下,采用同一工作日的历史数据作为输入和采用周二、周三、周四的所有历史数据作为输入,其预测结果的平均绝对百分误差相差并不显著。

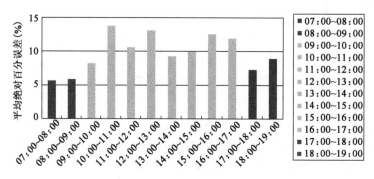

图 7-10　各时间段进站客流的平均绝对百分误差

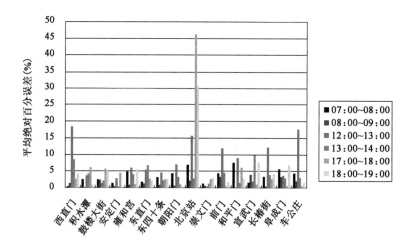

图 7-11　高峰时段站点的平均绝对百分误差

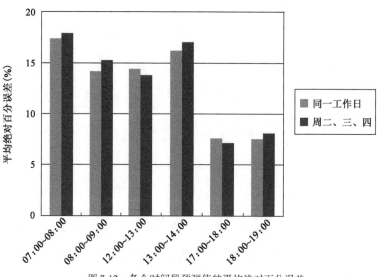

图 7-12　各个时间段预测值的平均绝对百分误差

类似地,分别采用周二、周三、周四的样本数据和周三的样本数据对 2011 年 3 月 30 日(周三)1 号线、2 号线、4 号线、13 号线这四条线路的进站客流进行预测,图 7-13 给出了预测结果。可以看出,预测结果的平均绝对百分误差基本上都在 15% 以下,采用不同的样本数据所得到的结果相差也并不很大。

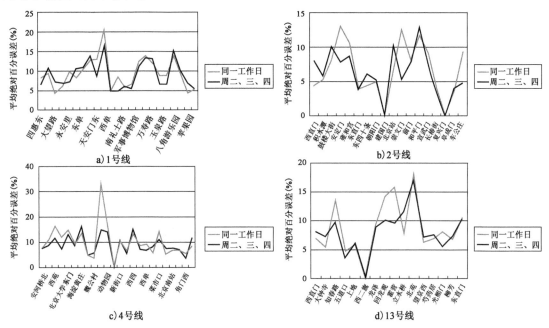

图 7-13 各站点预测值的平均绝对百分误差

7.2 端午节客流预测

7.2.1 历史数据统计

城市轨道交通客流具有相对稳定的分布,在进行客流预测之前,应该先分析影响客流的因素,并对历史数据进行统计分析,在此基础上,根据不同的预测目的提出预测方案。以端午节客流预测为例,选取具有代表性的北京地铁 1 号线,对其 2009—2012 年端午节前五周的日客流及端午节期间客流进行统计分析,分析结果如图 7-14 和图 7-15 所示。

从图 7-14 中可以看出:对于同一天,每年的客流具有自然增长的趋势;端午节假期 3 天的客流呈现递减趋势,第一天与第二天的客流相差不大,与周六客流相似,而第三天的客流明显减少,与周日客流相似。从图 7-15 可以看出:对于同一年,端午节假期 3 天的客流具有递减趋势;对于假期的每一天,2010 年与 2009 年相比、2011 年与 2010 年相比,具有客流自然增长趋势。

劳动节、清明节和端午节均属中国法定节假日,均放假 3 天,同时,这 3 个假期的放假日期比较接近,清明节一般为 4 月份,劳动节为 5 月份,端午节一般在 6 月份。因此,这 3 个假期的客流具有一定相似性。下面通过历史数据对这 3 个节假日的客流数据进行统计分析。图 7-16 ~ 图 7-18 分别给出了 2009—2011 年北京地铁 1 号线在这 3 个节假日期间的客流变化情况。

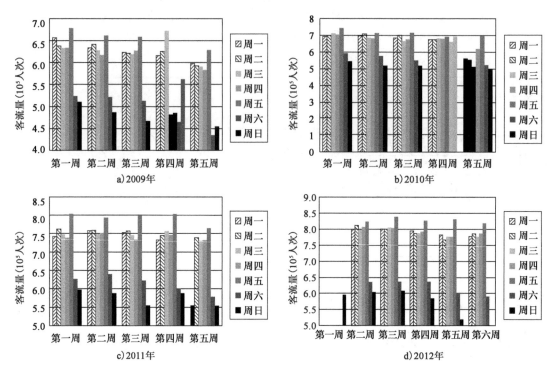

图7-14 北京地铁1号线端午节前五周日客流变化趋势

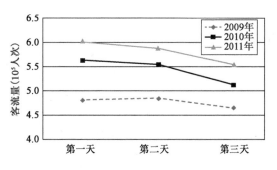

图7-15 北京地铁1号线端午节期间日客流变化趋势

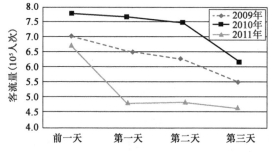

图7-16 2009年北京地铁1号线不同节假日客流变化

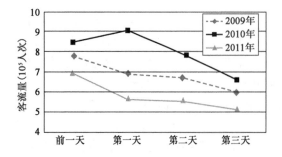

图7-17 2010年北京地铁1号线不同节假日客流变化

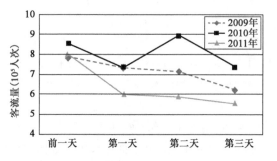

图7-18 2011年北京地铁1号线不同节假日客流变化

由图可以看出,清明节、劳动节和端午节3个节假日一般情况下都呈现客流量逐日递减的趋势,劳动节期间不论5月1日处于假期的第几天,这一天的客流量都最大,而且劳动节期间的客流量大于清明节和端午节;另外可以看出,清明节和端午节期间的客流量变化趋势比较类似。

7.2.2 预测方案

预测方案是直接关系到预测结果的关键环节,直接影响预测精度。首先,需要根据数据的统计规律,提取关键影响因素;然后,结合不同主题及关键的影响因素,提出不同的预测方案。就端午节客流预测而言,设计了如下三种预测方案。

方案一:周末客流数据预测乘以端午节客流增长系数的预测方案,即通过预测年的基于端午节前各周六的数据的预测值和预测年的基于端午节前各周日的数据的预测值分别乘以相应的预测年权重序列,得到端午节的客流预测值。

方案二:清明节和端午节均属于中国的传统节日,乘客出行具有相似性,利用清明节每日客流数据乘以端午节客流增长系数的预测方案,即通过清明节每日数据乘以客流增长系数,得到端午节的客流预测值。

方案三:端午节历史数据与节前每日客流数据相结合的预测方案,即通过基于端午节历史数据的预测年的预测值和基于端午节前每日历史数据的预测值分别乘以相应的预测年权重序列,得出端午节的客流预测值。

根据统计规律,选取利用端午节前周末线路客运量和端午节历史线路客运量进行端午节客流预测的方案。其中,利用周六各线路的历史数据进行端午节第一天、第二天的客运量预测,利用周日各线路的历史数据进行端午节第三天的客运量预测,结合专家经验,得到最终预测值。

端午节客流预测为短期客流预测,选择 SVM 模型和 RBF 神经网络预测模型进行预测,其中 SVM 模型适合历史数据样本较少的预测问题,且算法较简单,还具有较好的鲁棒性;而 RBF 神经网络预测模型则适合影响因素多、系统复杂等预测问题,且具有深度综合和自学习能力。

7.2.3 结果分析

首先,采用方案一的样本输入数据,分别选择 SVM 模型和 RBF 神经网络预测模型对2011年北京地铁端午节客流进行预测,图 7-19 给出了 2011 年 6 月 3—6 日 4 天的预测结果,分别是端午节前一天以及端午节期间的三天。

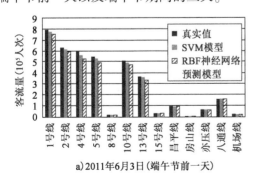
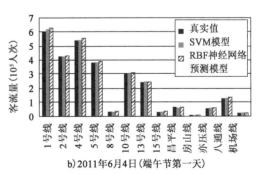

图 7-19

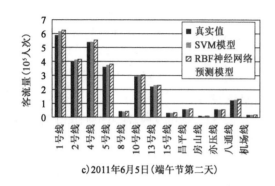
c) 2011年6月5日(端午节第二天)

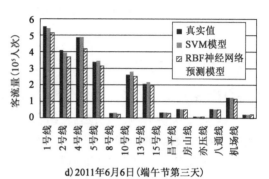
d) 2011年6月6日(端午节第三天)

图7-19 各条线路预测值与真实值对比图

从图7-19中可以看出:这两种预测方法得出的端午节前一天的预测值小于真实值;端午节假期第三天的预测值接近真实值,前两天的预测值与真实值相差较大,并且SVM模型优于RBF方法,尤其对前一天和第一天的预测结果更为明显。

此外,采用这两种方法对2011年端午节全网客流进行了预测,预测结果由图7-20给出。从图中可以看出:这两种预测方法得到的端午节前一天和第三天的预测值小于真实值,第一天和第二天的预测值大于真实值;RBF神经网络预测模型得出的第三天预测值与真实值相差较大。总体而言,SVM模型预测结果优于RBF神经网络预测模型。

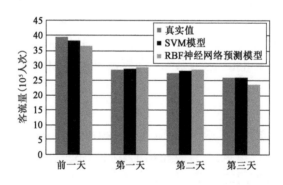

图7-20 全网客流预测结果

下面,根据2011年端午节各线路的实际客流,对这两种预测方法的平均绝对百分误差进行对比分析,图7-21和图7-22分别给出了各条线路客流的误差情况以及全网客流的误差情况。可以看出:除了昌平线和8号线以外,SVM模型的精度明显优于RBF神经网络预测模型;对于端午节假期3天路网的预测,第三天SVM模型的预测误差明显小于前两天的预测误差,第三天RBF神经网络预测模型的预测误差大于前两天的预测误差,总体上,SVM模型的误差均小于RBF神经网络预测模型的预测误差。

综上所述,对于端午节假期线路客运量的预测,SVM模型的预测精度较高,优于RBF神经网络预测模型。

第 7 章 城市轨道交通客流预测案例分析

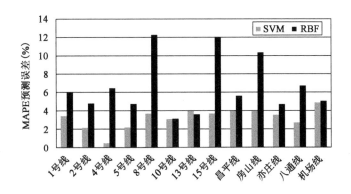

图 7-21 各线路的预测误差

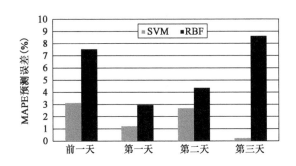

图 7-22 端午节假期全网的预测误差

7.3 国庆节客流预测

7.3.1 历史数据统计

同样,在进行国庆节客流预测之前,先来分析影响客流的因素,并对历史数据进行统计分析,包括国庆节期间的客流形态、平日客流的分布等。选取北京地铁 1 号线为对象进行历史数据分析。图 7-23 给出了 2008—2011 年国庆节及节前一个月的客流变化情况。由图可以看出,2008 年、2010 年和 2011 年国庆节和中秋节没有重叠,但由于国庆节和中秋节时间相差不多,两个假期间的客流波动较大,2009 年中秋节和国庆节连在一起放假,节前客流变化较为稳定。

图 7-24 给出了 2008—2011 年国庆节期间客流的变化情况。可以看出,2008 年北京举行奥运会,导致客流较大,2009 年国庆大阅兵,1 号线部分站点实行封站或者限时开放,导致客流较低,所以,2008 年和 2009 年都属于特殊年份,客流量具有特殊性,在预测时不能使用 2008

年和 2009 年国庆假期的客流数据,2010 年和 2011 年客流变化趋势类似,总体上呈现逐渐降低的趋势,2010 年国庆节第三天因下雨导致客流较低,第四天和第五天客流略有增长,后又呈现降低的趋势。

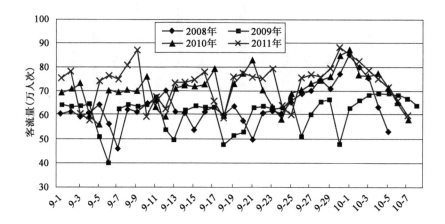

图 7-23　2008—2011 年北京地铁 1 号线国庆节前一个月及国庆节日客流变化

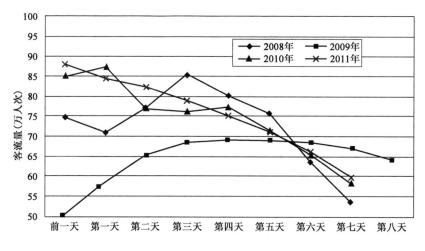

图 7-24　2008—2011 年北京地铁 1 号线国庆节客流变化

再来分析北京地铁 1 号线 2010—2012 年国庆节前不包含任何节假日的 3 周平常日及国庆节期间客流的变化趋势,统计结果如图 7-25 所示。可以看出,国庆节前不包含任何节假日的平常日客流具有相似的变化规律,日客流每天都会变化,周一到周四工作日的客流较平稳,周五为周末前一天,由于外出、回家等原因导致这一天的客流会比周一到周四大,周末由于不用上班,人们出行时间不集中,导致客流较为分散,客流相对也较小,并且周六客流明显大于周日客流,周日客流达到一周的最低值;国庆节的客流总体上呈现逐渐降低的趋势,假期中间几天受到天气或一些大型活动等外界因素的影响客流会出现波动,假期前 3~4 天的客流比平常日的客流大,后几天的客流比平常日小。

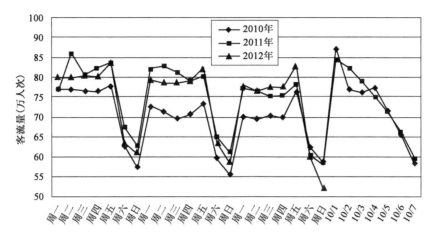

图 7-25　北京地铁 1 号线 2010—2012 年国庆节前及国庆节客流变化情况

7.3.2　预测方案

根据上面对历史客流数据的统计分析,针对国庆期间城市轨道交通客流预测,选取利用国庆节历史数据与节前不包含任何节假日的完整周平常日的客流数据相结合的预测方案。为了达到较高的预测精度,应选取国庆节前至少三周不包含任何节假日的平常日的线路客流来进行预测。同端午节客流预测一样,国庆节假期客流预测为短期小样本客流预测,因此,采用 SVM 模型和 RBF 神经网络预测模型进行预测。

7.3.3　结果分析

分别采用 SVM 模型和 RBF 神经网络预测模型对 2011 年国庆节北京地铁的各条线路客流进行预测,并将预测结果与真实客流进行对比分析,图 7-26 给出了 2011 年国庆节前两天的预测结果。可以看出,这两种方法得到的客流预测结果均与真实值相差不大。

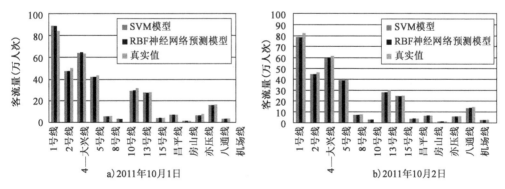

图 7-26　北京地铁 2011 年国庆节前两天各线路客流预测值与真实值对比

类似地,采用这两种方法对 2011 年国庆节全网客流进行了预测,预测结果如图 7-27 所示。从图中可以看出:运用两种预测方法对国庆节第一天、第二天和第七天路网的流量进行预测,预测值小于真实值,另外 4 天的预测值大于真实值;对假期 7 天,路网客流量的预测值和真实值相差不大。

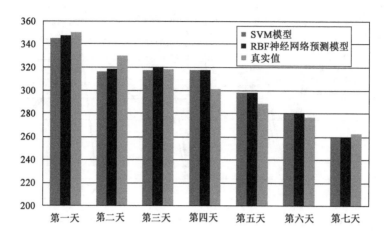

图 7-27　北京地铁 2011 年全网客流预测值与真实值对比

根据 2011 年国庆节的实际客流,对这两种预测方法的平均绝对百分误差进行对比分析,图 7-28 给出了不同线路及全网客流的预测结果。

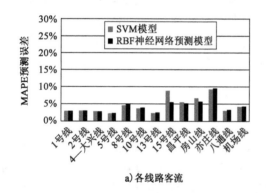
a) 各线路客流

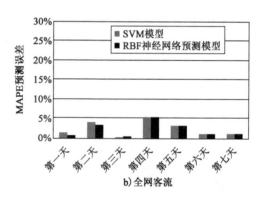
b) 全网客流

图 7-28　北京地铁 2011 年客流预测的误差分析

可以看出,除 8 号线、15 号线、昌平线、房山线、亦庄线外,运用 SVM 模型和 RBF 神经网络预测模型得出的每条线路的误差都在 6% 以下,预测精度较高,SVM 模型优于 RBF 神经网络预测模型;对于国庆节假期 7 天路网的预测,第二天、第四天和第五天的预测误差明显大于其余几天的预测误差,总体上 SVM 神经网络预测模型的误差与 RBF 神经网络预测模型的预测误差相差不大。

利用 SVM 模型和 RBF 神经网络预测模型预测 2012 年国庆节的客流,图 7-29 ~ 图 7-32 分别给出了这两种方法预测出的 2012 年国庆节北京地铁各条线路的客流情况。

可以看出,2012 年国庆节客流大体上呈现逐渐降低的趋势,大部分线路的客流预测较 2011 年实际客流量是增长的,也有部分线路客流下降;8 号线的预测值变化比较特殊,这是因为 8 号线经过奥林匹克公园,国庆节假期的第二天和第三天选择去郊外游玩的人比较多;机场线在假期的开始和结束时间客流较大,这与实际情况比较相符,假期刚开始选择乘坐飞机的乘客比较多,假期结束时返程客流较大,所以机场线客流呈现凹状趋势。

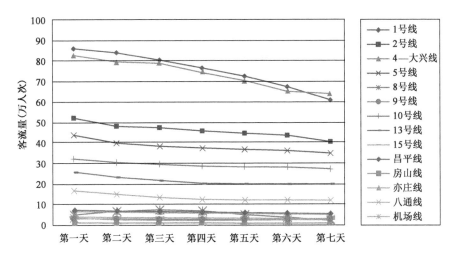

图 7-29 采用 SVM 模型预测北京地铁 2012 年国庆节客流(部分线路)

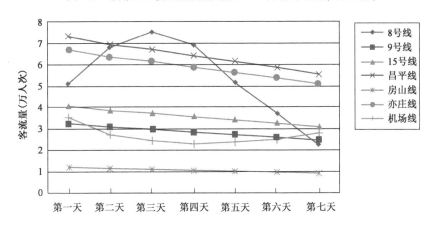

图 7-30 采用 SVM 方法预测北京地铁 2012 年国庆节客流(部分线路)

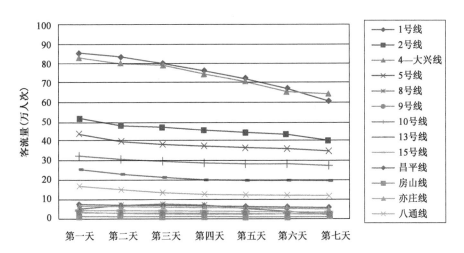

图 7-31 采用 RBF 方法预测北京地铁 2012 年国庆节客流(部分线路)

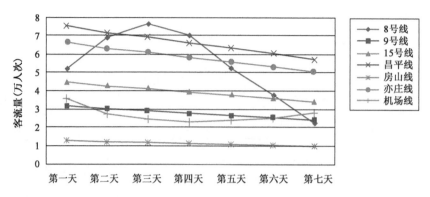

图 7-32 采用 RBF 方法预测北京地铁 2012 年国庆节客流(部分线路)

7.4 清明节客流预测

7.4.1 历史数据统计

与前面的分析及预测类似,为了对清明节客流进行准确的预测,需要首先分析影响清明节客流变化的因素,并对清明节前及清明节期间的历史客流数据进行分析。同样,选取北京地铁1号线,分析2009—2011年清明节前五周以及清明节期间的客流变化规律,图 7-33 ~ 图 7-35 分别给出了不同年份的北京地铁1号线客流变化情况。

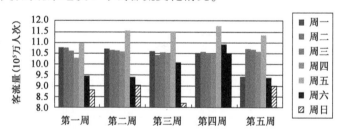

图 7-33 2009 年清明节前五周及节日期间北京地铁 1 号线客流变化
注:清明节假期为第四周周六、周日、第五周周一。

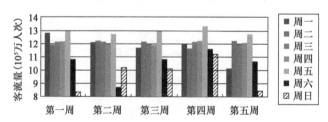

图 7-34 2010 年清明节前五周及节日期间北京地铁 1 号线客流变化
注:清明节假期为第四周周六、周日、第五周周一。

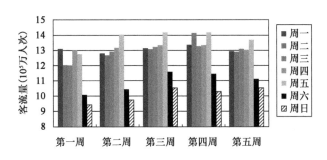

图 7-35　2011 年清明节前五周及节日期间北京地铁 1 号线客流变化

从上面的图中可以看出，对于同一天，每年客流具有自然增长趋势；清明节假期 3 天的客流具有递减趋势，第一天与第二天的客流相差不大，与周六客流相似，而第三天的客流则明显减少，与周日客流相似；对于同一年，清明节假期 3 天的客流具有递减趋势；对于假期的每一天，2010 年与 2009 年相比，具有客流自然增长的趋势。

7.4.2　预测方案

针对清明节的客流预测，提出了以下三种预测方案。

方案一：清明节历史数据与节前每日客流数据相结合的预测方案，即通过基于清明节历史数据的预测年的预测值和基于清明节前每日历史数据的预测值分别乘以相应的预测年权重序列，得出清明节的客流预测值。

方案二：周末客流数据预测值乘以清明节客流增长系数的预测方案，即通过预测年的基于清明节前各周六的数据的预测值和预测年的基于清明节前各周日的数据的预测值分别乘以相应的预测年权重序列，得到清明节的客流预测值。

方案三：清明节前每日客流数据预测值乘以清明节客流增长系数的预测方案，即通过预测年的基于清明节前每日数据的预测值乘以预测年权重，得到清明节的客流预测值。

根据统计规律，选取利用清明节前周末线路客运量和清明节历史线路客运量进行清明节客流预测的方案。其中，利用周六各线路的历史数据进行清明节第一天、第二天的客运量预测，利用周日各线路的历史数据进行清明节第三天的客运量预测。同样，采用 SVM 模型和 RBF 神经网络预测模型这两类预测方法对清明节客流进行预测。

7.4.3　结果分析

首先，根据所选方案进行相应历史数据的整理，筛选 6 个周末的历史数据作为输入数据，分别采用 SVM 模型和 RBF 神经网络预测模型对 2011 年清明节地铁客流进行预测，图 7-36 给出了 2011 年清明节 3 天各线路以及全网的客流预测结果与真实值的对比。可以看出，清明节假期的前两天各线路预测值更接近真实值，第三天的预测值与真实值相差较大；采用这两种预测方法得出的前两天的路网预测值都很接近真实值，第三天 RBF 神经网络预测模型得出的预测值与真实值相差较大。很明显，SVM 模型明显优于 RBF 神经网络预测模型，在第三天的对比图中更为明显。

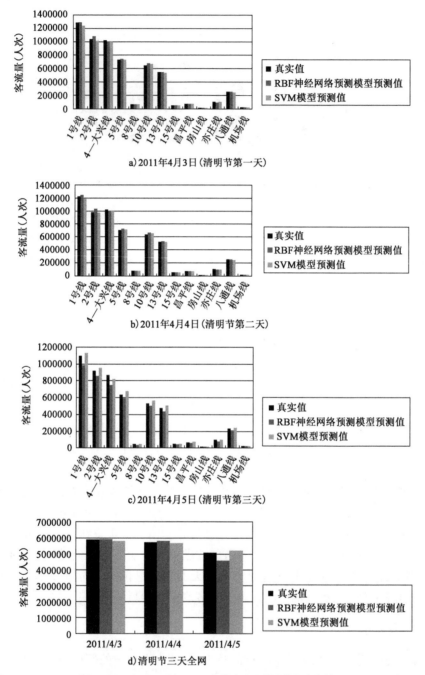

图7-36 2011年4月3—5日各线路客流预测值与真实值的对比

根据预测年2011年清明节假期各线路客运量,对比分析两种预测方法的预测值与真实值的平均绝对百分误差,图7-37和图7-38分别给出了各条线路的预测误差和全网客流预测的误差。可以看出,对于每条线路来说,SVM模型的误差值普遍小于RBF神经网络预测模型的误差值,运用SVM模型得出的每条线路的误差都在6%以下,预测精度较高;对清明节假期路网的预测来说,第三天的预测误差明显大于前两天的预测误差。

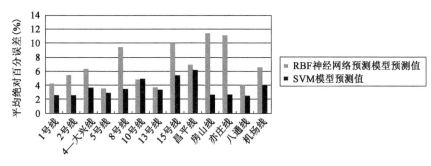

图 7-37　各条线路的预测误差

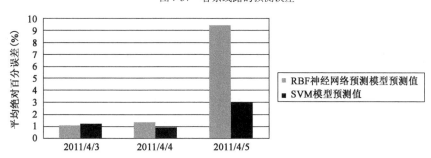

图 7-38　清明节假期路网的预测误差

第8章 交通网络流量分析基础

8.1 概　　述

交通系统是由基础设施、出行需求和组织管理组成的复杂系统,交通网络上的流量是交通供需之间互动的结果,是出行需求在有限的时间与空间上的聚集现象。如何合理刻画网络流量的形成机制以及变化规律是交通研究中的重要问题之一。从经济学的角度来说,路网上的交通流量以及各类交通现象都是由所有出行者进行各种交通选择所形成的宏观结果。而人的出行活动本质上是一种经济活动,出行者在出行中所付出的出行成本包括时间、费用以及方便安全等因素,这些是出行者进行各种选择的重要依据。同时,交通选择还会受信息、价值标准、判断准确性以及理性程度等因素的综合影响。目前,国内外的研究学者在这个方面进行了广泛而深入的研究,取得了大量成果[38-53]。

假设从一个起点到一个终点的出行者数量是给定的,网络中连接这对起讫点的路径有很多条,那么如何将这些出行需求分配到这些路径上呢？显然,每位出行者总是试图选择从起点到终点之间成本最小的路径。如果他(她)们都选择同一条路径(假定该路径的出行成本是最小的),则这条路径上就会产生拥挤,导致出行成本上升,随着拥挤程度的增加,它将不再是最好的路径。此时,部分出行者将选择其他路径,被选择的路径上的成本也会随流量的上升而增加。出行者就这样不断地权衡,不断修改出行方案。只有当不存在出行者单方面改变其路径并能降低其出行成本时,才达到了一个稳定状态,也就是用户平衡(User Equilibrium,UE)状态,简称 UE 状态。

在经典的用户平衡理论中,假定网络中所有的出行者都试图选择成本最小的路径,且出行者能够准确掌握整个网络的运行状态,在这种假定条件下的用户平衡理论称为确定性的用户平衡。在实际的交通网络中,出行者对路径上的出行成本只能是估计,并且,不同出行者对出行成本的估计是不同的,将出行者对出行成本的估计值与实际值之间的差别看作随机变量,就是随机用户平衡(Stochastic User Equilibrium,SUE)方法。当出行者对出行成本的估计完全正确时,SUE 就转化为 UE。

近 20 年来,国内外学者开始研究交通网络动态流量分配(Dynamic Traffic Assignment,DTA)问题。相对于静态交通分配,DTA 的主要特征是将出行在网络上的二维问题变成了出行在空间及时间上的三维问题。按照研究方法的不同,国内外关于 DTA 的研究可以分为两类,即数学解析法和模拟仿真法。前者是后者的理论基础,而后者是前者的具体应用。尽管基于数学解析方法的 DTA 研究已经比较成熟,但实际的交通网络是一个极为复杂的巨系统,因此,很难建立起统一的数学解析模型来真实地刻画交通需求与其影响因素之间的动态关系,并

第8章 交通网络流量分析基础

且由于数学解析方法的计算过程非常复杂,在实际应用中,很少有基于数学解析方法的,大部分都是基于仿真的方法。

本章对交通网络流量分配问题的基础理论与方法进行了梳理和概括,本章的大部分内容来源于文献[106,107],读者可查阅这些文献以获得更为详细的说明。

为了保持一致性,本章中所用到的数学符号定义如下:

N ——交通网络中节点集合;

A ——交通网络中路段集合;

R ——产生交通量的起始节点集合,$R \subseteq N$;

S ——吸引交通量的终讫节点集合,$S \subseteq N$;

r ——表示一个起始节点,$r \in R$;

s ——表示一个终讫节点,$s \in S$;

K_{rs} ——连接 O-D 对 rs 的路径集合;

q_{rs} ——在所研究时段内从 r 到 s 的全部交通需求,即 O-D 量;

$\boldsymbol{q}$ ——O-D 需求量的列向量表示,即 $\boldsymbol{q} = (\cdots, q_{rs}, \cdots)^{\mathrm{T}}, r \in R, s \in S$;

f_k^{rs} ——O-D 对 rs 之间的第 k 条路径上的流量,$k \in K_{rs}$;

$\boldsymbol{f}^{rs}$ ——O-D 对 rs 之间的路径流量的列向量表示,即 $\boldsymbol{f}^{rs} = (\cdots, f_k^{rs}, \cdots)^{\mathrm{T}}, k \in K_{rs}$;

$\boldsymbol{f}$ ——所有路径流量的列向量表示,即 $\boldsymbol{f} = [\cdots, (\boldsymbol{f}^{rs})^{\mathrm{T}}, \cdots]^{\mathrm{T}}, r \in R, s \in S$;

c_k^{rs} ——O-D 对 rs 之间的第 k 条路径上的出行费用(通常用时间来衡量),$k \in K_{rs}$;

$\boldsymbol{c}^{rs}$ ——O-D 对 rs 之间的路径费用的列向量表示,即 $\boldsymbol{c}^{rs} = (\cdots, c_k^{rs}, \cdots)^{\mathrm{T}}, k \in K_{rs}$;

$\boldsymbol{c}$ ——所有路径费用的列向量表示,即 $\boldsymbol{c} = [\cdots, (\boldsymbol{c}^{rs})^{\mathrm{T}}, \cdots]^{\mathrm{T}}, r \in R, s \in S$;

x_a ——路段 a 上的交通流量,$a \in A$;

$\boldsymbol{x}$ ——路段流量的列向量表示,即 $\boldsymbol{x} = (\cdots, x_a, \cdots)^{\mathrm{T}}, a \in A$;

t_a ——路段 a 上的费用(通常用时间来衡量),$a \in A$;

$\boldsymbol{t}$ ——路段费用的列向量表示,即 $\boldsymbol{t} = (\cdots, t_a, \cdots)^{\mathrm{T}}, a \in A$;

$\delta_{a,k}^{rs}$ ——路段与路径之间的关联系数,如果路段 a 在连接 O-D 对 rs 的第 k 条路径上,则 $\delta_{a,k}^{rs} = 1$,否则 $\delta_{a,k}^{rs} = 0$;

$\boldsymbol{\Delta}^{rs}$ ——关联系数 $\delta_{a,k}^{rs}$ 的矩阵表示,即 $\boldsymbol{\Delta}^{rs} = [\delta_{a,k}^{ij}], a \in A, k \in K_{rs}$;

$\boldsymbol{\Delta}$ ——关联矩阵 $(\cdots, \boldsymbol{\Delta}^{rs}, \cdots), r \in R, s \in S$。

8.2 交通网络

网络被广泛地应用于描述各种社会结构、物理结构和信息结构,一般包含两个基本元素,即节点和连接节点的弧(有时也称为连线)。交通网络中的节点代表路口、车站或者区域中心等,而弧则表示连接节点之间的道路或者交通方式,交通网络中的弧也可以被称为路段。交通流量在网络中的移动是具有方向性的,因此,交通网络图一般都是有向网络。

关联矩阵表示法是描述网络的最常用方法之一,关联矩阵一般是二维或三维矩阵,它表示网络中不同元素之间或者与其他变量之间的关联关系。关联矩阵是交通网络拓扑的数学描述。

首先,可用关联矩阵 A 表示节点与节点之间的关系。当网络中每条路段都是双向连接时,所对应的关联矩阵是对称矩阵,一个具有 n 个节点的交通网络,其节点与节点之间关联矩阵的元素个数为 $n \times n$ 个。

$$A = \begin{bmatrix} a_{11} & a_{12} & \cdots & a_{1n} \\ a_{21} & a_{22} & \cdots & a_{2n} \\ \vdots & \vdots & & \vdots \\ a_{n1} & a_{n2} & \cdots & a_{nn} \end{bmatrix} \tag{8-1}$$

矩阵 A 中的元素为:

$$a_{ij} = \begin{cases} 1, & \text{节点 } i \text{ 与 } j \text{ 之间存在连接} \\ 0, & \text{节点 } i \text{ 与 } j \text{ 之间不存在连接} \end{cases} \tag{8-2}$$

此外,用矩阵 E 表示节点和路段之间的关联关系。一个具有 n 个节点、m 条路段的交通网络,其节点和路段之间的关联矩阵的元素个数是 $n \times m$ 个。关联矩阵 E 表示如下:

$$E = \begin{bmatrix} e_{11} & e_{12} & \cdots & e_{1m} \\ e_{21} & e_{22} & \cdots & e_{2m} \\ \vdots & \vdots & & \vdots \\ e_{n1} & e_{n2} & \cdots & e_{nm} \end{bmatrix} \tag{8-3}$$

矩阵 E 中的元素为:

$$e_{ia} = \begin{cases} 1, & \text{节点 } i \text{ 在路段 } a \text{ 的末端} \\ -1, & \text{节点 } i \text{ 在路段 } a \text{ 的始端} \\ 0, & \text{节点 } i \text{ 既不在路段 } a \text{ 的末端也不在始端} \end{cases} \tag{8-4}$$

在交通网络流量分析中,经常会用到的两个重要的关联矩阵是路段与路径之间的关联矩阵和 O-D 对与路径之间的关联矩阵。对于一个有 m 条路段的交通网络来说,如果有 p 条可行的路径,则路段与路径之间的关联矩阵可表示如下:

$$\Delta = \begin{bmatrix} \delta_{11} & \delta_{12} & \cdots & \delta_{1p} \\ \delta_{12} & \delta_{22} & \cdots & \delta_{2p} \\ \vdots & \vdots & & \vdots \\ \delta_{m1} & \delta_{m2} & \cdots & \delta_{mp} \end{bmatrix} \tag{8-5}$$

其中的元素为:

$$\delta_{a,k}^{rs} = \begin{cases} 1, & \text{路段 } a \text{ 在 O-D 对 } rs \text{ 之间的第 } k \text{ 条路径上} \\ 0, & \text{路段 } a \text{ 不在 O-D 对 } rs \text{ 之间的第 } k \text{ 条路径上} \end{cases} \tag{8-6}$$

也可以把上标 r 和 s 去掉,直接表示路段与路径之间的关系,即

$$\delta_{a,k} = \begin{cases} 1, & \text{路段 } a \text{ 在第 } k \text{ 条路径上} \\ 0, & \text{路段 } a \text{ 不在 O-D 对 } rs \text{ 之间的第 } k \text{ 条路径上} \end{cases} \tag{8-7}$$

假定在一个交通网络中,共有 w 个 O-D 对和 p 条路径,则 O-D 对与路径之间关联矩阵可表示如下:

$$\boldsymbol{B} = \begin{bmatrix} v_{11} & v_{12} & \cdots & v_{1p} \\ v_{21} & v_{22} & \cdots & v_{2p} \\ \vdots & \vdots & & \vdots \\ v_{w1} & v_{w2} & \cdots & v_{wp} \end{bmatrix} \tag{8-8}$$

其中的元素为:

$$v_k^{rs} = \begin{cases} 1, \text{路径 } k \text{ 连接 O-D 对 } rs \\ 0, \text{路径 } k \text{ 不连接 O-D 对 } rs \end{cases} \tag{8-9}$$

8.3 交通网络特性

交通网络的流量分析涉及很多因素,主要包括 O-D 需求、能力限制、费用函数等。下面对这些基本概念进行简单说明。

(1) O-D 需求

O-D 需求就是交通网络中某起点和某终点之间的出行需求量,通常用一个二维矩阵来表示。例如,有 r 个起节点和 s 个终节点的交通网络的 O-D 矩阵可表示如下:

$$\boldsymbol{Q} = \begin{bmatrix} q_{11} & q_{12} & \cdots & q_{1s} \\ q_{21} & q_{22} & \cdots & q_{2s} \\ \vdots & \vdots & & \vdots \\ q_{r1} & q_{r2} & \cdots & q_{rs} \end{bmatrix} \tag{8-10}$$

其中,q_{rs} 表示从起节点 r 到终节点 s 的出行需求。对于上面的 O-D 矩阵,有下式成立:

$$G_r = \sum_s q_{rs} \tag{8-11}$$

$$A_s = \sum_r q_{rs} \tag{8-12}$$

其中,G_r 表示起节点 r 的发生交通量;A_s 表示终节点 s 的吸引交通量。

(2) 通行能力

在道路交通网络中,通行能力是指在一定条件下,单位时间内,人和车辆能合理地期望通过道路某一断面或均匀路段,所能达到的最大流率。其含义是:在一定的道路条件、交通条件和管制条件下,保持规定的运行特性,在单位时间内,道路设施某特征地段能通过交通体的最大限制数量。在正常运行情况下,道路的交通量均小于通行能力,当交通量远远小于通行能力时,车流为自由流状态,车速快,驾驶自由度高;随着交通量的增加,车流的运行状态会逐渐恶化,当交通量达到其至超过通行能力时,车流为强制流状态,将会出现车流拥挤、阻塞等现象。由此可见,在交通流状态分析中,交通量和通行能力两者缺一不可,通行能力反映了道路的容量,交通量则反映了道路的负荷量。

(3) 费用函数

在一般的道路交通网络中,路径上的费用是由路段费用来表示的,而路段费用通常受路段流量的影响:路段流量越大,则在该路段上行驶的各种车辆之间的相互干扰就越明显;当流量达到一定程度时,该路段就会产生拥挤,车辆在该路段上的时间延误就会越大。在交通研究中,路段交通费用和路段流量之间的关系用一个函数来表示,这个函数称为路段费用函数,有时也称之为路段阻抗函数。

在分析实际的交通网络时,所用的路段费用函数十分简单,比如,实践中,最简单也是最常用的费用函数是由美国联邦公路局(Bureau of Public Roads)提供的,即 BPR 函数,如下式:

$$t_a = t_a^0 \left[1 + \alpha \left(\frac{x_a}{C_a} \right)^\beta \right] \tag{8-13}$$

式中:t_a、x_a——分别表示路段 a 上的费用和交通流量;

t_a^0——零流费用,即路段上的流量为零时一个出行单位在该路段所消耗的费用;

C_a——路段 a 上的实际通行能力;

α、β——校正参数。

通常,在交通网络中,流量和费用等指标需要满足以下几个基本条件。

(1)节点流量条件

对于交通网络中的节点来说,进入该节点的流量一定等于从该节点出来的流量,对节点 n,可以用下式来表示这种关系:

$$e_n^T x = 0 \tag{8-14}$$

式中:e_n^T——节点与路段的关联矩阵 E 中的第 n 行向量;

x——交通网络中的路段流量向量,即 $x = [x_1, x_2, \cdots, x_m]^T$。

上面的式子也可以理解为,路段上的流量之间是线性相关的。

(2)路段流量与路径流量的守恒关系

在交通网络中,路径是由路段组成的,不同的 O-D 对之间存在多条不同路径,而某条路段可能被多条路径使用。因此,路段流量等于使用该路段的所有路径流量之和,可用下面的式子表示:

$$x_a = \sum_r \sum_s \sum_k f_k^{rs} \delta_{a,k}^{rs} \quad (\forall a) \tag{8-15}$$

式中,f_k^{rs} 表示 O-D 对 rs 之间路径 k 上的流量。上式也可以用向量形式表示,即

$$x = \Delta f \tag{8-16}$$

式中:Δ——网络中路段与路径之间的关联矩阵;

f——路径流量的向量表示,即 $f = [f_1, f_2, \cdots, f_p]^T$。

(3)路径流量和 O-D 对需求量之间的守恒关系

在交通网络中,O-D 对需求量等于 O-D 对之间所有路径流量之和,表示为:

$$q_{rs} = \sum_k f_k^{rs} \quad (\forall r,s) \tag{8-17}$$

也可用矩阵表示为:

$$Q = Bf \tag{8-18}$$

(4)路径费用和路段费用之间的关系

在交通网络中,路径费用是由构成该路径的所有路段费用叠加而成的。路段费用与路径费用之间存在如下关系:

$$c_k^{rs} = \sum_a t_a \cdot \delta_{a,k}^{rs} \quad (\forall r,s,k) \tag{8-19}$$

也可以用矩阵及向量形式来表达上述关系,即

$$\boldsymbol{c} = \boldsymbol{\Delta}^{\mathrm{T}} \cdot \boldsymbol{t} \tag{8-20}$$

8.4 最短路径算法

在交通网络中,寻找某一 O-D 对之间的最小费用路径,简称最短路径算法。最短路径问题是计算机科学、运筹学、地理信息科学、交通运输等学科的一个研究热点,该算法是求解交通流量分配的核心问题,在交通网络分析中处于重要位置。该算法设计合理与否直接影响交通流量分配的运算效率。目前,求解最短路算法有很多,其中 Dijkstra 算法在交通网络分析中应用较广。

Dijkstra 算法用于计算从某一指定节点(称为根节点)到其他节点(称为终节点)的最短路。其基本思想是:反复扫描网络的节点,在每次扫描中,该方法试图发现从根节点到正在扫描的节点之间的、比现有路径更好的路径,当从根节点到所有其他节点之间没有更好的路径时,算法则停止搜索。

在此算法中,为每一个节点,如节点 i 设置两个记录:①标号 l_i ,即沿着最短路径从根节点到节点 i 的最小阻抗;②紧前节点 p_i ,即沿着最短路径到达节点 i 且最靠近 i 的节点。在每次扫描中,将紧前节点都记录下来,形成紧前节点序列,这是为了停止扫描时,能反馈最短路径的轨迹。在 Dijkstra 算法中,网络中所有的节点都要至少检查一遍,为了掌握节点被检查的动态,要设置检查列,检查列中包含正在和需要进一步检查的节点。标号列中记载各节点的标号。每进行一步新的扫描,标号列、紧前节点列和检查列就要更新一次,当检查列中不再有节点时,算法即停止。具体步骤如下。

步骤 1:初始化,置所有标号为无穷大(或一个很大的正数),置所有的紧前节点为零,将根节点 r 放入检查列中,并令 $l_r = 0$。

步骤 2:从检查列中任选一个节点,如 i 节点,扫描所有从 i 节点出发只经过一条弧便可到达的节点,如 j 节点,如果

$$l_i + t_{ij} < l_j \tag{8-21}$$

则更新 j 节点上的标号,令 $l_j = l_i + t_{ij}$,t_{ij} 是从节点 i 到节点 j 的弧上的阻抗;如果式(8-21)不成立,则 j 节点的标号不变;在改变节点 j 的标号的同时,修改 $p_j = i$,且将 j 加入检查列中(因为从节点 j 出发还可能到达其他节点)。

步骤 3:当从 i 出发只经过一条弧便可到达的所有节点都被检查过时,就从检查列中删除节点 i。

步骤 4:当检查列中不再有节点时,算法停止。

Dijkstra 算法的计算流程如图 8-1 所示,其中集合 L_i 表示从节点 i 出发只经过一条弧便可到达的节点集合。

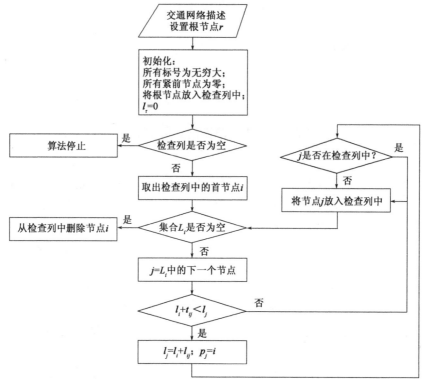

图 8-1 Dijkstra 算法流程

8.5 离散选择模型

在交通网络系统中,为了反映出行者在出行过程中进行交通选择的心理活动,可为每种出行方案确定一个效用值,效用值反映了如果出行者选择该方案将会获得的满足感。通常,影响出行效用的因素很多,还有不确定因素,因此,通常把出行效用看成随机变量。

用 N 表示可供出行者选择的方案集合,I 表示出行者的类型集合,则第 i 类型的出行者选择第 n 种方案的随机效用 U_n^i 可表示如下:

$$U_n^i = V_n^i + \varepsilon_n^i, n \in N, i \in I \tag{8-22}$$

其中,V_n^i 表示第 i 类型的出行者对第 n 种方案的可确定效用;ε_n^i 为随机项。

在交通系统中,出行者对第 n 种方案的可确定效用 V_n^i 包括很多因素,如时间、价格、换乘、舒适、方便等。通常,V_n^i 可表示为各种因素的加权和,即

$$V_n^i = \sum_m a_{n,i}^m x_n^m, n \in N, i \in I \tag{8-23}$$

其中,x_n^m 表示第 n 种方案的第 m 种特征变量;$a_{n,i}^m$ 为待定参数。

根据微观经济学的基本原则,出行者总是希望能够选择出行效用最大的方案出行,而出行效用是一个随机变量。因此,出行者的出行路径选择问题就变成了一个概率问题。出行者选

择某种方案的概率就是该方案的出行效用在所有可选方案中最大的概率,这个概率可表示如下:

$$p_n^i = \Pr(U_n^i \geq U_p^i, p \neq n, p \in N), n \in N, i \in I \tag{8-24}$$

将式(8-22)代入式(8-24)中,就可得到

$$p_n^i = \Pr(V_n^i + \varepsilon_n^i \geq V_p^i + \varepsilon_p^i) = \Pr(\varepsilon_n^i - \varepsilon_p^i \geq V_p^i - V_n^i), n \in N, i \in I \tag{8-25}$$

显然,如果知道效用函数(8-22)中的随机误差项 ε_n^i 的分布以及可确定效用的取值,则出行者路径选择概率就可以直接计算出来。

假定随机出行效用中的随机误差项 ε_n^i 相互独立,且服从如下形式的 Gumbel 分布(也称双指数分布):

$$F(\varepsilon_n^i) = e^{-e^{-\theta \varepsilon_n^i}}, n \in N, i \in I \tag{8-26}$$

那么,第 i 类出行者选择方案 n 的概率就满足如下的 Logit 形式:

$$p_n^i = \frac{e^{\theta V_n^i}}{\sum_{p \in N} e^{\theta V_n^i}}, n \in N, i \in I \tag{8-27}$$

其中,θ 为参数。可以证明,参数 θ 与随机误差项 ε_n^i 的方差成反比,它可以起到调节方差的作用。

Logit 模型的主要缺陷是其 IIA(Independence of Irrelevant Alternative)特性,所谓 IIA 特性,就是不考虑不同方案之间的相关性。IIA 特性使 Logit 模型在实际应用中具有优越性,例如,在模型标定时,对数据量的要求很低。然而,如果选择方案有较大的相关性,就会造成预测错误。

Probit 模型是交通研究中另一种常用的选择概率模型。假定随机出行效用中的随机误差项 ε_n^i 服从多维正态分布(Multi-Variant Normal Distribution,MVN),则所有误差的联合概率密度函数就是多变量正态分布函数。MVN 是众所周知的正态密度函数的多项式扩展,它描述了随机向量 $\boldsymbol{\varepsilon}^i = (\varepsilon_1^i, \varepsilon_2^i, \cdots, \varepsilon_N^i)$ 的分布,该向量有 N 期望值向量和 ($N \times N$) 阶协方差矩阵。

考虑一组备选方案的效用函数集合 $U_n^i = V_n^i + \varepsilon_n^i, n \in N, i \in I$,给定效用的数学期望值 $\boldsymbol{V}^i = (V_1^i, V_2^i, \cdots, V_N^i)$。

根据多维正态分布特性,可知随机效用 $\boldsymbol{U}^i = (U_1^i, U_2^i, \cdots, U_N^i)$ 服从多维正态分布,其期望值 $\boldsymbol{V}^i = (V_1^i, V_2^i, \cdots, V_N^i)$,其协方差矩阵为:

$$\begin{bmatrix} \theta V_1^i & \theta V_{1,2}^i & \cdots & \theta V_{1,N}^i \\ \theta V_{2,1}^i & \theta V_2^i & \cdots & \theta V_{2,N}^i \\ \vdots & \vdots & & \vdots \\ \theta V_{N,1}^i & \theta V_{N,2}^i & \cdots & \theta V_N^i \end{bmatrix} \tag{8-28}$$

其中,θ 为一个比例常数,可以表示为出行者对单位效用的理解方差;$V_{m,n}^i$ 表示备选方案 m 和备选方案 n 之间共有的一部分效用值。

累积正态分布函数不能以封闭的形式确定数值,标准的数值求解也非常困难,使得求解路径选择概率非常困难,对于维数 $N > 2$ 的情况,既不能求出概率的数学解析式,也难以用多重积分方法找出数值解,通常采用近似解析法(如 Clark 循环逼近法)或者模拟仿真方法(如 Monte-Carlo 仿真法)。

考虑一组备选方案的效用函数集合 $U^i = (U_1^i, U_2^i, \cdots, U_N^i)$，进行如下迭代。

步骤1：在每次迭代中，从概率密度函数里随机地抽取 N 个随机变量值，设第 k 次抽取的随机变量值为 $\varepsilon^{i(k)} = (\varepsilon_1^{i(k)}, \varepsilon_2^{i(k)}, \cdots, \varepsilon_N^{i(k)})$。

步骤2：将随机变量加到对应的期望效用值上，得 $U_n^{i(k)} = V_n^{i(k)} + \varepsilon_n^{i(k)}$，$n \in N$，$i \in I$。

步骤3：然后记录效用值最大的方案，即令 $U_n^{i(k)} \geq U_l^{i(k)}$（$\forall l \neq n$）的备选方案。

重复以上过程 K 次，设其中第 n 个备选方案被记录为效用值最大的次数是 K_n，显然

$$\sum_{n \in N} K_n = K \tag{8-29}$$

则第 n 个备选方案的选择概率可表示为：

$$p_n^i \approx \frac{K_n}{K}, \quad n \in N \tag{8-30}$$

根据大数定理，当 $K \to \infty$ 时，$p_n^i = K_n/K$，$n \in N$。

8.6 非平衡分配方法

在早期，缺乏系统理论和计算手段，在实践中所用到的交通网络流量分配方法不满足用户平衡条件，因此，将这些方法统称为非平衡分配方法。非平衡分配方法主要包括"全有全无"法、比例分配法、容量限制分配法以及多路径概率分配法等。

（1）"全有全无"分配法

"全有全无"分配法是最简单的分配方法，该方法假定路段阻抗为常数，O-D 需求全部分配在 O-D 对之间的最短路径上，其他路径上不分配交通量。具体计算步骤如下。

步骤1：初始化，设网络中所有路段流量 $x_a = 0$（$\forall a$），计算路段阻抗 t_a（$\forall a$）。

步骤2：根据 $\{t_a\}$，寻找网络中每个 O-D 对之间的最短路径。

步骤3：将 O-D 需求全部分配到相应的最短路径上，得到路段流量。

"全有全无"分配法的优点是计算简单，只需一次加载。其缺陷是不考虑网络中的拥挤，网络流量全部集中在最短路径上，显然这不符合实际的交通情况。

（2）容量限制分配法

容量限制分配法的基本思想是先假设网络中各路段的流量为零，计算路段阻抗并采用"全有全无"分配法加载 O-D 需求，然后重新计算路段阻抗，再执行"全有全无"加载，比较新的路段流量与前面的路段流量、新计算的路段阻抗与前面的路段阻抗，若比较接近，则停止计算。为避免算法不收敛的情况，美国联邦公路局对以上思想进行了改进，事先设定一个最大迭代次数 N（$N>4$），最后的配流结果为最后四次迭代的路段流量的平均值。该方法的计算步骤如下。

步骤1：初始化。令 $t_a^0 = t_a(x_a^0)$（$\forall a$），采用"全有全无"分配法将 O-D 量分配到网络上，得到路段流量 $\{x_a^0\}$，（$\forall a$），设迭代次数 $n = 1$。

步骤2：计算路段阻抗 $\tau_a^n = t_a(x_a^{n-1})$（$\forall a$），对路段阻抗加权平滑，计算 $t_a^n = 0.25\tau_a^n + 0.75 t_a^{n-1}$（$\forall a$）。

步骤 3：根据 $\{t_a^n\}$，采用"全有全无"分配法将 O-D 量分配到网络上，得到路段流量 $\{x_a^n\}$（$\forall a$）。

步骤 4：如果 $n = N$，则转入下一步；否则，令 $n = n + 1$，返回步骤 1。

步骤 5：根据下式计算最终的路段流量：

$$x_a^* = \frac{\sum_{l=0}^{N-1} x_a^{N-l}}{N} \quad \forall a \tag{8-31}$$

可以看到，容量限制分配法在考虑阻抗随流量变化的同时，路径选择仍按最短路径原则，当 O-D 间有多条可选路径时，若路段阻抗对流量的变化不是特别灵敏，那么该方法可能产生流量大部分集中在最短路径上而其他路径上没有流量的不合理分布。此外，这种算法通过设定最大迭代次数 N 使算法结束。当 N 的值增大时，配流结果更接近平衡解，但计算工作量将相应增加。

（3）比例分配法

比例分配法是在"全有全无"分配方法的基础上，考虑了路段流量对阻抗的影响，进而根据路段阻抗的变化来调整 O-D 需求的分配。该方法的基本思想是：先将 O-D 需求分为 N 份，然后分 N 次使用"全有全无"分配法，每次分配一份 O-D 量，每分配一次，路段阻抗就根据路段流量重新计算一次，直到把 N 份 O-D 量全部分配完。具体计算步骤如下。

步骤 1：初始化。令 $x_a^0 = 0$（$\forall a$），设迭代次数 $n = 1$。

步骤 2：以适当的形式分割 O-D 需求，即 $q_{rs}^n = \alpha_n q_{rs}$（$\forall r, s$），其中 α_n 表示第 n 份 O-D 量的比例。

步骤 3：计算路段阻抗 $t_a^n = t_a(x_a^{n-1})$。

步骤 4：采用"全有全无"分配法将第 n 份 O-D 量 q_{rs}^n 分配到网络中。

步骤 5：如果 $n = N$，则计算结束；否则，令 $n = n + 1$，返回步骤 2。

该方法的优点是简单可行，经常用于实践。其缺点是不满足用户平衡条件，配流结果与实际情况仍有差距。可以看出，当分割数 $N = 1$ 时，比例分配法就是"全有全无"分配方法；当 N 趋向于无穷大时，该方法将趋向于平衡分配结果。

（4）概率随机分配法

1971 年，Dial 发明了一个算法（Dial 算法），该算法能够在网络上有效地实现 Logit 模型。Dial 算法首先确定 O-D 间的有效路径，因为在实际网络中，有些路径是明显不会被出行者考虑的。其有效路段的定义是：当路段 (i, j) 的上游端点 i 比下游端点 j 离起点 r 近，而且 i 比 j 离终点 s 远，则该路段属于有效路径上的路段，否则不属于有效路径。

Dial 算法的具体步骤如下。

步骤 1：初始化。确定有效路径以及计算路段似然值。

①计算从起点 r 到所有节点 i 的最小阻抗，记为 $r(i)$；

②计算从所有节点 i 到终点 s 的最小阻抗，记为 $s(i)$；

③定义 $\boldsymbol{O}_i$ 为路段起点为 i 的路段终点的集合；

④定义 $\boldsymbol{D}_i$ 为路段终点为 i 的路段起点的集合；

⑤对每个路段 (i, j)，根据下式计算路段似然值 $L(i, j)$：

$$L(i,j) = \begin{cases} \exp\{\beta[r(j) - r(i) - t(i,j)]\} & [r(i) < r(j) \text{ 且 } s(i) > s(j)] \\ 0 & [\text{其他情况}] \end{cases} \quad (8-32)$$

步骤 2：从起点 r 开始按照 $r(i)$ 上升的顺序，向前计算路段权重。

从起点 r 开始，按照 $r(i)$ 的上升顺序依次考虑每个节点，对每个节点，计算离开它的所有路段的权重值，对于节点 i，其权重 $W(i,j)(j \in O_i)$ 的计算公式为：

$$W(i,j) = \begin{cases} L(i,j) & (i = r, \text{即节点 } i \text{ 是起点}) \\ L(i,j) \cdot \sum_{m \in D_i} W(m,i) & (\text{其他情况}) \end{cases} \quad (8-33)$$

当到达终点 s，即 $i = s$ 时则停止权重的计算。

步骤 3：从终点 s 开始，按照 $s(j)$ 上升的顺序，向后计算路段交通量。

从终点 s 开始，按照 $s(j)$ 的上升顺序依次考虑每个节点，对每个节点，计算进入它的所有路段的交通量，对于节点 j，其交通量 $x(i,j)(i \in D_j)$ 的计算公式为：

$$x(i,j) = \begin{cases} q_{rs} \dfrac{W(i,j)}{\sum_{m \in D_j} W(m,j)} & (j = s, \text{即节点 } j \text{ 是目的地}) \\ \left[\sum_{m \in O_j} x(j,m)\right] \dfrac{W(i,j)}{\sum_{m \in D_j} W(m,j)} & (\text{其他情况}) \end{cases} \quad (8-34)$$

当到达起点 r，即 $j = r$ 时，停止计算。

8.7 用户平衡配流方法

在实际研究过程中，人们逐渐认识到，正确的网络流量分配应能较好地再现实际交通状态，而实际交通状态是众多出行者路径选择的结果。基于此认识，以出行者路径选择行为分析为基础的交通网络平衡理论逐步发展起来。

1952 年，Wardrop 提出平衡分配原则；1956 年，Beckmann 建立了满足平衡条件的数学优化模型；1979 年 Smith 提出了相应的变分不等式模型。他们的研究工作使得交通网络平衡理论形成了较为完整的体系。

Wardrop 平衡原则可归纳为：当交通网络的流量分配达到平衡时，在任意 O-D 对之间所有可供选择的出行路径中，出行者所采用的各条路径上的出行费用均相等，且不大于未被使用路径上的出行费用。满足以上原则的交通流分配方法称为用户平衡（User Equilibrium，UE）配流方法。

在 Wardrop 提出交通网络平衡原则之后，1956 年，Beckmann 采用数学的形式对该原则进行了描述，即在交通网络平衡状态下，路径费用和路径流量之间存在如下关系：

$$\mu_{rs} - c_k^{rs} \begin{cases} = 0 & (f_k^{rs} > 0, \forall k, r, s) \\ \leqslant 0 & (f_k^{rs} = 0, \forall k, r, s) \end{cases} \quad (8-35)$$

其中，μ_{rs} 表示交通网络平衡状态下 O-D 对 rs 之间的最小出行费用。

Beckmann 将满足平衡条件式(8-35)的交通流量分配问题归纳为如下形式的数学优化问题:

$$\min Z(\boldsymbol{x}) = \sum_a \int_0^{x_a} t_a(w)\,\mathrm{d}w \tag{8-36a}$$

$$\text{s.t.} \quad \sum_k f_k^{rs} = q_{rs} \quad (\forall r,s) \tag{8-36b}$$

$$x_a = \sum_r \sum_s \sum_k f_k^{rs} \cdot \delta_{a,k}^{rs} \quad (\forall a) \tag{8-36c}$$

$$f_k^{rs} \geq 0 \quad (\forall k,r,s) \tag{8-36d}$$

在上述优化模型中,路段流量 x 为决策变量,等式约束(8-36b)表示路径流量与 O-D 需求量之间的守恒关系,等式(8-36c)则给出了路段流量与路径流量之间的关联关系,而不等式约束(8-37d)保证所有的路径流量为非负值。

在上面的模型中,对于路段费用函数 $t_a(x_a)$ 有两个隐含的假定条件:一是假定路段费用仅仅是该路段流量的函数,而与其他路段上的流量没有关系;另一个是假定路段费用是流量的严格增函数,这就是拥挤效应。显然,前面提到的 BPR 函数满足这两个条件。这两个假设可表达为如下数学形式:

$$\frac{\partial t_a(x_a)}{\partial x_b} = 0 \quad (\forall a \neq b) \tag{8-37}$$

$$\frac{\partial t_a(x_a)}{\partial x_a} > 0 \quad (\forall a) \tag{8-38}$$

在 Beckmann 提出平衡配流模型之后,由于缺乏有效的求解方法,交通平衡理论并没有在实际中得以应用。在该模型沉睡了将近 20 年后,Murchland 将求解非线性规划问题的 Frank-Wolfe 算法(F-W 算法)应用在求解 Beckmann 模型上,而 Abdulaal 和 LeBlanc 将该算法应用于一个实际的小型交通网络,进而促进了交通平衡理论在实际中的应用和发展。

F-W 算法属于方向搜索法中的一种,该算法主要由两部分组成:一是在每次迭代中确定搜索方向;二是确定搜索步长。确定搜索方向是通过求解一个满足相应约束条件的线性规划问题来实现的。将 F-W 算法应用到求解 Beckmann 模型,由于问题的特殊性,线性规划问题可以转换为"全有全无"配流问题;而迭代步长则是通过求解一维极值问题得到。F-W 算法的具体步骤如下。

步骤1:初始化。令 $x_a = 0(\forall a)$,根据路段费用函数计算 $t_a^{(0)}(\forall a)$;然后用"全有全无"配流方法将 O-D 需求量加载到交通网络上,得到路段流量 $x_a^{(0)}(\forall a)$,并置迭代次数 $n=1$。

步骤2:计算路段费用。根据路段费用函数,计算 $t_a^{(n)} = t_a(x_a^{(n)})(\forall a)$。

步骤3:确定搜索方向。根据 $t_a^{(n)}(\forall a)$,用"全有全无"配流方法将 O-D 需求量加载到路网中,得到路段流量 $y_a^{(n)}(\forall a)$。

步骤4:确定迭代步长。求解如下一维搜索问题,得出最优解为 $\alpha^{(n)}$:

$$\min Z\{\boldsymbol{x}^{(n)} + \alpha^{(n)}[\boldsymbol{y}^{(n)} - \boldsymbol{x}^{(n)}]\} \tag{8-39a}$$

$$\text{s.t.} \quad 0 \leq \alpha^{(n)} \leq 1 \tag{8-39b}$$

步骤5：更新路段流量。计算：

$$x_a^{(n+1)} = x_a^{(n)} + \alpha^{(n)}[y_a^{(n)} - x_a^{(n)}] \quad (\forall a) \tag{8-40}$$

步骤6：收敛性检查。如果满足下面的收敛性条件，则算法终止，其最优解为 $x_a^{(n+1)}(\forall a)$；否则，令 $n = n + 1$，转到步骤2。

$$\frac{\sqrt{\sum_a [x_a^{(n+1)} - x_a^{(n)}]^2}}{\sum_a x_a^{(n)}} \leq \varepsilon \tag{8-41}$$

其中，ε 为预先给定的计算精度。

MSA（Method of Successive Average）算法也是求解交通网络平衡问题的常用方法，实际上该算法可看成 F-W 算法的变种算法。该算法由于具有较好的实用性，在交通网络流量分配以及优化方面有着广泛的应用。MSA 算法的具体过程如下。

步骤1：初始化。令 $x_a = 0(\forall a)$，根据路段费用函数计算 $t_a^{(0)}(\forall a)$；然后用"全有全无"配流方法将 O-D 需求量加载到交通网络上，得到路段流量 $x_a^{(0)}(\forall a)$，并置迭代次数 $n = 1$。

步骤2：计算路段费用。根据路段费用函数，计算 $t_a^{(n)} = t_a(x_a^{(n)})(\forall a)$。

步骤3：确定搜索方向。根据 $t_a^{(n)}(\forall a)$，用"全有全无"配流方法将 O-D 需求量加载到交通网络上，得到路段流量 $y_a^{(n)}(\forall a)$。

步骤4：按照如下式子更新路段流量：

$$x_a^{(n+1)} = x_a^{(n)} + \frac{y_a^{(n)} - x_a^{(n)}}{n} \quad (\forall a) \tag{8-42}$$

步骤5：收敛性检查。如果满足收敛性准则，则算法终止，其最优解为 $x_a^{(n+1)}(\forall a)$；否则，令 $n = n + 1$，转到步骤2。

该算法的主要思想就是将迭代过程中一系列的辅助点进行平均，其中每一个迭代点都是通过求解辅助规划问题得来的，而辅助规划问题又是基于前面迭代过程中的辅助。例如，在第 n 次迭代中，通过求解最短路问题而得到辅助迭代点 $\boldsymbol{y}^{(n)}$，则

$$\boldsymbol{x}^{(n+1)} = \boldsymbol{x}^{(n)} + \frac{\boldsymbol{y}^{(n)} - \boldsymbol{x}^{(n)}}{n} \tag{8-43}$$

展开上式的右项，可以得出如下关系：

$$\boldsymbol{x}^{(n+1)} = \frac{n-1}{n}\boldsymbol{x}^{(n)} + \frac{\boldsymbol{y}^{(n)}}{n} = \frac{n-1}{n}\left[\frac{n-2}{n-1}\boldsymbol{x}^{(n-1)} + \frac{\boldsymbol{y}^{(n-1)}}{n-1}\right] + \frac{\boldsymbol{y}^{(n)}}{n} = \frac{n-2}{n}\boldsymbol{x}^{(n-1)} + \frac{\boldsymbol{y}^{(n-1)} + \boldsymbol{y}^{(n)}}{n}$$

以此类推，进而可以得出：

$$\boldsymbol{x}^{(n+1)} = \frac{1}{n} \cdot \sum_{l=1}^{n} \boldsymbol{y}^{(l)} \tag{8-44}$$

可见，在 MSA 算法中，每次迭代所产生的新的迭代点 $\boldsymbol{x}^{(n+1)}$ 其实是前面产生的 n 个辅助迭代点的平均值。

对比 F-W 算法可以看出，MSA 算法的优点是在每次迭代过程中，不需要通过求解一维搜索问题而得到迭代步长。因而 MSA 算法计算简单，具有显著的实用价值。然而，该方法的不足之处在于收敛速度较慢。

8.8 随机平衡配流方法

基于 Wardrop 平衡原则的交通网络配流模型均基于两个假定条件:一是假定出行者能够准确掌握交通网络的状态,也就是说,能够准确地计算每条路径上的费用,从而完全正确地选择最短路径;二是假定出行者的计算能力和选择标准都是相同的。显然,这两个假设条件并不符合现实。在实际的出行过程中,出行者对交通网络状况不可能完全了解,而且存在一些难以量化的因素,因此,应该将路径费用视为一个随机变量。如果仍采用 Wardrop 平衡原则作为出行者的路径选择原则,那么这里的最短路径为估计最短路径。不同的出行者对最短路径的估计是不同的,对于某一个特定的出行者来说,他(她)总是选择最小估计费用的路径出行,这样的平衡配流问题称为随机用户平衡(Stochastic User Equilibrium,SUE)配流问题。

所谓随机用户平衡状态是指这样一种交通流分布形态:任何一个出行者都不可能通过单方面改变出行路径来减少自己的估计费用。也可以这样描述:在 O-D 对之间所有可供选择的路径中,使用者所利用的各条路径的出行费用的期望值全都相等,而且不大于未被利用路径的出行费用的期望值。显然,随机用户平衡分配中出行者的路径选择行为仍然遵循 Wardrop 第一原则,只不过用户选择的是估计费用最小的路径而已。

假定出行者对交通网络中的路段费用估计由可确定的费用以及随机误差组成,并假定随机误差的数学期望值为 0,则出行者对路段的估计费用可表示如下:

$$T_a = t_a(x_a) + \varepsilon_a \quad (\forall a) \tag{8-45}$$

其中,T_a 表示出行者对路段 a 的估计费用;$t_a(x_a)$ 表示路段 a 可以确定的费用,和路段流量成单调递增关系,即表现为拥挤效应;ε_a 表示出行者对路段 a 费用估计的随机误差,且其数学期望为 0,即 $E[\varepsilon_a] = 0$。

显然,路段估计费用 T_a 为随机变量,且 $E[T_a] = t_a(\forall a)$。

假定在交通网络 $G = (N,A)$ 中,O-D 对 rs 之间存在有效路径集合 K_{rs}。同样地,出行者对交通网络中的路径费用估计值 C_k^{rs} 可表示为组成该路径的所有路段费用之和,即

$$C_k^{rs} = \sum_a T_a \cdot \delta_{a,k}^{rs}, \quad \forall r,s, k \in K_{rs} \tag{8-46}$$

显然,根据随机变量的累加性,C_k^{rs} 也是随机变量,其期望值为 c_k^{rs},则

$$c_k^{rs} = \sum_a t_a \cdot \delta_{a,k}^{rs}, \quad \forall r,s, k \in K_{rs} \tag{8-47}$$

每条路径的估计费用是随机变量,因此,具有相应的概率分布特征,对于某一特定的出行者,每条路径均有一个被选择的概率。随机平衡配流模型就是研究在路径费用分布函数的基础上,计算有多少出行者选择每一条路径。根据经济学原理,连接 O-D 对 rs 之间的路径 k 被出行者选择的概率 P_k^{rs},就是其估计费用在该 O-D 对间所有可能路径估计费用中为最小的概率,即

$$P_k^{rs} = \Pr(C_k^{rs} \leqslant C_l^{rs}, \forall l \neq k)(\forall r,s, k \in K_{rs}) \tag{8-48}$$

应该注意到,上述选择概率是一个条件概率,即它是在平衡状态的路段费用期望值的条件下确定的概率。

由随机平衡配流的定义可知,在这种平衡状态下,某个 O-D 对之间所有已被选用的路径上,并不一定有相同的实际费用值,而是选择路径的流量满足下述条件:

$$f_k^{rs} = q_{rs} \cdot P_k^{rs} \quad (\forall r,s,k \in K_{rs}) \qquad (8-49)$$

在式(8-49)中,路径流量 f_k^{rs} 与 P_k^{rs} 有关,而 P_k^{rs} 与实际路径费用大小有关,估计路径费用大小与实际路段费用有关且是随机变量,实际路段费用又是流量的函数,如此循环,最终达到 SUE 条件。因此,SUE 问题更具有普遍性,UE 仅是 SUE 的一种特例,如果估计费用的方差为 0,则 SUE 就变成 UE。

SUE 问题是由 Daganzo 和 Sheffi 于 1977 年首次提出来的,而 Sheffi 和 Powell 则提出了如下的数学规划模型来描述该问题,并证明了该模型的等价性和解的唯一性。

$$\min Z(\boldsymbol{x}) = -\sum_r \sum_a q_{rs} \cdot S_{rs}[\boldsymbol{c}^{rs}(\boldsymbol{x})] + \sum_a \left[x_a \cdot t_a(x_a) - \int_0^{x_a} t_a(w) \mathrm{d}w \right] \qquad (8-50)$$

在上述模型中,$S_{rs}[\boldsymbol{c}^{rs}(\boldsymbol{x})]$ 被称为 O-D 对 rs 之间的期望估计费用,即

$$S_{rs}[\boldsymbol{c}^{rs}(\boldsymbol{x})] = E[\min_{k \in K_{rs}}\{C_k^{rs}\} \mid \boldsymbol{c}^{rs}(\boldsymbol{x})] \quad (\forall r,s) \qquad (8-51)$$

式(8-51)说明,C_k^{rs} 相对于 $\boldsymbol{c}^{rs}(\boldsymbol{x})$ 的条件期望值可只在路段流量向量 $\boldsymbol{x}$ 上计算。期望估计费用具有两个非常重要的性质:其一是该变量相对于 $\boldsymbol{c}^{rs}$ 是凹的;其二是

$$\frac{\partial S_{rs}(\boldsymbol{c}^{rs})}{\partial c_k^{rs}} = P_k^{rs}, \quad k \in K_{rs} \qquad (8-52)$$

模型(8-52)没有任何直观的行为或经济上的解释,不过可以证明它的解满足 SUE 条件。可以证明,目标函数 $Z(\boldsymbol{x})$ 的 Hessian 阵虽然是不确定矩阵,但其在平衡点上是正定的,即平衡点是该优化问题的一个局部极小点,而且 $Z(\boldsymbol{x})$ 是严格凸的,该局部极小点是全局极小点。

对于 SUE 模型(8-51),采用常规的下降方向法进行求解很难实现。通常,采用 MSA 算法求解该模型,具体步骤如下。

步骤1:初始化。按照各路段的初始费用 $\{t_a^0\}$($\forall a$)进行一次随机分配,得到各路段的分配交通量 $\{x_a^{(1)}\}$($\forall a$),设迭代次数 $n = 1$。

步骤2:按照当前各路段的分配交通量 $\{x_a^{(n)}\}$($\forall a$),计算各路段的出行费用 $\{t_a^{(n)}\}$($\forall a$)。

步骤3:按照 $\{t_a^{(n)}\}$($\forall a$)将 O-D 需求量进行一次随机配流,得到各路段的附加交通流量 $\{y_a^{(n)}\}$($\forall a$)。

步骤4:按如下式子计算各路段新的交通量:

$$x_a^{(n+1)} = x_a^{(n)} + \frac{1}{n}(y_a^{(n)} - x_a^{(n)}) \quad (\forall a) \qquad (8-53)$$

步骤5:收敛性检查。如果 $\{x_a^{(n+1)}\}$($\forall a$)满足收敛条件,则停止计算;否则,令 $n = n+1$,返回步骤2。

在上述算法中,每次迭代都需要进行一次网络随机流量分配过程。求解该随机配流过程的算法通常可以分为两类:基于 Probit 的随机配流和基于 Logit 的随机配流。前者应用 Monte-Carlo 等随机模拟方法产生路段费用的估计值,然后进行"全有全无"分配,关于 Monte-Carlo 模拟方法在前面已进行了介绍;后者则应用 Logit 模型计算不同路径上的出行量比例,并由此进

行配流。Dial 算法是最常用的基于 Logit 的随机配流方法。

Fisk 于 1980 年提出了如下 SUE 模型,在模型中,O-D 需求量已知,路径流量被视为变量,模型的解满足 Logit 形式的路径选择公式。

$$\min Z(f) = \frac{1}{\theta} \sum_r \sum_s \sum_{k \in K_{rs}} f_k^{rs} \ln f_k^{rs} + \sum_a \int_0^{x_a} t_a(w) \mathrm{d}w \tag{8-54a}$$

$$\text{s.t.} \sum_{k \in K_{rs}} f_k^{rs} = q_{rs} \quad (\forall r,s) \tag{8-54b}$$

$$x_a = \sum_r \sum_s \sum_{k \in K_{rs}} f_k^{rs} \cdot \delta_{a,k}^{rs} \quad (\forall a) \tag{8-54c}$$

$$f_k^{rs} \geq 0 \quad (\forall r,s,k \in K_{rs}) \tag{8-54d}$$

式中,θ 是一个非负的校正参数,它决定了整个模型的随机特性。当 $\theta \to \infty$ 时,目标函数的第二项就会控制整个函数,模型就变为一个标准的 UE 问题;当 $\theta \to 0$ 时,O-D 需求 q_{rs} 将均匀地分布到网络上,相当于令所有路径的费用都相等。事实上,它说明 θ 增大时,路段费用方差减小,整个模型向确定性的 UE 接近。但是,模型从外表上看不是一个随机配流模型,却含有 Logit 形式随机配流问题的全部特征。

因为 Fisk 随机用户平衡模型中用到路径变量,而在交通网络中,路径数目一般远远大于路段数目,所以,求解 Fisk 模型的难点在于如何列出 O-D 对之间的路径。在这里,介绍一种算法,这种算法是由 Huang 于 1995 年提出的,具体步骤如下。

步骤 1:确定 O-D 对之间有效路径的集合 $K_{rs}(\forall r,s)$。

步骤 2:根据 $\{t_a(0)\}(\forall a)$ 计算有效路径的费用,然后根据 Logit 模型计算初始路径流量 $f_k^{rs(0)}(\forall r,s,k \in K_{rs})$,置迭代次数 $n = 1$。

步骤 3:由 $f_k^{rs(n)}$ 计算新的路径费用,再用 Logit 模型计算新的路径流量 $l_k^{rs(n)}$。

步骤 4:确定搜索步长。通过线性搜索得到迭代步长 α^n。

步骤 5:更新路径流量 $f_k^{rs(n+1)} = f_k^{rs(n)} + \alpha^n (l_k^{rs(n)} - f_k^{rs(n)})(\forall r,s,k \in K_{rs})$。

步骤 6:收敛性检查。若满足收敛条件,则停止迭代;否则,令 $n = n + 1$,转步骤 3。

此算法实际上是凸组合迭代算法,其特点是以路径变量做直接迭代变量,所以占用内存与计算时间都较多。

第9章　城市轨道交通乘客出行行为分析

城市轨道交通网络流量是所有乘客路径选择行为的聚集结果,在大规模城市轨道交通网络中,乘客路径选择具有多样性和复杂性。分析网络化条件下影响乘客路径选择的主要因素对于构建网络流量分配模型非常必要。本章通过问卷调查的形式采集了乘客路径选择的相关数据,分析了影响路径选择的主要因素,并描述了不同乘客在路径选择行为上的差异性。

9.1　乘客出行行为定性分析

通过行为科学的研究可知,人们的选择行为通常是受其心理要求支配的,出行行为是受人们的出行需求心理支配的。按照心理学的解释,人的出行行为可以描述为下面的过程:出行者在产生某种出行需求之后,便会根据自身及外界的各种条件(供给条件),选择一种具体的实现过程。由于在这个过程受某些动态条件的制约,选择的具体行为可能发生变化,但是出行者的效用分析和决策原则一般不会发生变化。

使出行活动成为现实的出行者,是作为社会中个体的人与运输系统相结合的那部分人群,这些人因出行这一共同行为集合在一起,形成一个临时的群体。在出行者群体中,每一出行者既表现出个性心理特征和倾向,又表现出共性心理特征和倾向,以及群体的心理特征和倾向。出行者这一特定的群体,在出行中所表现出的一切心理活动,以及在心理活动支配下产生的一切行为结果,不仅受运输系统这一特定的环境内的因素影响,同时还受运输系统外的其他因素的影响。

一般情况下,影响出行行为的因素主要包括以下几个方面。

(1)社会经济因素

出行是由许多社会经济因素决定的,包括所研究地区的经济发展水平、产业结构、资源分布、自然地理条件、人的行为因素、政策因素、用地规划、发展规划、建设规划等。这些因素又可概括为经济因素、政策因素、文化因素、信息技术因素和其他因素。

经济因素。任何一个国家或地区的交通发展变化都是服务于国民经济发展和人民生活水平的提高这一根本目的的,因此,国民经济与出行生成之间有着密切的关系。经济水平的提高、产业结构的变化、经济体制的改革与完善等都会影响出行的发生和吸引总量。

政策因素。随着经济的发展,各地区为了满足不断变化的运输需求以及达到未来交通与经济协调发展的目标,常常制定一些运输产业政策,包括投资、运费、税收和信贷等,这些政策不可避免地会对出行发生、吸引产生影响。同属一种经济体制下的各级行政区,采取不同的经济政策、交通政策、税收政策等也会改变其在国家经济系统中的地位,减弱或增强该区域的吸引力,从而导致出行发生与吸引的变化。

文化环境因素。文化环境因素包括出行者所处的文化环境、参照群体对出行者的影响、出行者的心理因素等。出行者所处的文化环境对其出行行为有较深远的影响,主要的外在表现是其选择交通方式时的价值观,即对衡量交通运输服务质量六个指标(安全性、舒适性、快速性、便捷性、准时性、经济性)重要性的排序。出行者的心理因素在交通方式的选择方面的表现包括对衡量客运服务质量的六个指标的考虑、炫耀心理、从众心理、享受心理等。

信息技术因素。信息技术对交通运输的促进作用是有目共睹的,两者之间具有相互促进和相互替代的关系。在通信不够发达或不能提供方便的服务时,交通运输的客运量中有相当一部分客流的出行目的是进行信息交换。随着经济的发展和人们对时间、信息的价值观日益增强,现代通信方式将逐步成为社会化的交流手段;同时,信息技术的发展,也会对出行行为产生巨大的影响。

其他因素。其他因素包括地理区位、自然条件、气候条件、历史因素、技术的改进等。地理区域、自然条件在很大程度上决定了地区发展运输产业的政策,从而直接影响该地区的客、货运产生,吸引量;气候条件往往使客、货运交通产生一定程度的季节性,使得出行发生、吸引量在时间上存在一系列的差异性。

(2)出行者特性

出行者的经济收入是出行者出行行为的决定性因素。经济收入代表了个体的购买力,而购买容量和购买意愿在很大程度上取决于购买力。出行者正是在本人经济承受能力与出行需求之间寻找平衡点,其具体的表现主要是出行者对交通方式及出行路线的选择,有时也会影响出行者对出行目的和出行目的地的选择。

出行者的年龄、性别、学历、职业等属于出行者的个体因素。这些因素对出行者的出行行为有一定的影响,它们是通过影响出行者对交通运输服务质量六个指标(安全性、舒适性、快速性、便捷性、准时性、经济性)的重要程度的认识,以及六个指标的期望值来影响出行者的出行行为的。

(3)出行特性

出行目的。出行的目的主要包括上班、上学、公务、旅游、购物、文娱体育、探亲访友、看病等。不同出行目的出行者的出行需求是不一样的。就衡量交通运输服务质量的六个指标而言,出差的出行者属公费旅行,因而对经济性的需求会弱一些,对舒适性、快速性、便捷性的需求会强烈一些;而自费出行的一般出行者对经济性的需求往往是比较强烈的。

出行距离。出行距离的远近对出行者的出行行为有较大的影响,不同交通方式针对不同出行距离的优势也是不同的。

出行时间。出行时间从广义上来说主要包括出行的开始时间与出行的消耗时间。开始时间一般与出行需求的产生时间以及出行目的的需求、出行距离、出行消耗时间有关。出行消耗时间与交通运输系统的供应条件、社会经济发展情况、出行者数量等因素有关。

出行费用。出行费用是一个综合指标,在某种程度上与交通运输系统的供应条件、出行距离、定价方式与原则、社会经济发展状况、政策因素等有关。

(4)交通运输系统特性

交通运输系统特性因素主要包括交通运输供应特性因素、运输定价原则因素、交通运输流特性因素。

交通运输供应特性因素。交通运输供应特性因素包括运输系统特征和运输消耗。运输系统特征包括旅行时间、运输能力、运行区间以及运输效率等,运输消耗包括运输系统的建设费用、保养费用及运营费用等。出行需求的满足受到交通运输供给的限制,这种限制来自交通运输企业的运能、运价以及需求本身的时间和空间因素。通常,运输供给能力越大,运输需求的满足程度越高。

运输定价原则因素。运价是一个综合指标,从宏观上分析,影响运价的因素很多,包括国家政策、顾客偏好、消费习惯、运输成本、供需状况、竞争等。从出行需求的角度考虑,运价的影响因素包括出行量、消费心理(主要包括出行成本、出行时间、出行的安全性与舒适性等方面)、地区经济发展水平和人口增长速度、物价波动、环境污染和交通安全等。

交通运输流特性因素。从交通需求与供应特性分析,交通运输流的产生及时空分布取决于城市土地空间布局和交通组织。交通运输流特性主要由出行者的交通选择行为所决定,即体现为一种受最短时间距离支配的自适应反馈平衡机制。出行者的交通选择行为主要包括交通方式选择以及路径选择。影响出行者对交通方式选择的外在因素包括交通政策和地理环境等。影响出行者对交通方式选择的内在因素有时间、费用、舒适度、生活水平、出行目的等。影响出行者路线选择的因素很多,道路方面的因素包括行程时间、行驶距离、路线所经交叉口数量及控制方式、行程时间可靠性、交通安全、道路干扰因素等,出行者的个人因素包括出行经验、个人偏好、出行目的以及距离等。

9.2 问卷调查

问卷调查是一种发掘事实现状的研究方式,研究者把所要研究的事项做成"问题"或"表格",以邮寄或访问的方式,请有关的人如实填答。问卷调查能使研究者直接由受试者获得资料,以测量受试者个人的所知所闻、个人的喜好与价值观或个人的态度信念,也可以用问卷调查法去发现事实及经验。

问卷又称调查表,是社会调查研究中收集资料的一种工具,是以问题的形式系统地记载调查内容的一种印件,其实质是为了收集人们对于某个特定问题的态度、行为特征、价值观、观点或信念等信息而设计的一系列问题。

通常,问卷设计包括以下几个步骤。

(1) 把握目的和内容

问卷设计的第一步就是要把握调研的目的和内容,这一步骤的实质其实就是规定设计问卷所需的信息。对于直接参与调研方案设计的研究者来说,可以跳过这一步,从问卷设计的第二个步骤开始。但是,对那些从未参与方案设计的研究者来说,着手进行问卷设计时,首要的工作是充分地了解本项调研的目的和内容。

(2) 搜集资料

问卷设计是一种需要经验和智慧的技术,它缺乏理论,因为没有什么科学的原则来保证得到一份最佳的或理想的问卷(与其说问卷设计是一门科学,还不如说是一门艺术)。搜集有关资料的目的主要有三个:其一是帮助研究者加深对所调查研究问题的认识,其二是为问题设计提供丰富的素材,其三是形成对目标总体的清楚概念。

(3) 确定调查方法

不同类型的调查方式对问卷设计是有影响的。在面访调查中,被调查者可以看到问题并可以与调查人员面对面地交谈,因此可以询问较长的、复杂的和各种类型的问题。在电话访问中,被调查者可以与调查员交谈,但是看不到问卷,这就决定了只能问一些短的和比较简单的问题。邮寄问卷是被调查者自己独自填写的,被调查者与调研者没有直接的交流,因此问题也应简单些,并要给出详细的指导语。人员面访和电话访问的问卷要以对话的风格来设计。

(4)确定内容

一旦决定了访问方法的类型,下一步就是确定每个问答题的内容:每个问答题应包括什么,以及由此组成的问卷应该问什么,是否全面与切中要害。

本次关于城市轨道交通乘客路径选择行为的问卷调查选取了典型的真实 O-D 对,并给出相应的真实有效路径作为模拟场景。同时,为了掌握不同类人群对于换乘次数、换乘时间和乘车时间的敏感度,选择的路径包含不需要换乘但总运行时间最长的路径,又包含换乘次数一次或多次,但乘车时间相对较短的路径。此次调查问卷中具体的路径意愿调查中路径的信息见表 9-1、表 9-2。

O-D 对西直门—芍药居之间路径信息　　　　　　表 9-1

路径	乘车时间(min)	换乘次数	换乘时间(min)
路径1	45	0	0
路径2	25	1	5
路径3	20	2	10
路径4	15	1	13

O-D 对西单—安定门之间路径信息　　　　　　表 9-2

路径	乘车时间(min)	换乘次数	换乘时间(min)
路径1	20	1	5
路径2	15	2	8
路径3	25	1	3

城市轨道交通乘客出行行为调查问卷的具体内容如下:

(一)意愿调查

1.要从西直门坐地铁到芍药居,您会选择以下哪条路线?(　　　)

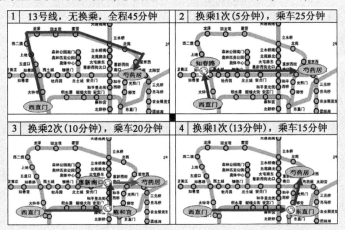

2.若要从西单坐地铁到安定门,以下路线您会选择哪个?(　　　)

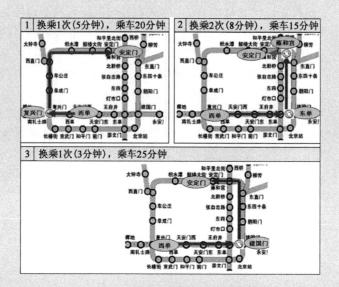

(二)出行信息

3.您本次出行乘坐地铁的:

起点站:_____车站编号:_____

终点站:_____车站编号:_____

途中如有换乘,则换乘站依次为:

(1)(编号:　　　)　(2)(编号:　　　)(3)(编号:　　　)

4.您本次乘坐地铁或城轨的出行目的:

(1)去单位上班　　　(2)上学　　　　　(3)外出公务　　　(4)回家

(5)购物　　　　　　(6)旅游　　　　　(7)探亲访友　　　(8)其他

5.您对北京市地铁的所有线路熟悉程度为:

(1)不熟悉　　　　(2)比较熟悉　　　(3)非常熟悉

6.乘坐地铁时,您最看重哪个因素?

(1)乘车时间短　　　(2)少换乘　　　　(3)车内人少

(4)有空调、手机有信号等　　　(5)无所谓

(三)个人信息

7.职业:

(1)政府职员　　(2)企事业单位人员　　(3)学生　　　　(4)离退休人员

(5)自由职业者　(6)短暂来京人员　　　(7)其他

8.个人收入水平(月平均):

(1)1500元以下　　(2)1501~3000元　　(3)3001~5000元

(4)5001~8000元　　(5)8000元以上

9. 年龄:
(1)22 岁以下　　(2)23~40 岁　　(3)41~60 岁　　(4)61 岁以上
10. 性别:
(1)男　　(2)女

此次调查采用实地问卷调查的方式,地点选择在客流量较大的换乘站以及部分列车上。调查过程中,调查人员将表格发放给调查对象填写,并同时进行必要的调查讲解。

调查地点包括主要换乘站及客流较大的车站,还有一部分随车调查,其中换乘站选择在地铁 1 号线复兴门、西单、建国门等车站,2 号线东直门、建国门、西直门、复兴门等车站,13 号线西直门、东直门等车站。随车调查主要为 1 号线和 2 号线的列车。

9.3　基　本　统　计

本次调查共完成有效问卷 8000 份左右。调查过程中选择的调查对象基本覆盖了各年龄阶段,样本统计结果的分布具有一定的代表性。

(1)性别分布

此次调查问卷的样本中男性占 57%,女性占 43%,如图 9-1 所示。

(2)年龄分布

图 9-2 给出了此次调查样本中,乘客的年龄分布情况。

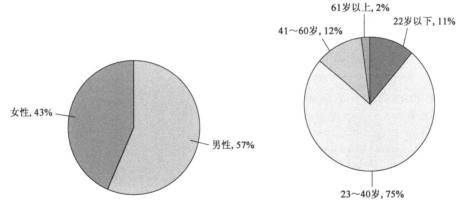

图 9-1　调查样本的性别分布　　　　图 9-2　调查样本的年龄分布

从图 9-2 中可知,年龄在 23~40 岁的人群占绝大部分,22 岁以下和 41~60 岁人群的比例其次,61 岁以上人群的比例最少,说明上班族和以上班、公务为出行目的的人群乘坐地铁的比例较大。

(3)职业分布

图 9-3 给出了此次调查样本中,乘客的职业分布情况。

从图 9-3 中可知,企事业单位的人群占大部分比例,说明轨道交通作为公共交通的重要组成部分,有效地分担了部分上下班的客流。其余依次是自由职业者、学生、其他职业、短暂来京人员、离退休人员和政府职员。

(4) 收入水平分布

图9-4给出了此次调查样本中乘客的收入水平分布情况。

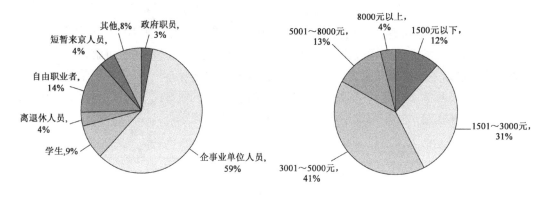

图9-3 调查样本的职业分布　　图9-4 调查样本的收入水平分布

根据图9-4中所示,调查对象的收入水平主要集中在1500元以下、1501～3000元、3001～5000元和5001～8000元,而8000元以上所占比例较少,说明中等收入水平的居民选择地铁出行的比例较大,而高收入人群比例较少,这是因为这类人群大部分选择私家车或出租车出行。

(5) 出行目的分布

图9-5给出了此次调查样本中乘客出行目的的分布状况。

从图9-5中可知,以上班和公务为目的的人群占绝大部分,这与年龄的分布特点是一致的,说明以上班、公务为出行目的的人群乘坐地铁的比例较大。

(6) 对网络的熟悉程度

图9-6给出了此次调查样本中,乘客对轨道交通网络熟悉程度的情况。

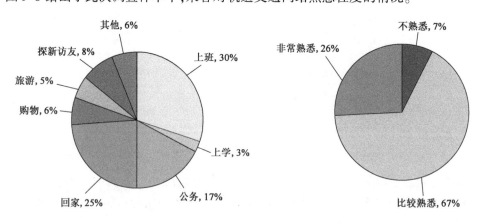

图9-5 出行目的分布　　图9-6 乘客对北京轨道交通网络的熟悉程度

从图9-6中可以看出,大部分乘客对轨道交通网络是比较熟悉或非常熟悉的,而不熟悉的乘客比例仅为7%。

9.4 路径选择影响因素分析

根据调查统计,下面分别按照不同的乘客类型(包括年龄、职业、收入等因素)和出行目的对乘客路径选择过程中最看重的影响因素进行分析。

(1)不同年龄的乘客路径选择影响因素分析

图 9-7 给出了此次调查样本人群中,不同年龄段的乘客在轨道交通出行中对不同影响因素重视程度的分布情况。

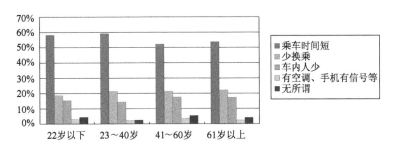

图 9-7　不同年龄的乘客对影响因素的敏感性

从图 9-7 中可以看出,对于所有年龄层的乘客而言,他们最为看重的影响因素都是乘车时间短,因此,在设计路径选择模型时,时间应该作为最主要的路径选择依据。其他的影响因素中,所有年龄层的乘客最看重换乘次数少。对于 41 岁以上的乘客,对车内拥挤度较为敏感。

(2)不同职业的乘客路径选择影响因素分析

图 9-8 给出了此次调查样本人群中,不同职业的乘客在轨道交通出行中对各种影响因素重视程度的分布情况。

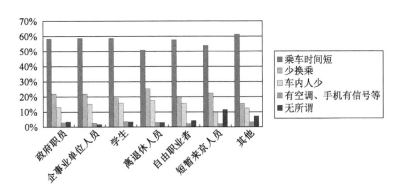

图 9-8　不同职业的乘客对影响因素的敏感性

从图 9-8 中可以看出,不同职业对于影响因素的选择差异较为明显。所有人最重视的因素均为乘车时间,其次为换乘次数少。其中学生、企事业单位工作人员和短暂来京人员对乘车时间短的看重程度最高;学生对车内人少的重视程度大于少换乘,这与年龄的分布特点一致;离退休人群选择少换乘的比例最高,这与他们的年龄因素以及身体状况相关,他们更倾向选择换乘比较方便或无换乘的路径。

(3)不同收入水平的乘客路径选择影响因素分析

图9-9给出了此次调查样本中,不同收入水平的乘客在出行中对不同影响因素的重视程度的分布情况。

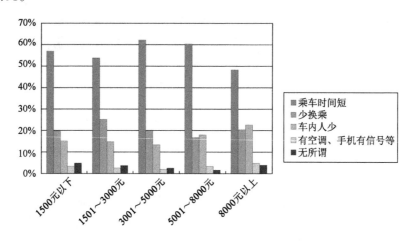

图9-9　不同收入水平的乘客对影响因素的敏感性

从图9-9中可以看出,不同收入水平的乘客对于影响因素的选择差异也较为明显。乘车时间仍是人们最看重的因素,其次为换乘次数少和车内人少,其中,收入在3001~5000元的乘客对乘车时间的看重程度最大。8000元以上乘客对车内人少的重视程度最高,这说明收入越高越看重车内的舒适度。

(4)不同出行目的的乘客路径选择影响因素分析

图9-10给出了此次调查样本中,不同出行目的的乘客在路径选择中最看重的影响因素分布情况。

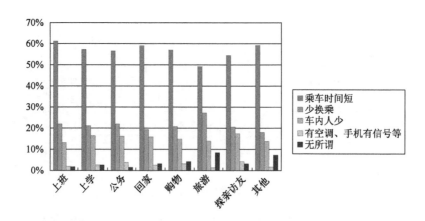

图9-10　不同出行目的的乘客出行最看重的影响因素

从图 9-10 中可以看出,不同出行目的的人群对于影响因素的选择最看重的也为乘车时间短,其次看重换乘次数少,车内人少。其中以上班、上学、回家以及其他的乘客中对乘车时间短的看重程度最高,说明对于这些出行目的的人群来说时间紧迫性较高;而旅游的乘客因为在外游玩比较累,所以对少换乘的看重程度较大,探亲访友的乘客对车内拥挤度较为看重。

由以上分析可以得知,乘车时间是所有不同性别、不同年龄、不同职业、不同收入和不同出行目的的乘客最看重的因素,这是因为所有的乘客都希望能够尽快到达目的地,乘车时间越短越好;其次,所有乘客看重的因素为换乘次数少与车内人少,对于车内有空调、手机有信号的看重程度没有前面三个因素的看重程度大,也有一部分乘客对于这些影响因素无所谓。

9.5 乘客路径选择行为分析

本次调查的核心内容是各类乘客路径选择意愿的调查,即给出两个真实 O-D 对以及真实的几条备选路径,这些备选路径所包含的信息有:路径的总乘车时间、换乘时间(含步行和候车时间)以及换乘次数,已由表 9-1 和表 9-2 给出。

下面按照不同的乘客类型(包括年龄、职业、收入等因素)和出行目的对乘客的路径选择概率进行分析,目的是把握不同乘客在综合多种影响因素情况下路径选择的一般规律,进而为路径选择模型的构建以及相关的参数估计提供支持。

(1)不同年龄乘客的路径选择

图 9-11 和图 9-12 分别给出了两个 O-D 对之间不同年龄的乘客在进行路径选择时的差异。

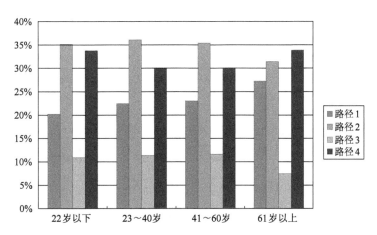

图 9-11　西直门—芍药居之间不同年龄乘客路径选择比例

从图 9-11 中可以直观地看出,各个年龄段的乘客都是选择换乘次数较少、乘车时间较短的路径 2 的比例最高,其次为乘车时间最短、换乘时间稍长的路径 4,选择换乘次数最多的路径 3 的比例最低;随着年龄的增长,乘客选择没有换乘、乘车时间最长的路径 1 的比例也增加,大多数 61 岁以上的老年乘客选择没有换乘的路径 1 的比例也较其他年龄段的乘客高。

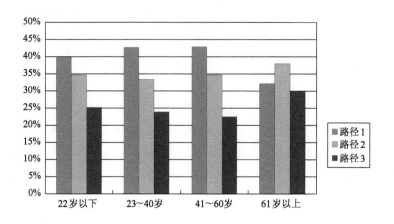

图 9-12　西单—安定门之间不同年龄乘客路径选择比例

从图 9-12 中可以看出,各个年龄段的乘客选择路径差异不大,都是选择换乘次数最少、乘车时间较短的路径 1 和乘车时间最短的路径 2 的比例最大,60 岁以下的乘客在乘车时间相差不大的情况下更看重换乘次数。本图中老年人选择换乘次数最多的路径 2 的比例较大,这有些不符合实际,可能是由于调查数据中老年人数据较少造成的偶然性。

(2)不同职业类型乘客的路径选择

图 9-13 和图 9-14 分别给出了调查样本中,不同 O-D 对之间不同职业类型的乘客选择不同路径的比例。

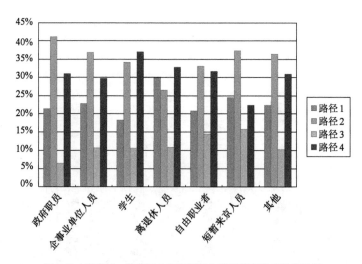

图 9-13　西直门—芍药居之间不同职业类型乘客路径选择比例

从图 9-13 中可以看出,不同职业的乘客选择各条路径的比例差异较大,离退休人员年龄较大,不适合过多走行,选择没有换乘的路径 1 的比例比其他职业选择路径 1 的比例大;有一部分短暂来京人员对路网不熟,选择没有换乘的路径 1 的比例也较大;政府职员、企事业单位人员、学生出行时间比较紧迫,选择乘车时间短、换乘次数较少的路径 2 和路径 4 的比例较大。

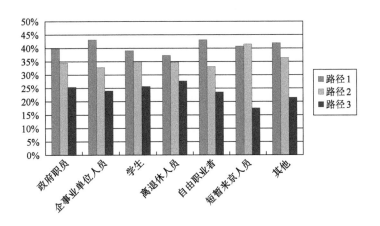

图 9-14　西单—安定门之间不同职业类型乘客路径选择比例

可以看出,不同职业的乘客选择路径的比例具有显著的差异,其中政府职员、企事业单位人员和学生、其他职业的乘客路径选择行为相似,短暂来京人员选择乘车时间最短、换乘次数最多的路径 2 的比例最大,企事业单位人员和自由职业者选择换乘次数最少、乘车时间较短的路径 1 的比例最大,离退休人员选择换乘时间最短、换乘次数最少的路径 3 的比例比其他职业乘客选择此路径的比例大。

(3) 不同收入水平乘客的路径选择

图 9-15 和图 9-16 分别给出了此次调查样本中,不同 O-D 对之间不同收入水平的乘客选择不同路径的比例。

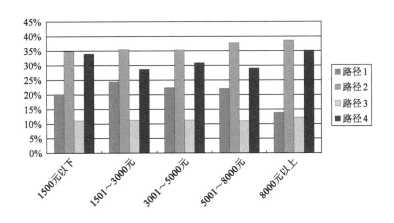

图 9-15　西直门—芍药居之间不同收入乘客路径选择比例

从图 9-15 中可以看出,前四个收入水平的乘客路径选择行为相似,收入水平在 8000 元以上的乘客选择路径与其他四个水平差异较大,因为收入水平在 8000 元以上的乘客时间价值较高,更注重时间的节省,他们选择乘车时间较短的路径 2、路径 3、路径 4 的比例比其他收入水平的乘客高,选择乘车时间最长的路径 4 的比例是所有收入水平中最低的。

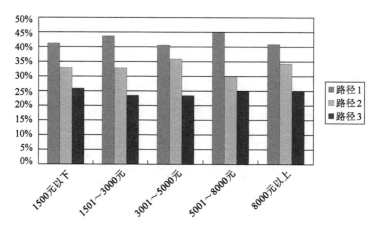

图9-16 西单—安定门之间不同收入乘客路径选择比例

从图9-16可以看出,不同收入水平的乘客选择路径的比例具有一定的差异,此路径意图调查中体现的差异不如图9-15路径意图调查中的差异明显。

(4)不同出行目的的路径选择

图9-17和图9-18分别给出了此次调查样本中,各O-D对之间不同出行目的的乘客路径选择比例。

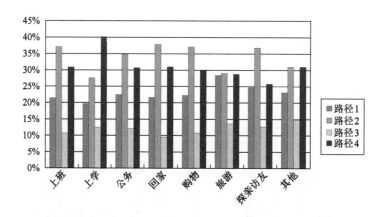

图9-17 西直门—芍药居之间不同出行目的乘客路径选择比例

从图9-17中可以看出,各种出行目的人群中,上班、回家、其他职业的乘客路径选择行为相似;购物、旅游、探亲访友的乘客出门较累,不愿意过多走行,选择没有换乘的路径1的比例较其他出行目的的乘客大;上学的乘客选择乘车时间最短的路径4的比例最大,这和上面不同职业乘客属性分析中学生选择路径4的比例较大结果是一致的。

从图9-18中可以看出,各种出行目的人群路径选择差异较明显,以上学为目的的乘客选择乘车时间最短的路径2的比例最高,购物、公务、探亲访友的乘客选择路径1的比例较大。

(5)不同路网熟悉程度下的路径选择

图9-19和图9-20分别给出了此次调查样本中,这两个O-D对之间乘客对路网熟悉程度的不同在路径选择时的影响。

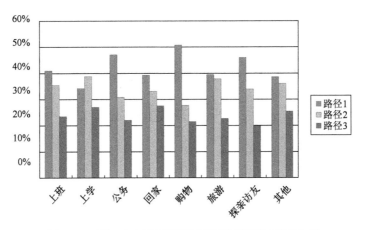

图 9-18　西单—安定门之间不同出行目的乘客路径选择比例

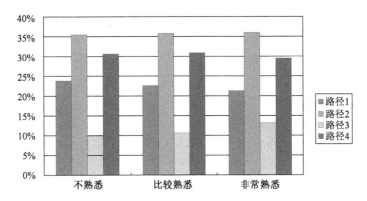

图 9-19　西直门—芍药居之间熟悉程度不同乘客路径选择比例

从图 9-19 中可以看出,所有乘客的路径选择比较相似,都是选择换乘次数较少、乘车时间较短的路径 2 和路径 4 的比例较大,其中不熟悉路网的乘客为避免换乘错误选择没有换乘的路径 1 的比例比比较熟悉路网的乘客和熟悉路网的乘客高。

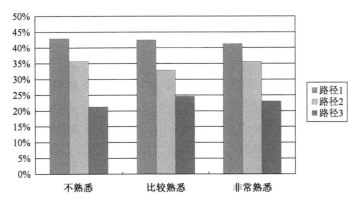

图 9-20　西单—安定门之间熟悉程度不同乘客路径选择比例

从图 9-20 中可以看出,所有乘客选择路径的行为相似,说明对路径的熟悉程度无法反映乘客的路径选择行为。

第 10 章 考虑换乘的城市轨道交通网络客流分配方法

10.1 网络客流分配及其影响因素

在城市轨道交通网络中,客流的时空分布状态是所有乘客在网络中进行路径选择的集聚结果,因此,城市轨道交通网络客流分配问题的核心就是如何准确地描述乘客的路径选择行为。在城市轨道交通网络中,列车的运行线路是固定的,因此,不存在车辆的路径选择问题,但作为可自由选择的乘客来说,如果某两站点之间存在多条线路,那么他(她)同样会面临路径选择问题,影响乘客路径选择的因素比较复杂,不仅有时间和价格因素,还有换乘、舒适、方便等因素。

城市轨道交通网络客流分配是在网络结构、出行费用和 O-D 需求一定的条件下,基于一定的分配规则,计算得出网络中各区段、各线路以及换乘通道的断面客流量。可以看出,城市轨道交通网络客流分配的计算结果主要取决于网络结构的构建、出行费用的建模、O-D 需求的估计以及配流规则的设计,同时也会受乘客属性及出行特征等因素的影响。

(1)网络结构

在一般的城市道路网络中,其基本元素只包括路段和节点。而在城市轨道交通网络中,除站点和区段这两个基本元素外,还有线路,不同线路之间可通过换乘站点进行转换。另外,与城市道路网络不同,城市轨道交通网络的站点是乘客上下车的地点,乘客在站点可完成上车、下车和换乘三种行为。尤其是城市轨道交通网络中存在换乘站点,换乘站是乘客改变出行线路的场所,在换乘站点会产生换乘费用,并且该费用是影响乘客路径选择的一个重要因素。

(2)出行费用

通常,选择某条路径的交通需求与该路径上的出行费用是相互影响的,路径费用越低,则选择该路径的交通需求就越大;相反,路径费用越高,则该路径上的交通需求就越小。乘客在城市轨道交通网络中的出行费用除了受固定的列车运行时间、停站时间这两个因素影响外,等车时间和换乘时间也是影响出行费用的主要因素。除了时间因素外,换乘次数和拥挤度也是影响乘客路径选择的重要因素。因此,如何准确刻画城市轨道交通网络中的广义出行费用对于城市轨道交通网络客流的计算结果有着重要影响。

(3)O-D 需求

O-D 需求是交通研究中最常用的概念之一,是指交通网络中一个起点到一个终点的出行需求量,可用一个二维矩阵来表示。在城市轨道交通网络中,O-D 需求量即任意两站点之间的乘客出行总量。目前,我国城市均采用自动售检票系统(简称 AFC)对乘客进行出行管理,该系统可准确记录乘客的进出站信息,从而可推算出城市轨道交通网络的 O-D 出行量。

此外,城市轨道交通网络的 O-D 出行量可根据乘客的社会经济属性及出行目的进行细分。不同属性和出行目的的 O-D 出行量在路径选择上存在很大的差别。例如,非通勤乘客通常不希望选择换乘次数较多的路径,而通勤乘客则更希望选择总时间较小的路径。因此,不同类型、不同出行目的的乘客对于同一条路径具有不同的理解和不同的路径选择偏好。乘客的社会经济属性主要包括年龄、性别、职业、收入等,出行目的主要包括上班、上学、公务、旅游、购物、探亲访友等。

(4)配流规则

配流规则也就是配流模型和算法,采用不同的配流规则计算得到的客流分配结果是不同的。按照不同的划分标准,配流算法可分为多种类型。

例如,如果从乘客掌握交通信息的角度来划分,配流规则可分为确定性的客流分配方法和非确定性或随机的客流分配方法。前者假定乘客完全掌握城市轨道交通信息,即能够准确地计算其出行费用;后者假定出行者只掌握不完全信息,即乘客能够确定部分出行费用,还有一部分随机费用无法准确掌握。

如果按照是否考虑拥挤因素来划分,配流规则可以分为平衡配流方法和非平衡配流方法。前者考虑了需求量对出行费用的反馈机制,即路径费用会随着客流量的增加而变大,即存在拥挤费用;而后者则假定路径费用不受客流量的影响。显然,平衡配流方法因为考虑了拥挤效应,其计算结果更接近现实,但其计算也更加复杂。

如果按照是否考虑乘客属性来划分,配流规则可以分为基于乘客偏好的配流方法和标准的配流方法。前者考虑了不同类型乘客的心理偏好对路径选择的影响,而后者则假定所有的乘客在路径选择上总具有相同的标准。

10.2　路径广义费用

在城市轨道交通网络中,乘客选择出行路径的考虑因素主要包括时间、换乘、价格以及拥挤度等,其中时间因素包括乘车时间和等待时间,换乘因素又包括换乘时间和换乘次数。目前,我国城市轨道交通的票价票制为单一票制或计程票制,而计程票制只与 O-D 站点间的最短距离有关,与路径无关,因此,可以不考虑票价对乘客路径选择的影响。此外,由于拥挤度因素难以量化,在此也不做考虑。

(1)乘车时间

乘车时间主要包括两部分,即列车的运行时间和停站时间。通常,区间运行时间和列车停站时间是固定的,可将其作为常数。乘客乘坐线路 l 在区间 (i,j) 的乘车时间 T_{ij}^{l} 可表示如下:

$$T_{ij}^{l} = \begin{cases} t_{ij}^{l} & (站点\ i\ 为起始站, \forall l,i,j) \\ s_{i}^{l} + t_{ij}^{l} & (站点\ i\ 不是起始站, \forall l,i,j) \end{cases} \quad (10\text{-}1)$$

式中：t_{ij}^l ——线路 l 的列车在区间 (i,j) 上的运行时间，min；

s_i^l ——线路 l 的列车在车站 i 的停站时间，min。

(2) 换乘时间

换乘时间也包括两部分，即步行时间和等待时间。通常，在换乘站，不同线路的站台由换乘通道连接，因此，步行时间可通过换乘距离除以平均步速来计算，也可表示为常数；等待时间为乘客在换乘站台的等车时间，由列车时刻表和乘客到达站台的时间决定，为便于计算，可取发车间隔的一半作为平均换乘等待时间。

假定用 $w_i^{l,m}$ 表示乘客在换乘站 i 从线路 l 到线路 m 进行换乘的步行时间，用 z_i^m 表示乘客在换乘车站 i 等待线路 m 的列车进站的平均等车时间，则乘客在换乘站 i 从线路 l 换乘到线路 m 的换乘时间 $E_i^{l,m}$ 可表示为

$$E_i^{l,m} = w_i^{l,m} + z_i^m = w_i^{l,m} + 0.5 \cdot f_m \quad (\forall l,m,i) \tag{10-2}$$

其中，f_m 表示线路 m 的列车平均发车间隔。

通常，乘客对换乘时间的心理感知费用要比乘车时间大。因此，可将换乘时间适当放大来表示乘客换乘的心理感知费用。假定用 $\bar{E}_i^{l,m}$ 来表示乘客在换乘站 i 从线路 l 换乘到线路 m 的心理感知费用，则 $\bar{E}_i^{l,m}$ 可表示如下：

$$\bar{E}_i^{l,m} = \alpha(w_i^{l,m} + 0.5 \cdot f_m) \quad (\forall l,m,i) \tag{10-3}$$

其中，α 为放大系数，通常，$\alpha > 1$。

(3) 换乘次数

根据调查数据，在城市轨道交通出行中，乘客对换乘时间和换乘次数有不同程度的敏感性，对于不同的换乘次数，乘客所感知的额外费用也是不同的。

通常，随着换乘次数的增加，乘客的感知费用是逐次递增的。如果路径上没有换乘，则路径上费用不包括换乘费用；如果存在一次换乘，则需要对换乘时间进行放大惩罚；如果存在两次换乘，则第二次换乘的惩罚要大于第一次换乘的惩罚，而第三次换乘的惩罚要大于第二次，逐次类推，路径上的换乘时间为对每次换乘时间进行逐次放大处理而得到的时间指标。

根据上面分析，可采用如下形式的换乘费用模型[116]：

$$\tilde{E}_i^{l,m} = \alpha \cdot (n_{i,k}^{rs})^\beta \cdot (w_i^{l,m} + 0.5 \cdot f_m) \quad (\forall l,m,i) \tag{10-4}$$

其中，$n_{i,k}^{rs}$ 表示 O-D 对 rs 间第 k 条路径上在换乘站 i 处发生的换乘累计次数；β 为待标定参数，可通过调查数据统计得出。

在城市轨道交通网络中，乘客出行路径由所经过的车站和区间构成。因此，在考虑乘车时间、换乘时间以及换乘次数的基础上，提出如下路径广义费用模型：

$$C_k^{rs} = \sum_{i,j} T_{ij}^l \cdot \delta_{ij,k}^{rs} + \sum_{i,l,m} \tilde{E}_i^{l,m} \cdot \varphi_{i,k}^{rs} \cdot \eta_{l,k}^{rs} \cdot \eta_{m,k}^{rs} \quad (\forall k) \tag{10-5}$$

其中，C_k^{rs} 表示乘客在 O-D 对 rs 间第 k 条路径上的总费用；$\delta_{ij,k}^{rs}$、$\varphi_{i,k}^{rs}$ 和 $\eta_{l,k}^{rs}$ 分别表示网络中区间 (i,j)、站点 i 以及线路 l 与路径 k 之间的关联关系，如果对应的区间、站点和线路属于 O-D 对 rs 间第 k 条路径，则 $\delta_{ij,k}^{rs}$、$\varphi_{i,k}^{rs}$ 和 $\eta_{l,k}^{rs}$ 均为 1，否则为 0。

第10章 考虑换乘的城市轨道交通网络客流分配方法

10.3 路径选择模型

首先,在城市轨道交通网络的出行中,乘客不会考虑 O-D 对之间的全部连通路径,而是将其中一部分路径作为选择方案,可以称这些被出行者考虑的路径为有效路径[112]。这些被考虑的有效路径的费用通常在出行者可承受的一定范围之内,即满足以下条件:

$$C_k^{rs} \leqslant (1+H)C_{\min}^{rs} \quad (k \in K_{rs}) \tag{10-6}$$

其中,$C_{\min}^{rs}$ 表示 O-D 对 rs 之间的最短路径费用,元;H 表示非负常数,称为路径的伸展系数;K_{rs} 表示 O-D 对 rs 之间有效路径集合。

从行为科学的角度来说,路径选择问题是一个决策问题。为了模拟乘客的心理活动,可为每条路径确定一个效用值,来反映乘客选择某路径而获得的心理满足程度。在实际中,效用值很难被直接观测和计算,影响路径效用的因素多且复杂,还包括随机成分,因此,可将路径效用看作一个随机变量。

用下面的式子来表示乘客选择 O-D 对 rs 之间的有效路径 $k \in K_{rs}$ 的随机效用:

$$U_k^{rs} = V_k^{rs} + \varepsilon_k^{rs} \quad (\forall k \in K_{rs}) \tag{10-7}$$

其中,U_k^{rs} 表示有效路径 $k \in K_{rs}$ 的随机效用;V_k^{rs} 表示可确定的效用值;ε_k^{rs} 为随机误差项。可以用路径广义费用来表示可确定的路径效用 V_k^{rs},即

$$V_k^{rs} = -\theta C_k^{rs} \quad (\forall k \in K_{rs}) \tag{10-8}$$

其中,θ 为参数,它起到将费用转换成效用的作用。

随机效用 U_k^{rs} 可表示为如下形式:

$$U_k^{rs} = -\theta C_k^{rs} + \varepsilon_k^{rs} \quad (\forall k \in K_{rs}) \tag{10-9}$$

一般情况下,乘客总是希望选择 O-D 之间最大效用的路径,而路径效用是一个随机变量,因此,乘客的路径选择问题就转化成了一个概率问题,即在城市轨道交通网络中,乘客以多大的概率选择 O-D 间的有效路径,而这个概率也等价于:在 O-D 间所有的乘客中,选择该路径的比例。显然,这个概率就是该路径效用在所有可选路径中最大的概率,可表示如下:

$$p_k^{rs} = \Pr(U_k^{rs} \geqslant U_n^{rs}, n \neq k) \quad (\forall k \in K_{rs}) \tag{10-10}$$

其中,p_k^{rs} 表示 O-D 对 rs 之间乘客选择有效路径 $k \in K_{rs}$ 的概率。

选择概率具有如下性质:

$$0 \leqslant p_k^{rs} \leqslant 1 \text{ 且 } \sum_{k \in K_{rs}} p_k^{rs} = 1 \quad (\forall k \in K_{rs}) \tag{10-11}$$

显然,路径选择概率 p_k^{rs} 取决于随机误差项 ε_k^{rs} 的分布以及可确定路径费用 C_k^{rs} 的大小。假定 ε_k^{rs} 相互独立且服从 Gumbel 分布,那么,路径选择概率 p_k^{rs} 就可以表示为如下 Logit 形式:

$$p_k^{rs} = \frac{\exp(-\theta C_k^{rs})}{\sum_{p \in K_{rs}} \exp(-\theta C_p^{rs})} \quad (\forall k \in K_{rs}) \tag{10-12}$$

可以证明,当 $\theta \to \infty$ 时,p_k^{rs} 趋于 1,即所有乘客均选择最短路径,说明乘客掌握完全信息;当 $\theta \to 0$ 时,乘客将会均匀分布在所有可选路径上,说明乘客的路径选择完全随机,与路径效

用没有关系。因此，可以把 θ 看作度量乘客总体对城市轨道交通网络熟悉程度的指标。

根据 Logit 模型(10-12)可以得出，路径选择概率是由路径间的效用绝对差所决定的，这将使网络流量分配产生一些不合理的结果，因此，可采用效用相对差计算选择概率的方法，采用如下改进的 Logit 模型[116]：

$$p_k^{rs} = \frac{\exp(-\theta C_k^{rs}/C_{\min}^{rs})}{\sum_{p \in K_{rs}} \exp(-\theta C_p^{rs}/C_{\min}^{rs})} \quad (\forall k \in K_{rs}) \tag{10-13}$$

10.4 基于路径的客流分配方法

满足 Logit 的配流方法可分为两大类，即基于路段(link-based)和基于路径(path-based)的配流方法。基于路段的方法不需要记录网络中的路径信息，因此，具有较高的运算效率，适用于大规模网络，如经典的 Dial 算法；而基于路径的方法则需要记录网络中各 O-D 对之间的有效路径，适用于规模较小的网络。

基于路径的客流分配方法就是在分配过程中，首先确定各 O-D 对间的有效路径集合，并将所有有效路径记录下来，根据路径费用，采用 Logit 模型直接计算各路径的配流比例，从而得到路径流量，进而根据网络的拓扑关系，计算得出城市轨道交通网络中的各种断面客流量。具体计算过程如下。

步骤 1：对于网络中的 O-D 对 rs 之间，基于路径广义费用模型(10-5)，搜索最小费用路径，得出 $C_{\min}^{rs}$。

步骤 2：根据有效路径的定义(10-6)，确定 O-D 对 rs 之间的有效路径集合 K_{rs}，并记录各有效路径的广义费用 C_k^{rs}。

步骤 3：根据 Logit 模型(10-13)，计算 O-D 对 rs 之间各有效路径的选择比例 $p_k^{rs}(\forall k \in K_{rs})$。

步骤 4：根据下式计算路径流量：

$$f_k^{rs} = q^{rs} p_k^{rs} \quad (\forall k \in K_{rs}) \tag{10-14}$$

其中，q^{rs} 表示 O-D 对 rs 之间的乘客出行量；f_k^{rs} 表示 O-D 对 rs 之间有效路径 $k \in K_{rs}$ 上的客流量。

步骤 5：根据 f_k^{rs}，计算线路客流、区间客流以及换乘客流。

$$x_l = \sum_{rs} \sum_{k \in K_{rs}} f_k^{rs} \cdot \eta_{l,k}^{rs} \quad (\forall l) \tag{10-15}$$

$$x_{ij} = \sum_{rs} \sum_{k \in K_{rs}} f_k^{rs} \cdot \delta_{ij,k}^{rs} \quad (\forall i,j) \tag{10-16}$$

$$x_i^{l,m} = \sum_{rs} \sum_{k \in K_{rs}} f_k^{rs} \cdot \varphi_{i,k}^{rs} \cdot \eta_{l,k}^{rs} \cdot \eta_{m,k}^{rs} \quad (\forall l) \tag{10-17}$$

其中，x_l、x_{ij} 和 $x_i^{l,m}$ 分别表示 O-D 出行量 q^{rs} 分配给线路 l、区间 (i,j) 的客流量以及在换乘车站线路 l 和 m 之间的换乘量。

在基于路径的随机配流方法中，首先需要确定 O-D 之间的有效路径，并且记录这些有效路径，进而采用不同的配流规则进行流量分配。目前，常用的有效路径的求解算法主要有 K

短路算法、Dial 算法和基于遍历的算法。

(1) K 短路算法

在交通网络流量分配问题中,最短路算法不能满足多路径搜索的需要,寻找 K 条渐短路径的想法就应运而生。在搜索 K 条渐短路径的算法中,最常用的算法是基于最短路算法的"删边法"。该算法的具体步骤如下。

步骤1:在网络中使用最短路算法找到最短路径。

步骤2:若最短路径存在,则从原交通网络中先删除最短路径中的一条边,然后使用最短路径算法求出一条临时最短路径。

步骤3:重复步骤2,直到最短路径中所有的边都被删除过,将所有的临时最短路径进行比较,最短的那一条就是次最短路径。

步骤4:若要求得第 K 短路径,首先要将前 $K-1$ 短路径中所有的边进行集合配对,每次删除一个边对,其余过程类似于步骤2和步骤3,最后将所有得到的临时最短路径进行比较,最短的那一条路径就是第 K 短路径。

K 短路算法的计算量较大,在实际应用中,一般都采用 $K \leqslant 3$ 条渐短路径的算法,即假定出行者选择概率较高的3条渐短路径作为配流的基础。

(2) Dial 算法

Dial 算法定义有效路径为:一条路径是有效的,是指它所包含的所有路段都使得出行者距离起始点的最小费用越来越大,同时距离终讫点的最小费用越来越小。该算法在网络中的所有路段的两个端点 (i,j) 设定两个指标:① $r(i)$ 表示节点 i 到起始节点 r 的最小费用;② $s(j)$ 表示节点 j 到终讫节点 s 的最小费用。只有当 $r(i) < r(j)$ 且 $s(i) > s(j)$ 时,路段 (i,j) 才算得在 O-D 对 rs 之间的有效路径上。

Dial 算法求解有效路径的具体步骤如下。

步骤1:计算从起始节点 r 到达其他所有节点的最小费用,即确定 $r(i)$。

步骤2:计算任意节点到达终讫节点 s 的最小费用,即确定 $s(j)$。

步骤3:判断路段 (i,j) 是否属于有效路径,即满足 $r(i) < r(j)$ 且 $s(i) > s(j)$,则该路段属于有效路径,否则不属于有效路径。

步骤4:记录 O-D 对之间的有效路径。

Dial 算法相对于 K 短路算法,实现起来比较容易,计算量相对较小,适合规模较大的网络。但如果网络中存在环形通路,则该算法会遗漏路径。

(3) 基于图的遍历算法

基于图的遍历算法的基本思想是:采用图的遍历算法寻找网络图中从一个起点到达一个终点的连通且满足约束条件的路径。如果满足条件,则记录该路径;如果不满足条件,则返回上一层节点重新遍历。反复进行这种试探性选择与返回的过程,直到找出所有的有效路径为止。在算法的执行过程中,每到一个节点就有若干个可供选择的后继节点,没有任何"必定行"的暗示,只能试着沿一个节点往下走,直至到达终节点为止,一旦不满足约束条件就回溯到上一层节点重新进行遍历。

在该算法中,网络图的遍历可采用深度优先搜索,它是从根节点 r 出发,将 r 做已被访问的标记。以 r 作为当前扩展节点,如果 r 有未被访问的相邻节点,则先访问 r 的一个未被访问的邻节点,并将这个节点做已被访问的标记,并取该节点作为当前扩展节点。如果当前扩展节点 i 没有未被访问的邻节点,则算法将以 i 的前任扩展节点为当前扩展节点。这个过程一直持续到终节点 s 为止。

图 10-1 给出了基于图的遍历算法的流程,该算法的具体步骤如下。

步骤1:初始化。给相关变量赋初值,输入已知数据、设定阈值、参数等。

步骤2:采用最短路算法计算 O-D 对间的最小费用,设根节点 r 为当前节点。

步骤3:从当前节点 i 出发,遍历与节点 i 相邻的节点,如节点 j,如果从根节点 r 出发沿着该遍历路径的费用小于或等于设定阈值,则令节点 j 为当前点,转下一步;否则转到步骤6。

步骤4:判断节点 j 是否为终节点,如果不是则转入步骤3;否则进行下一步。

步骤5:记录该有效路径并计算其广义费用。

步骤6:退回上一层(回溯),若未退到根节点则转入步骤3。

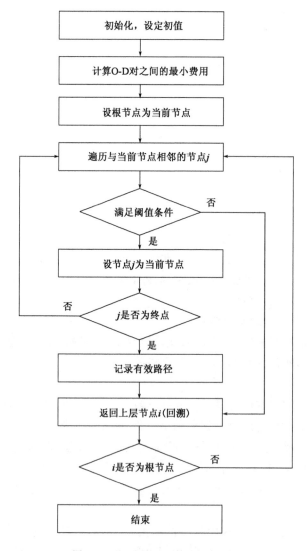

图 10-1 基于图的遍历算法的流程图

第10章 考虑换乘的城市轨道交通网络客流分配方法

10.5 基于区段的客流分配方法

Dial 算法是最常见的基于路段的算法，该算法的计算结果满足 Logit 模式且不需要记录有效路径，因此适用于大规模交通网络。在该算法中，有一个重要的识别有效路径的初始化阶段，O-D 需求量只在这些有效路径上进行分配。正如前面所讲，由于 Dial 算法对"有效路径"的定义过于严格，会导致费用较低的路径不被使用，而费用较高的路径反被使用的异常现象，使其配流结果产生错误。

下面通过一个简单网络进行说明，该网络共有 5 个节点、8 条路段，拓扑结构如图 10-2 所示。

根据 Dial 算法，可计算各节点 $r(i)$ 和 $s(i)$，见表 10-1。根据 Dial 算法有效路径的定义，可以发现路段 $(2,3)$ 不在任何有效路径上，这样，路径 1—2—3—5 就被排除在有效路径之外，但这条路径的费用值为 4.5，而被认为是有效路径 1—4—5 的费用值为 5，显然，这是不合理的。

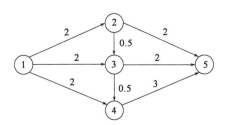

图 10-2 某网络的拓扑结构

Dial 算法的有效路径判定条件 表 10-1

节点 i	1	2	3	4	5
$r(i)$	0	2	2	2	4
$s(i)$	4	2	2	2.5	0

针对 Dial 算法的缺陷，在文献[113]中，提出了一个改进的 Dial 算法，其既可以避免 Dial 算法将不合理路径当作有效路径而将有效路径遗漏的缺陷，又可以避免全路径配流的计算复杂度。

首先，在该算法中，对 Dial 算法的有效路径判定条件进行了改进，即 O-D 对 rs 之间的路径是有效的，是指它所包含的所有路段 (i,j) 都满足下式：

$$r(i) + t_{ij} + s(j) \leqslant c_{\min}^{rs} + H \cdot c_{\min}^{rs} \tag{10-18}$$

也就是说，如果 O-D 对 rs 之间的路径为满足式（10-6）的有效路径，则该路径上的任意路段 (i,j) 必然满足式（10-18）。

在原始 Dial 算法中，计算节点序列是与该算法的有效路径判定准则密切相关的。然而，如果采用式（10-18）的有效路径判定准则，则在执行算法计算过程中，就会使得最终计算结果无法满足流量守恒条件，可采用网络拓扑排序的方法来确定节点序列。算法流程如下。

步骤 1：初始化。为每一条路段定义一个状态变量 κ_{ij}，如果 $\kappa_{ij}=0$，表示该路段未被处理；$\kappa_{ij}=-1$，表示该路段为不属于有效路径的路段，其似然值为 0；$\kappa_{ij}=1$，表示该路段属于有效路径。

步骤 2：对于任意节点 i，采用最短路算法计算 $r(i)$ 和 $s(i)$；将起点 r 的入弧、讫点 s 的出弧、满足 $s(j)=\infty$ 节点的进出弧以及不满足式（10-18）的所有弧从网络中删除，即将这些路段状态变量设为 $\kappa_{ij}=-1$；网络中其他弧的状态变量均为 0；建立一个空集 K 和一个空队列 Q；将 r 放入 K 中，进入步骤 3。

步骤3：判断 K 是否为空集，如果为空集，则结束，队列 Q 即为拓扑序列；否则，转向步骤4。

步骤4：从 K 中寻找一个所有入弧状态为 1 或 -1 的节点 i，从 K 中将 i 删除，并追加 i 到 Q。将所有出弧状态为 0 的节点 i 的状态变量设为 $\kappa_{ij}=1$，将这些路段的终点加入集合 K 中，转向步骤3。

基于有效路径的判定条件(10-18)以及上述网络拓扑排序方法，改进 Dial 算法的具体计算过程如下：

步骤1：初始化。根据上述方法计算网络拓扑排序。

步骤2：对于满足 $\kappa_{ij}=1$ 的路段 (i,j)，按以下公式计算路段似然值：

$$L_{ij} = \exp\{\theta[r(j) - r(i) - t_{ij}]\} \tag{10-19}$$

步骤3：计算路段权重。按拓扑序列，对每一个节点，计算离开它的所有路段的权重值，即对于节点 i，计算 W_{ij}，所用公式为：

$$W_{ij} = \begin{cases} L_{ij} & [i = r(\text{节点}i\text{是起始点})] \\ L_{ij} \cdot \sum_{m \in I_i} W_{mi} & (i \neq r) \end{cases} \tag{10-20}$$

步骤4：计算路段流量。按拓扑序列的逆序，对于每一个节点，计算进入它的所有路段上的流量，即对于节点 j，计算 x_{ij}，所用公式为：

$$x_{ij} = \begin{cases} q_{rs} \dfrac{W_{ij}}{\sum_{m \in I_j} W_{mj}} & [j = s(\text{即节点}j\text{为终节点})] \\ \left(\sum_{m \in O_i} x_{jm}\right) \dfrac{W_{ij}}{\sum_{m \in I_j} W_{mj}} & (j \neq s) \end{cases} \tag{10-21}$$

10.6 参数估计

在城市轨道交通流量分配计算中，相关参数的准确与否直接影响计算结果。参数估计就是用样本统计量去估计总体的参数。常用的参数估计方法主要有极大似然估计法和线性回归法。通常，采用极大似然估计法对参数进行估计时，求解联立方程过程繁杂，而且收敛性较差。在此，采用多元线性回归方法对上述城市轨道交通客流分配的相关参数进行估计。

根据前面分析，采用改进 Logit 模型(10-13)对城市轨道交通网络进行客流分配，其中路径广义费用 C_k^{rs} 采用式(10-5)进行计算。在这些模型中，需要估计的参数为 α、β 和 θ。

下面采用多元线性回归的方式对其参数进行估计，在估计之前需要进行相应的转换。为便于计算，对所有变量忽略上标 rs。

令 $\alpha' = \alpha \times \theta$，$\beta' = \alpha \times 2^\beta \times \theta$，则 Logit 模型(10-13)变为如下形式：

$$p_k = \frac{\exp(-\alpha' Z_k^1 - \beta' Z_k^2 - \theta T_k)/\min(C_1, C_2, \cdots, C_K)}{A'} \tag{10-22}$$

$$A' = \sum_{k=1}^{K} \frac{\exp(-\alpha' Z_k^1 - \beta' Z_k^2 - \theta T_k)}{\min(C_1, C_2, \cdots, C_K)} \tag{10-23}$$

其中，令

$$X'_k = Z^1_k / \min(C_1, C_2, \cdots, C_K) \tag{10-24}$$

$$Y'_k = Z^2_k / \min(C_1, C_2, \cdots, C_K) \tag{10-25}$$

$$Z'_k = T_k / \min(C_1, C_2, \cdots, C_K) \tag{10-26}$$

通过上面的变换，式(10-22)可以简化为如下形式：

$$p_k = \frac{\exp(-\alpha' x_k - \beta' Y'_k - \theta Z_k)}{A'} \tag{10-27}$$

则回归方程可写成如下形式：

$$\ln(p_m/p_k) = \alpha'(X'_k - X'_m) + \beta'(Y'_k - Y'_m) + \theta(Z'_k - Z'_m) \quad (k \neq m) \tag{10-28}$$

其中，$\ln(p_m/p_k)$ 为因变量，$(X'_k - X'_m)$、$(Y'_k - Y'_m)$ 和 $(Z'_k - Z'_m)$ 为自变量。根据多元线性回归方法，参数 α'、β' 和 θ 就可以估计出来，进而得到模型中的参数 θ、α 和 β。

下面介绍采用 SPSS 统计软件对基础数据进行处理和计算的过程。

步骤1：如图10-3所示，根据式(10-28)输入基础数据。
步骤2：如图10-4所示，选择分析菜单下的线性回归功能。
步骤3：如图10-5所示，选择因变量和自变量，对变量的选择方法设置为"进入"的方式。
步骤4：如图10-6所示，设置F检验的显著性水平。

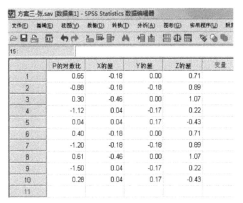

图10-3 基础数据表

图10-4 数据分析

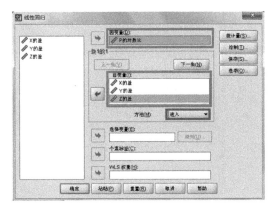

图10-5 变量选择

图10-6 设置显著性水平

步骤 5：进行计算，得到参数估计结果，由表 10-2 给出。

参数估计结果　　　　　　　　　表 10-2

变量	系数	标准误差	t 分布	显著性水平
$X'_k - X'_m$	2.358	1.875	-4.019	0.007
$Y'_k - Y'_m$	8.491	1.654	1.258	0.255
$Z'_k - Z'_m$	1.866	0.755	5.135	0.002

由表 10-2 可以看出，SPSS 给出所估计的参数结果为 $\alpha' = 2.358, \beta' = 8.491, \theta = 1.866$，进而可计算出参数值分别为 $\theta = 1.866, \alpha = 1.264, \beta = 1.848$。

通常，采用拟合优度（Goodness of Fit）来表示回归直线对观测值的拟合程度，并判定系数和回归标准差。度量拟合优度的统计量是可决系数（也称确定系数）R^2，表示如下：

$$R^2 = \frac{\mathrm{SSR}}{\mathrm{SST}} \tag{10-29}$$

其中，SSR 是回归平方和；SST 是总平方和。R^2 的取值范围在 0 到 1 之间，R^2 越接近 1，表示回归直线的拟合程度越好；反之，R^2 越接近 0，表示拟合程度越差。

对于上述参数回归，计算结果显示 $R^2 = 0.923$，且根据表 10-2 的统计结果，各变量系数在统计意义上均已显著。故参数估计值在统计意义上可被采用。

10.7 实证分析

以图 10-7 所示的北京 2008 年的轨道交通网络拓扑结构为基础，检验模型及算法的有效性。该网络方案下共有运营线路 8 条，车站 124 座，其中换乘站 18 座，普通车站 106 座。

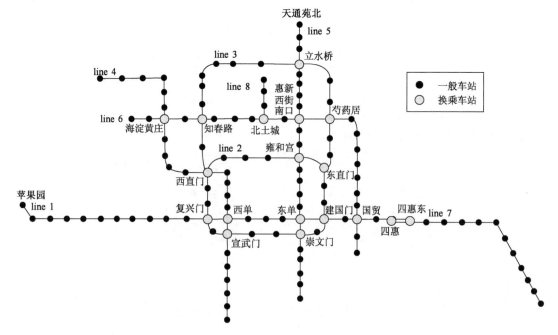

图 10-7　轨道交通网络拓拓结构示意图

第10章 考虑换乘的城市轨道交通网络客流分配方法

模型相关参数取值如下所示。

(1) 发车间隔,假设该城市轨道交通系统的平均发车间隔为5min。

(2) 乘客换乘步行时间,本案例中共考虑8个换乘站,各站的换乘步行时间根据实际调查见表10-3。

换乘步行时间(单位:min)   表10-3

换乘站	起	止	步行时间	换乘站	起	止	步行时间
建国门	1号线	2号线	3	崇文门	5号线	2号线	3
	2号线	1号线	3		2号线	5号线	3
复兴门	1号线	2号线	3	立水桥	13号线	5号线	5
	2号线	1号线	5		5号线	13号线	5
雍和宫	2号线	5号线	3	西直门	2号线	13号线	8
	5号线	2号线	3		13号线	2号线	8
东单	1号线	5号线	3	东直门	2号线	13号线	13
	5号线	1号线	3		13号线	2号线	10

(3) 站间车辆运行时间,北京地铁公司网站公布的站间运行时间。

(4) 非换乘站的平均停车时间,取值为2min。

(5) 各参数分别取值为 $\alpha = 1.2640$, $\beta = 1.8481$, $H = 0.15$, $\theta = 1.8660$。

(6) 在本案例中,为了验证计算结果,采用2008年某天的地铁网络O-D数据作为输入数据,同时,以相同时间段的换乘流量数据作为参照值,对计算结果进行验证。

经过计算,苹果园—天通苑北的相应计算结果见表10-4。其中,计算结果包括有效路径上的换乘次数、乘车时间、路径总费用以及配流比例等。

O-D 苹果园—天通苑北之间的配流结果   表10-4

路径描述	换乘次数	换乘站	乘车时间(min)	路径总费用(min)	选择概率
苹果园→天通苑北	1	东单	67.33	74.52	0.25905
苹果园→天通苑北	2	复兴门 雍和宫	63.50	95.18	0.18038
苹果园→天通苑北	2	建国门 雍和宫	68.17	97.33	0.17680

续上表

路径描述	换乘次数	换乘站	乘车时间(min)	路径总费用(min)	选择概率
天通苑北—苹果园	2	复兴门 雍和宫	70.50	102.18	0.13101
天通苑北—苹果园	2	复兴门 崇文门	71.50	103.18	0.12946
天通苑北—苹果园	2	国贸 惠新西街南口	70.53	107.28	0.12330

从表 10-4 中可以看出，随着网络中有效路径选择比例 p_k^{rs} 的增加，各条有效换乘路径的乘车时间和总费用(总出行时间)也逐步递增。

为了进一步对本章所提出的配流模型和算法的计算结果进行分析，以 2008 年北京地铁 O-D 数据作为输入，分别采用本章提出的考虑换乘次数的路径费用构建的 Logit 模型以及不考虑换乘次数的路径费用构建的 Logit 模型的流量分配方法进行对比计算，并以 2008 年实测换乘流量为参考数据，对计算结果进行了对比分析，对比结果如图 10-8 所示。

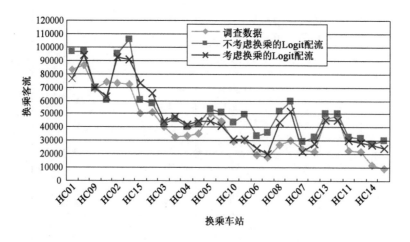

图 10-8　对比计算结果

从图 10-8 中可以看出,计算结果较没有考虑换乘次数费用的全有全无法更加贴近实际,二者的相对误差比较如图 10-9 所示。

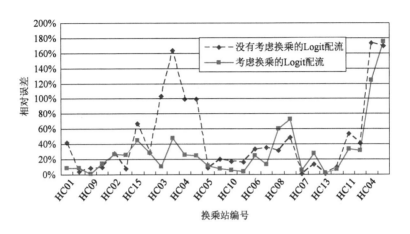

图 10-9　配流结果相对误差对比图

从图 10-9 中可以看出,考虑基于换乘次数的路径费用构建的 Logit 模型计算结果与实际数据的平均相对误差为 31.22%,而没有考虑换乘次数对乘客路径选择行为影响的计算结果与实际数据的平均相对误差则高达 47.66%,且相对误差大于 100% 的节点数也较考虑换乘的 Logit 配流结果多,在某些换乘节点的相对误差高达 173.11%。因此,考虑基于换乘次数的路径费用构建的 Logit 模型能较好地刻画城市轨道交通乘客在网络化运营条件下的出行成本与路径选择行为。

由于模型和算法涉及许多变量和参数,这些数据作为已知条件,对于最终的配流结果也会产生影响,为了更好地把握模型和算法的计算结果,需对这些参数进行灵敏度分析,其目的是为了准确把握当某些影响因素发生变化时,网络客流的变化规律。

(1) 参数 H 的灵敏度分析

根据 10.3 节中有效路径的定义,参数 H 为非负常数,表示有效路径的伸展系数,即城市轨道交通乘客在路径选择时考虑的有效路径费用,通常在出行者可承受的一定范围之内。假定其他条件保持不变,H 分别取 0.1、0.2、0.3、0.4 和 0.5 五种情况,不同 H 值下的配流结果和实测数据的比较结果如图 10-10 所示。

从图 10-10 中可以看出,不同 H 值对配流计算结果会有一定的影响,但影响并不显著。随着 H 值的增加,有效路径的范围将会扩大,而新增加的路径费用相对较高,因此,根据 Logit 模型的配流计算,分配给这些路径的流量也很少,因此对配流结果影响并不大。其结果表明,随着城市轨道交通网络规模的扩大,新增加的有效路径将包含更多的换乘节点,换乘次数的增加将导致乘客在路径选择行为中对其换乘费用过高的有效路径选择概率变小,在一定程度上刻画了乘客基于自身出行效用最大化的路径选择行为。

(2) 参数 α 和 β 的灵敏度分析

根据前面提出的路径费用模型,α 和 β 为模型的待标定参数。根据参数标定,分别取 $\alpha = 1.2640$,$\beta = 1.8481$,表示换乘时间对换乘次数的函数关系为非线性函数,即随着换乘次数的增加,乘客换乘时间相应地增加,其感知的额外费用呈现幂指数级增长。假定其他条件不变,路径广义费用函数中 α 分别取值为 1、1.5、2、2.5 和 3 时,β 分别取 0.5、1.0、1.5、2.0、2.5 时,计算客流分配结果的变化趋势如图 10-11 所示。

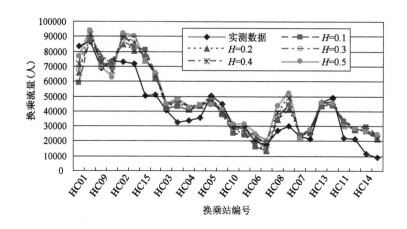

图 10-10　不同 H 值对客流分配结果的影响

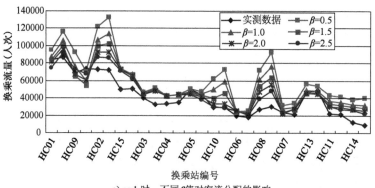

a) $\alpha=1$ 时,不同 β 值对客流分配的影响

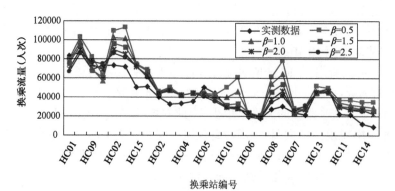

b) $\alpha=1.5$ 时,不同 β 值对客流分配的影响

图　10-11

第 10 章 考虑换乘的城市轨道交通网络客流分配方法

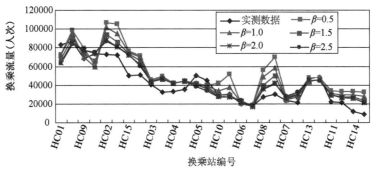

c) $\alpha=2$ 时,不同 β 值对客流分配的影响

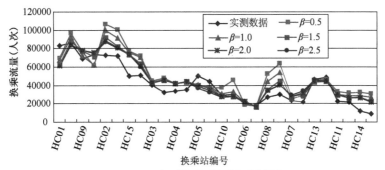

d) $\alpha=2.5$ 时,不同 β 值对客流分配的影响

图 10-11 灵敏度分析

从图 10-11 中可以看出,参数 α 和 β 取不同的值对配流结果的影响比较明显。当 $\beta=1$ 时,随着 α 取值从 1 到 2.5,配流结果的相对误差从 32% 下降到 25%;而当 $\alpha=1$ 时,随着 β 取值从 0.5 到 2.5,配流结果的相对误差从 37% 下降到 23%;说明对换乘时间和换乘次数的惩罚程度会直接影响模型和算法的计算结果。在本算例中,$\alpha=1$ 和 $\beta=2.5$、$\alpha=1.5$ 和 $\beta=2.5$、$\alpha=2$ 和 $\beta=1.5$ 以及 $\alpha=2$ 和 $\beta=2$ 这几种组合,计算结果最好,相对误差均为 23%。在给定的 α 取值下,随着 β 取值的增加,乘客对换乘费用的感受程度将降低,因此,对含有多个换乘节点的有效路径选择的容忍程度将增加。

综上所述,参数 α 和 β 的取值相对于配流计算结果的灵敏程度较高,即城市轨道交通网络 O-D 对之间有效路径的换乘次数越多,其选择概率越低。在城市轨道交通网络化运营的现实条件下,随着网络规模的扩大,网络中的换乘节点也将相应增加,乘客对换乘费用的考虑将成为在路径选择行为中的主要影响因素。因此,参数 α 和 β 的灵敏程度在一定程度上反映了考虑换乘次数的乘客有效路径选择行为中对换乘费用的敏感程度。

(3) 对参数 θ 的灵敏度分析

在 Logit 模型中,θ 为待标定参数,表示乘客总体对城市轨道交通网络熟悉程度的度量指标。假定其他条件保持不变,θ 分别取 1、2、3、5、10、15、30 时,计算并分析客流分配结果的变化趋势,如图 10-12 所示。

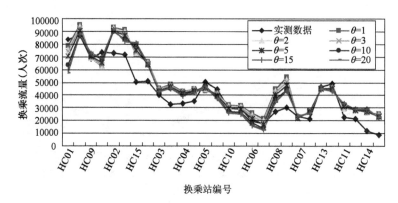

图 10-12　不同 θ 值对客流分配结果的影响

从图 10-12 中可以看出，改进的 Logit 模型中的参数 θ 的值会对配流结果产生影响，但影响并不显著。其结果表明，在城市轨道交通网络化运营条件下，乘客对网络的熟悉程度将影响其选择在特定环境下换乘费用最小的有效路径；但随着网络规模的扩大，包含不同换乘节点的有效路径将增多，乘客即使不能选择当前换乘费用最小的有效路径，也能通过其他换乘节点实现 O-D 对之间的出行行为。因此，参数 θ 相对于配流计算结果的灵敏程度在一定程度上能刻画乘客总体对城市轨道交通网络熟悉程度。

第11章 考虑乘客分类的城市轨道交通网络客流分配方法

正如前面所介绍的,在城市轨道交通网络中,具有不同社会经济属性的乘客在路径选择上存在很大差别,也就是说,不同类型的乘客对于同一条路径具有不同的选择偏好。为了更精准地估计 O-D 客流在城市轨道交通网络上的分布情况,本章给出了考虑乘客分类的城市轨道交通网络流量分配方法。基于调查数据,对乘客进行了类别划分,并对模型中的参数进行了估计;最后,通过实际数据对模型和算法进行了实证分析。

11.1 考虑乘客类别的客流分配方法

11.1.1 路径广义费用

不同类别的乘客在路径选择上存在不同偏好。划分乘客类别的主要依据包括年龄、职业及收入等。实际上,乘客对路径选择的差异性是通过路径广义费用中的相关参数体现的。在城市轨道交通网络中,影响乘客路径选择的因素包括时间和换乘,其中时间因素包括乘车时间、等车时间和换乘时间等,换乘因素包括换乘时间和换乘次数。

(1)乘车时间

乘车时间包括列车运行时间和停站时间。很明显,这一因素与乘客类型没有相关性。一般情况下,城市轨道交通的列车严格按照列车时刻表运行,因此,乘客乘车时间固定,可看作常数。假定用 T_{ij}^l 表示乘客在区间 (i,j) 的乘车时间,则:

$$T_{ij}^l = \begin{cases} t_{ij}^l & (\text{站点 } i \text{ 为起始站}, \forall l,i,j) \\ s_i^l + t_{ij}^l & (\text{站点 } i \text{ 不是起始站}, \forall l,i,j) \end{cases} \tag{11-1}$$

式中:t_{ij}^l ——线路 l 的列车在区段 (i,j) 上的开行时间;

s_i^l ——线路 l 的列车在车站 i 的平均停靠时间。

(2)换乘时间

换乘时间由步行时间和等车时间组成,其中步行时间与乘客类型相关,例如,年龄较大的乘客步行时间较长;等车时间为乘客等待换乘列车进站的平均时间,可以取 $0.5 \times f_m$ 作为乘客平均等车时间,其中 f_m 表示线路 m 的列车平均发车间隔。则:

$$E_{i,n}^{l,m} = \frac{d_i^{l,m}}{s_n} + \frac{f_m}{2} \quad (\forall i,n,l,m) \tag{11-2}$$

式中：$\bar{E}_{i,n}^{l,m}$ ——类型为 n 的乘客在换乘车站 i 从线路 l 换乘到线路 m 的总花费时间；

$d_i^{l,m}$ ——相应的换乘距离；

s_n ——类型为 n 的乘客的平均步行速度。

(3) 换乘次数

在出行中，出行者对时间和换乘具有不同的理解费用。例如，如果没有换乘，则出行费用没有换乘费用；如有一次换乘，可将实际换乘时间乘以惩罚系数来表示出行者对换乘时间的理解费用；如果有两次换乘，则第二次换乘的惩罚会高于第一次换乘的惩罚。考虑不同类型出行者对换乘敏感性不同，采用如下基于乘客类型的换乘理解费用模型：

$$\bar{E}_{i,n}^{l,m} = \alpha_n \cdot (e_{i,k}^w)^{\beta_n} \cdot E_{i,n}^{l,m} \quad (\forall i,n,l,m) \tag{11-3}$$

式中：$\bar{E}_{i,n}^{l,m}$ ——第 n 种类型的乘客在换乘站 i 从线路 l 换乘到线路 m 的感知费用；

α_n ——第 n 种类型的乘客对换乘时间的惩罚系数，$\alpha_n > 1$；

$e_{i,k}^w$ ——O-D 对 rs 之间的第 k 条路径上在换乘站 i 处发生的累计换乘次数；

β_n ——校正参数。

在城市轨道交通网络中，乘客出行路径由车站和区段组成，路径费用就等于组成该路径的所有区段的乘车时间、所有车站的停站时间以及换乘费用之和。假定用 $C_{k,n}^w$ 表示类型为 n 的乘客在 O-D 对 w 之间第 k 条路径上可确定的广义费用，则：

$$C_{k,n}^{rs} = \sum_{i,j} T_{ij}^l \cdot \delta_{ij,k}^{rs} + \sum_{i,l,m} \bar{E}_{i,n}^{l,m} \cdot \varphi_{i,k}^{rs} \cdot \eta_{l,k}^{rs} \cdot \eta_{m,k}^{rs} \quad (\forall n) \tag{11-4}$$

式中，$\delta_{ij,k}^{rs}$、$\varphi_{i,k}^{rs}$、$\eta_{l,k}^{rs}$ 分别表示网络中区段 (i,j)、车站 i、线路 l 等与 O-D 对 rs 之间路径 k 的关联关系。如果区段 (i,j)、车站 i 和线路 l 属于 O-D 对 rs 之间第 k 条路径，则 $\delta_{ij,k}^{rs}$、$\varphi_{i,k}^{rs}$ 和 $\eta_{l,k}^{rs}$ 均取值为 1，否则为 0。

11.1.2 客流分配模型

一般而言，乘客考虑的路径费用会在一定的范围之内，如果某条路径的费用超出这一范围，乘客则不会考虑，即有效路径的广义费用须满足以下条件：

$$C_{k,n}^{rs} \leq H \cdot C_{\min,n}^{rs} \quad (k \in K_n^{rs}) \tag{11-5}$$

式中：$C_{\min,n}^{rs}$ ——O-D 对 rs 之间第 n 类乘客的最小广义路径费用；

H ——非负常数，称为路径的扩展系数；

K_n^{rs} ——O-D 对 rs 之间有效路径集合。

实际中，尽管乘客可以根据经验对路径费用进行判断，但很难准确估计，总会有一些不确定因素影响乘客对路径费用的判断。因此，广义路径费用存在随机误差，可用下式表示：

$$\tilde{C}_{k,n}^{rs} = C_{k,n}^{rs} + \varepsilon_{k,n}^{rs} \quad (k \in K_n^{rs}) \tag{11-6}$$

式中：$\tilde{C}_{k,n}^{rs}$ ——第 n 类乘客在 O-D 对 rs 之间有效路径 k 上的随机广义费用；

$C_{k,n}^{rs}$ ——乘客根据经验可以确定的路径费用，可由式(11-4)进行计算；

$\varepsilon_{k,n}^{rs}$ ——随机项。

根据上面的描述,广义路径费用为随机变量,故乘客路径选择问题实际上就是概率问题。通常,乘客总是希望选择广义费用最小的路径,因此,路径选择概率可表示如下:

$$p_{k,n}^{rs} = \Pr(\tilde{C}_{k,n}^{rs} \leq \tilde{C}_{p,n}^{rs}, p, k \in K_n^{rs}, p \neq k) \quad (k \in K_n^{rs}) \tag{11-7}$$

式中:$p_{k,n}^{rs}$——O-D 对 rs 之间类型为 n 的乘客选择路径 k 的概率。

假定式(11-6)中的随机误差项 $\varepsilon_{k,n}^{rs}$ 相互独立,且服从 Gumbel 分布,那么,路径选择概率 $p_{k,n}^{rs}$ 可表示为如下 Logit 形式:

$$p_{k,n}^{rs} = \frac{\exp(-\theta_n C_{k,n}^{rs})}{\sum_{p \in K_n^{rs}} \exp(-\theta_n C_{p,n}^{rs})} \quad (k \in K_n^{rs}) \tag{11-8}$$

式中:θ_n——待定参数。

由于传统的 Logit 模型存在 IIA 特性,使得该模型在求解实际交通问题时会出现两类缺陷:其一,路径选择概率是由不同路径间的广义费用绝对差决定的,这样 Logit 模型在处理不同距离的 O-D 配流时就有可能得出不合常理的结果;其二,当备选路径存在较大的相似性时,会过高评价具有相似性的选择路径,导致预测偏差。同第 10 章类似,用一种较为简单的方法来避免传统 Logit 模型的 IIA 特性,即采用相对广义费用而不是绝对广义费用来进行选择概率计算,模型如下:

$$p_{k,n}^{rs} = \frac{\exp(-\theta_n C_{k,n}^{rs}/C_{\min,n}^{rs})}{\sum_{p \in K_n^{rs}} \exp(-\theta_n C_{p,n}^{rs}/C_{\min,n}^{rs})} \quad (k \in K_n^{rs}) \tag{11-9}$$

11.1.3 客流分配算法

考虑乘客分类的城市轨道交通网络客流分配的基本思路为:根据乘客属性对所有乘客进行类别划分,对于每一类型乘客,确定 O-D 间的最短路径及有效路径,根据 Logit 模型(11-10)计算各条路径的选择概率,将该类型乘客的 O-D 量加载到网络中,得到不同类型乘客的路径流量,将各类型乘客流量进行累加,得出最终的路径流量。最后,根据网络拓扑关系,计算出线路流量、区段流量和换乘流量。具体计算过程如下。

步骤 1:根据乘客不同属性将 O-D 需求进行交叉分类。用 d_n^{rs} 表示 O-D 对 rs 之间第 n 类型乘客所占比例,q_{rs} 表示 O-D 对 rs 之间总的乘客出行需求,则 O-D 对 rs 之间第 n 类型的乘客需求为:

$$q_n^{rs} = q_{rs} d_n^{rs} \quad (\forall rs, n) \tag{11-10}$$

步骤 2:针对 O-D 对 rs 之间第 n 类型的乘客,寻找最短路径,计算最小广义路径费用 $C_{\min,n}^{rs}$。根据式(11-5),采用图论中遍历算法确定 O-D 对 rs 之间第 n 类型乘客的有效路径集合 K_n^{rs},计算各条有效路径上的广义费用 $C_{k,n}^{rs}(k \in K_n^{rs})$。

步骤 3:根据式(11-9)计算 O-D 对 rs 之间第 n 类型乘客的路径选择概率 $p_{k,n}^{rs}(\forall k \in K_n^{w})$。

步骤 4:根据 $p_{k,n}^{rs}$,将 O-D 需求 q_n^{rs} 分配到每条有效路径上,即

$$f_{k,n}^{rs} = q_n^{rs} p_{k,n}^{rs}, \quad k \in K_n^{rs} \quad (\forall rs, n) \tag{11-11}$$

式中:$f_{k,n}^{rs}$——在 O-D 对 rs 之间选择有效路径 k 的第 n 类型乘客数量。

步骤 5：对于 O-D 对 rs，判断是否对所有类型乘客都进行了计算。如果是，则计算该 O-D 之间路径上的总客流 f_k^{rs}，即

$$f_k^{rs} = \sum_n f_{k,n}^{rs} \quad (\forall\, rs, k) \tag{11-12}$$

并转入下一步；否则，转至步骤 2。

步骤 6：判断是否对所有 O-D 对都进行了计算。如果是，转至步骤 7；否则，转至步骤 2。

步骤 7：根据路径流量 f_k^{rs}，按照下式计算线路流量、区段流量及换乘流量：

$$x_l = \sum_{rs} \sum_k f_k^{rs} \cdot \eta_{l,k}^{rs} \quad (\forall\, l) \tag{11-13}$$

$$x_{ij} = \sum_{rs} \sum_k f_k^{rs} \cdot \delta_{ij,k}^{rs} \quad (\forall\, i,j) \tag{11-14}$$

$$x_i^{l,m} = \sum_{rs} \sum_k f_k^{rs} \cdot \varphi_{i,k}^{rs} \cdot \eta_{l,k}^{rs} \cdot \eta_{m,k}^{rs} \quad (\forall\, i,l,m) \tag{11-15}$$

式中：$x_l, x_{ij}, x_i^{l,m}$ ——分别表示网络中线路 l 上的流量、区段 (i,j) 的流量以及在换乘车站 i 的线路 l 和 m 之间的换乘流量。

11.2 乘客属性与路径选择的相关性分析

11.2.1 相关性分析方法

相关性分析是研究两个或两个以上处于同等地位的随机变量间的相关关系的统计分析方法。相关性的元素之间需要存在一定的联系或者概率才可以进行相关性分析。在绝大多数情况下，观测频数是分散在列联表的各个单元格中的，不易直接发现行列变量之间的关系和它们关系的强弱程度，此时需要借助非参数检验方法和度量变量间的相关程度的统计量等手段进行分析，卡方检验是最常用的方法之一。

在统计学中，卡方检验属假设检验的范畴，主要包括如下四个步骤。

步骤 1：建立原假设。在列联表分析中，卡方检验的原假设为行变量与列变量独立。

步骤 2：选择和计算检验统计量。列联表分析卡方检验统计量是 Pearson 卡方统计量，其定义如下：

$$\chi^2 = \sum_{i=1}^r \sum_{j=1}^c \frac{(f_{ij}^0 - f_{ij}^e)^2}{f_{ij}^e} \tag{11-16}$$

其中，r 为列联表的行数，c 为列联表的列数；f^0 为观察频数，f^e 为期望频数（Expected Count）。

期望频数的计算方法是：

$$f^e = \frac{RT}{n} \times \frac{CT}{n} \times n = \frac{RT \times CT}{n} \tag{11-17}$$

其中，RT 是指定单元格所在行的合计观测频数；CT 是指定单元格所在列的合计观测频数；n 是合计观测频数，期望频数的分布反映的是行列变量互不相干情况下的分布。

步骤 3：确定显著性水平和临界值。显著性水平 α 是指原假设为真却将其拒绝的风险，即弃

真的概率。通常设为 0.05 或 0.01。在卡方检验中,卡方统计量服从自由度为(行数 – 1)×(列数 – 1)的卡方分布,因此,在行列数目和显著性水平确定时,卡方临界值是可唯一确定的。

步骤 4:结论和决策。对统计推断作决策通常有两种方式:

(1)根据统计量观测值和临界值比较的结果进行决策。如果卡方观测值大于临界值,则认为实际分布与期望分布之间的差距显著,可以拒绝原假设,断定列联表的行列变量间不独立,存在相关关系;反之,接受原假设。

(2)根据统计量观测值的概率 P 值和显著性水平 α 比较的结果进行决策。在卡方检验中,如果卡方观测值的概率 P 值小于等于 α,则认为在零假设成立的前提下,卡方观测值出现的概率是很小的,是一个本不应该发生的小概率事件,但却发生了,因此,不得不拒绝零假设,断定列联表的行列变量间不独立,存在依存关系;反之,如果卡方检验观测值的概率 P 值大于 α,则在零假设成立的前提下,卡方观测值出现的概率并非小概率,是可能出现的,因此,没有理由拒绝零假设,不能拒绝列联表的行列变量相互独立。

按照第二种方式进行决策,即设定显著性水平 α 为 0.15,判定结果见表 11-1。

判 定 准 则 表 11-1

P 值	检验结果	相关性
$P < 0.05$	拒绝原假设	强相关
$0.05 < P < 0.15$	拒绝原假设	较强相关
$P > 0.15$	接受原假设	不相关

11.2.2 乘客属性与路径选择相关性分析

在本节中,基于第 9 章的城市轨道交通乘客出行调查数据,采用上述卡方检验方法,对乘客的社会经济属性和路径选择之间的相关性进行分析。

(1)性别相关性分析

表 11-2 和表 11-3 分别给出了不同 O-D 对之间的性别和路径选择行为相关性检验的结果。表中第一列为检验统计量名称,第二列为各检验统计量的计算值,第三列为自由度,第四列为大于等于各检验统计量观测值的概率 P 值。其中,第一行为卡方检验的结果,第二行为似然比卡方,样本数较大时,似然比卡方与 Pearson 卡方非常接近,检验结论通常是一致的。

西直门—芍药居之间性别与路径选择相关性检验 表 11-2

统计量	计算结果	自由度 df	P 值
Pearson 卡方	1.838*	3	0.607
似然比	1.840	3	0.606
有效案例中的 N	5751	—	—

西单—安定门之间性别与路径选择相关性检验 表 11-3

统计量	计算结果	自由度 df	P 值
Pearson 卡方	3.430*	2	0.180
似然比	3.438	2	0.179
有效案例中的 N	5751	—	—

从表 11-2 中可以看出,$P = 0.607$,大于显著性水平 0.05,因此,从统计上可以认为西直门—芍药居之间乘客性别和路径选择行为无关。同样,从表 11-3 中可以看出,$P = 0.180$,大于显著性水平 0.05,所以西单—安定门之间乘客性别和路径选择行为也无关。根据上面分析可知,乘客的性别属性和路径选择偏好相关性不明显。

（2）年龄相关性分析

类似地,表 11-4 和表 11-5 分别给出了不同 O-D 对之间乘客年龄和路径选择行为相关性检验的结果。

西直门—芍药居之间年龄与路径选择相关性检验 表 11-4

统计量	计算结果	自由度 df	P 值
Pearson 卡方	8.448*	9	0.490
似然比	8.566	9	0.478
有效案例中的 N	5751	—	—

西单—安定门之间年龄与路径选择相关性检验 表 11-5

统计量	计算结果	自由度 df	P 值
Pearson 卡方	7.711*	6	0.260
似然比	7.839	6	0.250
有效案例中的 N	5751	—	—

从表中可以看出,两次卡方检验的 P 值分别为 $P = 0.490$,$P = 0.260$,均大于显著性水平 0.05,可以认为年龄和路径选择行为不相关。

（3）职业相关性分析

表 11-6 和表 11-7 分别给出了不同 O-D 对之间的乘客职业属性和路径选择行为相关性检验结果。

西直门—芍药居之间职业与路径选择相关性检验 表 11-6

统计量	计算结果	自由度 df	P 值
Pearson 卡方	50.839*	18	0.000
似然比	50.673	18	0.000
有效案例中的 N	5751	—	—

西单—安定门之间职业与路径选择相关性检验 表 11-7

统计量	计算结果	自由度 df	P 值
Pearson 卡方	17.063*	12	0.147
似然比	17.156	12	0.144
有效案例中的 N	5751	—	—

从表 11-6 中可以看出,$P = 0.000$,远小于显著性水平 $\alpha = 0.05$,所以认为 O-D 对西直门—芍药居之间职业和路径选择行为是强相关的;从表 11-7 中可以看出,$P = 0.147$,小于显著性水平 0.15,所以认为 O-D 对西单—安定门之间职业和路径选择行为较强相关。由以上分析可

知,乘客职业属性和路径选择具有相关性。

(4) 收入水平相关性分析

表 11-8 和表 11-9 分别给出了不同 O-D 对之间乘客的个人收入水平属性和路径选择行为相关性检验结果。

西直门—芍药居之间收入水平与路径选择相关性检验　　　　表 11-8

统计量	计算结果	自由度 df	P 值
Pearson 卡方	21.375*	12	0.045
似然比	22.331	12	0.034
有效案例中的 N	5751	—	—

西单—安定门之间收入水平与路径选择相关性检验　　　　表 11-9

统计量	计算结果	自由度 df	P 值
Pearson 卡方	12.728	8	0.122
似然比	12.748	8	0.121
有效案例中的 N	5751	—	—

从表 11-8 中可以看出,$P=0.045$,小于显著性水平 0.05,所以认为西直门—芍药居之间收入水平和路径选择行为是强相关的;从表 11-9 中可以看出,$P=0.122$,小于显著性水平 0.15,所以认为西单—安定门之间收入水平和路径选择行为较强相关。因此,乘客的个人收入水平属性和路径选择具有相关性。

(5) 出行目的与路径选择的相关性分析

表 11-10 和表 11-11 分别给出了不同 O-D 对之间出行目的和路径选择相关性检验结果。

西直门—芍药居之间出行目的与路径选择相关性检验　　　　表 11-10

统计量	计算结果	自由度 df	P 值
Pearson 卡方	40.536	21	0.006
似然比	40.158	21	0.007
有效案例中的 N	5751	—	—

西单—安定门之间出行目的与路径选择相关性检验　　　　表 11-11

统计量	计算结果	自由度 df	P 值
Pearson 卡方	46.145	14	0.000
似然比	45.900	14	0.000
有效案例中的 N	5751	—	—

从表中可以看出,两次卡方检验的结果分别为 $P=0.006$ 与 $P=0.000$,远小于显著性水平 0.05,所以,乘客出行目的和路径选择行为具有强相关性。

(6) 网络熟悉程度相关性分析

表 11-12 和表 11-13 分别给出了不同 O-D 之间乘客对路网的熟悉程度和路径选择行为的相关性检验结果。

西直门—芍药居之间路网熟悉程度与路径选择相关性检验 表 11-12

统计量	计算结果	自由度 df	P 值
Pearson 卡方	8.840	6	0.183
似然比	8.627	6	0.196
有效案例中的 N	5751	—	—

西单—安定门之间路网熟悉程度与路径选择相关性检验 表 11-13

统计量	计算结果	自由度 df	P 值
Pearson 卡方	5.691	4	0.223
似然比	5.723	4	0.221
有效案例中的 N	5751	—	—

从表中可以看出,两次检验的结果分别为 $P=0.183$ 与 $P=0.223$,均大于显著性水平 0.15,所以,乘客对网络的熟悉程度和路径选择不相关。

11.3 乘客的交叉分类

根据前面的分析,在乘客的属性中,只有职业、出行目的和个人收入这三个因素与路径选择行为具有相关性,因此,下面就根据这三个属性对乘客进行交叉分类。

(1) 职业划分

根据第 9 章的数据分析,在不同职业的乘客出行选择中,政府职员、企事业单位人员、学生、其他职业的乘客路径选择比例较相似,而离退休人员、自由职业者、短暂来京人员的乘客路径选择比例较相似,因此,可以将乘客职业分为两大类,即政府职员、企事业单位人员、学生、其他职业为一类,离退休人员、自由职业者、短暂来京人员为另一类。图 11-1 给出了不同 O-D 对之间不同职业类型乘客的路径选择结果。

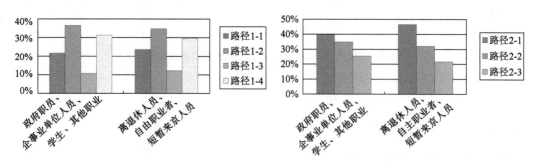

图 11-1 不同 O-D 之间的不同职业乘客的路径选择比例

从图中可以看出,将乘客职业属性分为两大类后,两类乘客的路径选择行为具有显著的差异:第一类乘客以通勤出行为主,他(她)们对出行时间的关注度较高,比较偏向选择换乘次数较少、乘车时间较短的路径;第二类乘客以非通勤出行为主,他(她)们对换乘次数的关注度较高,更偏向选择换乘次数少的路径。

表 11-14 和表 11-15 分别给出了不同 O-D 之间乘客职业和路径选择相关性结果。

西直门—芍药居之间职业类型和路径选择相关性检验　　　　　表 11-14

统计量	计算结果	自由度 df	P 值
Pearson 卡方	15.937	3	0.001
似然比	15.379	3	0.002
有效案例中的 N	5751	—	—

西单—安定门之间职业类别和路径选择相关性检验　　　　　表 11-15

统计量	计算结果	自由度 df	P 值
Pearson 卡方	12.224	6	0.057
似然比	12.298	6	0.056
有效案例中的 N	5751	—	—

从表中可以看出,两个检验结果的 P 值分别为 0.001 和 0.057,小于显著性水平 0.15。因此,从统计上可以将乘客职业属性分为以上两大类。

(2) 出行目的分类

根据前面的乘客出行行为调查,在不同目的的乘客出行中,以上班、上学、回家和其他出行目的的路径选择行为较为接近,而以公务、购物、旅游和探亲访友等为目的的路径选择行为基本类似,这样,可以按照出行目的将乘客分为两类,即上班、上学、其他目的为一类,公务、购物、旅游、探亲访友为另一类。图 11-2 给出了不同 O-D 之间不同出行目的的乘客的路径选择比例。

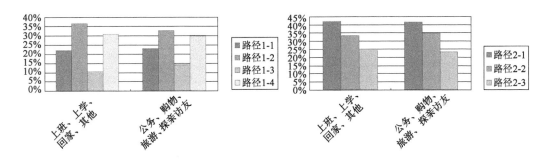

图 11-2　不同 O-D 对之间不同出行目的的乘客路径选择比例

由图 11-2 可以看出,将乘客按照出行目的分为两类后,不同类型乘客的路径选择行为有显著差异;其中上学、上班、回家、其他目的的合并的乘客以通勤为主,更侧重选择乘车时间最短的路径;而购物、旅游、探亲访友等的出行为非通勤出行,对花费时间并不太敏感,这类乘客更倾向于选择换乘次数最少的路径。

同样,表 11-16 和表 11-17 分别给出了按照出行目的分类后的乘客,目的属性和路径选择之间的相关性检验结果。

西直门—芍药居之间出行目的和路径选择相关性检验 表 11-16

统计量	计算结果	自由度 df	P 值
Pearson 卡方	9.008	3	0.029
似然比	8.967	3	0.030
有效案例中的 N	5751	—	—

西单—安定门之间出行目的和路径选择相关性检验 表 11-17

统计量	计算结果	自由度 df	P 值
Pearson 卡方	24.940	2	0.000
似然比	24.915	2	0.000
有效案例中的 N	5751	—	—

从表中可以看出,两个检验结果的 P 值分别为 0.029 和 0,均小于显著性水平 0.05,可以认为出行目的属性与路径选择具有强相关关系。

（3）收入水平属性分类

根据第 9 章的分析结果,不同收入水平的乘客在路径选择上也存在差异性,尤其是以 8000 元/月为分界线,因此,可将乘客收入水平划分为两大类,即 8000 元/月以下的为一类,8000 元/月以上的为另一类。图 11-3 给出了将收入水平分类后,不同 O-D 之间的乘客路径选择比例。

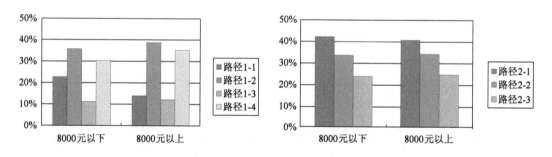

图 11-3 不同 O-D 对之间不同收入水平乘客的路径选择比例

从图中可以看出,两类不同收入水平的乘客路径选择行为具有一定的差异,高收入人群的时间价值较高,这类乘客会更愿意选择乘车时间短的路径,而低收入乘客则更倾向选择换乘次数少的路径。

乘客收入水平属性和路径选择相关性检验结果由表 11-18 和表 11-19 给出。

西直门—芍药居之间收入水平和路径选择相关性检验 表 11-18

统计量	计算结果	自由度 df	P 值
Pearson 卡方	10.154	3	0.017
似然比	11.220	3	0.011
有效案例中的 N	5751	—	—

西单—安定门之间收入水平和路径选择相关性检验 表 11-19

统计量	计算结果	自由度 df	P 值
Pearson 卡方	4.991	3	0.172
似然比	4.960	3	0.175
有效案例中的 N	5751	—	—

可以看出,西直门—芍药居之间 P 值为 0.017,远小于显著性水平 0.05,但西单—安定门之间 P 值为 0.172,稍大于显著性水平 0.15,根据前面的检验结果,可以认为收入水平分为两类后的路径选择具有差异性。

(4)乘客交叉分类

根据上面的分析,与乘客路径选择行为相关的社会经济属性包括职业、收入水平和出行目的这三类,各类属性均又可分为两类。按照交叉分类的思想,所有乘客可分为 8 类型,表 11-20 列出了各个类型的乘客的相关信息及其所对应的样本量。

乘客属性交叉分类 表 11-20

乘客类别	出行目的	职业	个人收入水平	样本量及样本百分比
第一类	上班、上学、回家、其他	政府职员、企事业单位人员、学生、其他	8000 元以下	2627(45.7%)
第二类	上班、上学、回家、其他	政府职员、企事业单位人员、学生、其他	8000 元以上	126(2.2%)
第三类	回家、其他(上班、上学)	离退休人员、自由职业者、短暂来京人员	8000 元以下	420(7.3%)
第四类	回家、其他(上班、上学)	离退休人员、自由职业者、短暂来京人员	8000 元以上	14(0.2%)
第五类	公务、购物、旅游、探亲访友	政府职员、企事业单位人员、学生、其他	8000 元以下	1700(29.6%)
第六类	公务、购物、旅游、探亲访友	政府职员、企事业单位人员、学生、其他	8000 元以上	68(1.2%)
第七类	公务、购物、旅游、探亲访友	离退休人员、自由职业者、短暂来京人员	8000 元以下	774(13.5%)
第八类	公务、购物、旅游、探亲访友	离退休人员、自由职业者、短暂来京人员	8000 元以上	22(0.4%)

从表中可以看出,第四类、第六类和第八类的乘客样本很少,不具有统计意义,因此,可以将这三类乘客与其他类别进行合并。

表 11-21 给出了这三类乘客属性与路径选择相关性检验的 P 值。从表中可以看出,这三类乘客属性中,个人收入水平与路径选择的 P 值最小,即个人收入水平对路径选择的影响不如职业和出行目的对路径选择的影响大,所以将第四类乘客与第三类乘客合并,第六类乘客与第五类乘客合并,第八类乘客与第七类乘客合并。表 11-22 给出了最终的乘客分类情况。

乘客各属性与路径选择相关性检验 P 值 表 11-21

类型	职业与路径选择	个人收入水平与路径选择	出行目的与路径选择
两个问题的 P 值的均值	0.074	0.084	0.03

乘客属性交叉分类   表 11-22

乘客类别	出行目的	职业	收入	简写	样本数及比例
第一类	上班、上学、回家、其他	政府职员、企事业单位人员、学生、其他	8000 元以下	111	2627(45.7%)
第二类	上班、上学、回家、其他	政府职员、企事业单位人员、学生、其他	8000 元以上	112	126(2.2%)
第三类	回家、其他(上班、上学)	离退休人员、自由职业者、短暂来京人员		120	434(7.5%)
第四类	公务、购物、旅游、探亲访友	政府职员、企事业单位人员、学生、其他		210	1768(30.7%)
第五类	公务、购物、旅游、探亲访友	离退休人员、自由职业者、短暂来京人员		220	796(13.8%)

图 11-4 给出了不同 O-D 间五类乘客选择各条路径的比例。

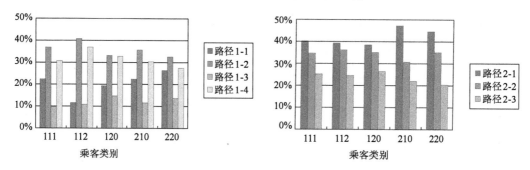

图 11-4 各类乘客选择各条路径的比例

由图中可以看出,第四类和第五类乘客选择没有换乘的路径的比例比前三类以上班族为主的乘客大;第二类乘客为高收入者,选择乘车时间短、换乘次数少的路径的比例最大,选择乘车时间最长的比例最低。

需要指出的是,这里所得到的乘客分类只是基于调查数据,是一种统计结果,统计结论往往带有偏差。如果调查样本足够多,则这种偏差会降低。

11.4 O-D 客流分类

在考虑乘客分类的客流分配算法中,首先应对网络中各 O-D 对之间的出行需求进行类别划分,得到各种类别乘客的 O-D 需求。根据前面的分析,网络中的乘客可分为五大类,而根据城市轨道交通的刷卡数据,只能得到各 O-D 站点间总的 O-D 量,因此,本节讨论如何根据刷卡数据对每一类别的 O-D 量进行估计。

为了简化处理,假设从一个 O 点到所有 D 点的各类乘客所占比例相同,当然,实际每一个 O-D 之间都会对应不同的比例,由于刷卡数据中缺少乘客属性信息,而调查样本数量不足,为了统计计算的需要,在此进行了简化处理。

假设 r 站和 s 站是被调查的车站,根据乘客分类方法和调查样本可以得到调查车站 r 站和 s 站的第 i 类乘客所占的比例 p_i^r 和 p_i^s,假定 m 站是处于 r 站和 s 站之间的未被调查的车站,则 m 站的第 i 类乘客所占的比例 p_i^m 可按照以下规则得到:

(1)若 m 站和 r 站所处的地理环境相似,都为交通集散点、旅游景点或商业中心等,则 $p_i^m = p_i^r$。

(2)若 m 站为某条线路的首站点或末站点,r 站是距离 m 站最近的调查车站,则 $p_i^m = p_i^r$。

(3)如果规则(1)(2)均不满足,则,$p_i^m = (p_i^r + p_i^s)/2$。

北京地铁1号线的调查车站有:苹果园、八角游乐园、五棵松、公主坟、南礼士路、西单、天安门东、东单、建国门、国贸、四惠、四惠东。在1号线没有调查的车站中,未调查车站天安门西和调查车站天安门东都是天安门广场的进出口,客流量分布相似,所以天安门西站的乘客比例取值和天安门东一致,其余车站按照规则第(3)条取相邻调查车站的中间值。最后得到1号线各个站点的5类乘客比例,见表11-23。

北京地铁1号线各车站各类乘客所占比例(%) 表11-23

站点名	第一类	第二类	第三类	第四类	第五类
四惠东	43.24	0.00	8.11	35.14	13.51
四惠	50.00	5.10	8.16	28.57	8.16
大望路	47.13	3.37	7.77	35.60	6.13
国贸	44.26	1.64	7.38	42.62	4.10
永安里	41.98	3.03	8.10	38.96	7.93
建国门	39.71	4.41	8.82	35.29	11.76
东单	59.26	3.70	11.11	18.52	7.41
王府井	48.30	3.85	10.22	28.59	9.04
天安门东	37.33	4.0	9.33	38.67	10.67
天安门西	37.33	4.00	9.33	38.67	10.67
西单	48.85	0.76	11.45	29.77	9.16
复兴门	48.24	2.76	10.96	28.22	9.82
南礼士路	47.62	4.76	10.48	26.67	10.48
木樨地	46.15	2.91	7.90	33.55	9.49
军事博物馆	46.15	2.91	7.90	33.55	9.49
公主坟	44.68	1.06	5.32	40.43	8.51
万寿路	46.82	1.57	10.47	32.71	8.42
五棵松	48.96	2.08	15.63	25.00	8.33
玉泉路	49.93	1.50	13.72	21.14	13.71
八宝山	49.93	1.50	13.72	21.14	13.71

续上表

站点名	第一类	第二类	第三类	第四类	第五类
八角游乐园	50.91	0.91	11.82	17.27	19.09
古城	54.03	1.60	8.77	19.78	15.83
苹果园	57.14	2.29	5.71	22.29	12.57

北京地铁2号线的调查车站有：西直门、阜成门、宣武门、前门、崇文门、北京站、建国门、东直门、雍和宫、鼓楼大街。各车站的5类乘客比例见表11-24。

北京地铁2号线各车站各类乘客所占比例(%)　　表11-24

站点名	第一类	第二类	第三类	第四类	第五类
西直门	44.95	0.51	9.09	38.89	6.57
车公庄	42.89	1.50	11.63	32.36	11.62
阜成门	40.83	2.50	14.17	25.83	16.67
复兴门	45.42	2.68	12.08	22.92	16.90
长椿街	45.42	2.68	12.08	22.92	16.90
宣武门	50.00	2.86	10.00	20.00	17.14
和平门	49.14	1.86	11.03	22.07	15.90
前门	48.28	0.86	12.07	24.14	14.66
崇文门	55.22	2.99	2.99	29.85	8.96
北京站	37.93	1.72	12.07	34.48	13.79
建国门	39.71	4.41	8.82	35.29	11.76
朝阳门	50.09	2.98	6.35	28.89	11.70
东四十条	50.09	2.98	6.35	28.89	11.70
东直门	60.47	1.55	3.88	22.48	11.63
雍和宫	41.18	2.94	27.94	11.76	16.18
安定门	54.70	1.47	18.64	10.56	14.63
鼓楼大街	68.22	0.00	9.35	9.35	13.08
积水潭	56.59	0.25	9.22	24.12	9.82
西直门	44.95	0.51	9.09	38.89	6.57

北京地铁4号线的调查车站有：北宫门、北京大学东门、中关村、海淀黄庄、国家图书馆、动物园、西直门、灵境胡同、陶然亭、马家堡、公益西桥。安河桥北为始发站，没有调查，各类乘客的比例取值和北宫门一致，其余车站按照规则第(3)条取相邻调查车站的中间值。表11-25给出了北京地铁4号线各车站的乘客比例。

北京地铁4号线车站各类乘客所占比例(%) 表11-25

站点名	第一类	第二类	第三类	第四类	第五类
安河桥北	54.43	3.80	7.59	22.78	11.39
北宫门	54.43	3.80	7.59	22.78	11.39
西苑	43.88	2.49	9.75	21.51	22.36
圆明园	38.61	1.84	10.83	20.87	27.85
北京大学东门	33.33	1.19	11.90	20.24	33.33
中关村	25.51	2.04	19.39	36.73	16.33
海淀黄庄	38.10	0.00	14.29	38.10	9.52
人民大学	39.05	0.59	11.26	37.28	11.82
魏公村	39.05	0.59	11.26	37.28	11.82
国家图书馆	40.00	1.18	8.24	36.47	14.12
动物园	26.73	0.99	32.67	24.75	14.85
西直门	44.95	0.51	9.09	38.89	6.57
新街口	29.91	0.25	6.57	57.28	5.99
平安里	29.91	0.25	6.57	57.28	5.99
西四	29.91	0.25	6.57	57.28	5.99
灵境胡同	14.86	0.00	4.05	75.68	5.41
西单	48.85	0.76	11.45	29.77	9.16
宣武门	50.00	2.86	10.00	20.00	17.14
菜市口	45.24	1.43	8.57	24.29	20.48
陶然亭	40.48	0.00	7.14	28.57	23.81
北京南站	29.70		9.65	31.18	29.47
马家堡	18.92	0.00	12.16	33.78	35.14
角门西	33.20	0.00	8.96	33.08	24.76
公益西桥	47.48	0.00	5.76	32.37	14.39

北京地铁8号线的调查车站有:奥林匹克中心和北土城,其中没有调查的车站中霍营站为8号线和13号线的换乘站,距离8号线的奥林匹克公园较远,可以由13号线调查的车站的乘客比例得到。回龙观东大营站和育新站由于地理位置和霍营站相似,其乘客比例取值均和霍营站一致。奥体中心站的乘客比例取值为北土城站和奥林匹克公园站的乘客比例的中间值,奥林匹克森林公园南门站和奥林匹克公园站均位于奥林匹克公园附近,客流情况类似,所以奥林匹克森林公园南门站的乘客比例和奥林匹克公园站一致。西小口站、永泰庄站、林萃桥站的乘客比例取值均为奥林匹克公园站和霍营站的乘客比例的中间值。各车站的乘客比例见表11-26。

北京地铁 8 号线各车站各类乘客所占比例(%)　　表 11-26

站点名	第一类	第二类	第三类	第四类	第五类
回龙观东大街	64.95	1.88	6.96	20.40	5.81
霍营	64.95	1.88	6.96	20.40	5.81
育新	64.95	1.88	6.96	20.40	5.81
西小口	57.72	5.80	8.33	23.31	4.85
永泰庄	57.72	5.80	8.33	23.31	4.85
林萃桥	50.49	9.71	9.71	26.21	3.88
森林公园南门	50.49	9.71	9.71	26.21	3.88
奥林匹克公园	50.49	9.71	9.71	26.21	3.88
奥体中心	50.49	9.71	9.71	26.21	3.88
北土城	60.00	5.00	5.00	20.00	10.00

北京地铁 5 号线的调查车站有：天通苑、立水桥、立水桥南、大屯路东、惠新西街南口、和平西桥、雍和宫、东四、东单、崇文门、蒲黄榆、刘家窑。宋家庄和天通苑北均为始发站，相邻的刘家窑站和天通苑站都为调查车站，则两个始发站的乘客比例取值分别与刘家窑站和天通苑站一致。各车站的乘客比例由表 11-27 给出。

北京地铁 5 号线各车站各类乘客所占比例(%)　　表 11-27

站点名	第一类	第二类	第三类	第四类	第五类
天通苑北	61.03	2.21	7.35	23.53	5.88
天通苑	61.03	2.21	7.35	23.53	5.88
天通苑南	61.32	1.61	8.22	23.89	4.96
立水桥	61.62	1.01	9.09	24.24	4.04
立水桥南	50.00	2.13	12.77	17.02	18.09
北苑路北	56.86	1.06	18.15	13.90	10.02
大屯路东	63.73	0.00	23.53	10.78	1.96
惠新西街北口	51.37	1.22	17.86	26.12	3.42
惠新西街南口	39.02	2.44	12.20	41.46	4.88
和平西桥	41.24	4.12	21.65	23.71	9.28
和平里北街	41.21	3.53	24.80	17.74	12.73
雍和宫	41.18	2.94	27.94	11.76	16.18
北新桥	43.32	2.83	16.70	24.97	12.18
张自忠路	43.32	2.83	16.70	24.97	12.18
东四	45.45	2.73	5.45	38.18	8.18
灯市口	52.36	3.22	8.28	28.35	7.79

续上表

站点名	第一类	第二类	第三类	第四类	第五类
东单	59.26	3.70	11.11	18.52	7.41
崇文门	55.22	2.99	2.99	29.85	8.96
磁器口	57.95	2.35	5.77	28.17	5.76
天坛东门	57.95	2.35	5.77	28.17	5.76
蒲黄榆	60.68	1.71	8.55	26.50	2.56
刘家窑	45.30	0.85	8.55	25.64	19.66

北京地铁10号线的调查车站有：苏州街、海淀黄庄、知春里、健德门、北土城、惠新西街南口、芍药居、三元桥、团结湖、国贸、劲松、巴沟站。其乘客比例取值和苏州街一致。各车站的乘客比例见表11-28。

北京地铁10号线各车站各类乘客所占比例(%)　　　　表11-28

站点名	第一类	第二类	第三类	第四类	第五类
巴沟	42.50	0.00	4.17	43.33	10.00
苏州街	42.50	0.00	4.17	43.33	10.00
海淀黄庄	38.10	0.00	14.29	38.10	9.52
知春里	70.53	1.05	18.95	5.26	4.21
知春路	70.53	1.05	18.95	5.26	4.21
西土城	65.26	3.03	11.97	12.63	7.11
牡丹园	65.26	3.03	11.97	12.63	7.11
健德门	60.00	5.00	5.00	20.00	10.00
北土城	60.00	5.00	5.00	20.00	10.00
安贞门	49.51	3.72	8.60	30.73	7.44
惠新西街南口	39.02	2.44	12.20	41.46	4.88
芍药居	44.68	2.13%	10.64	29.79	12.77
太阳宫	55.22	3.77	8.47	24.80	7.73
三元桥	65.77	5.41	6.31	19.82	2.70
亮马桥	63.06	6.58	7.03	19.39	3.94
农业展览馆	63.06	6.58	7.03	19.39	3.94
团结湖	60.34	7.76	7.76	18.97	5.17
呼家楼	52.30	4.70	7.57	30.79	4.64
金台夕照	52.30	4.70	7.57	30.79	4.64
国贸	44.26	1.64	7.38	42.62	4.10
双井	52.71	2.98	7.29	29.94	7.09
劲松	61.15	4.32	7.19	17.27	10.07

八通线的调查车站有:四惠、四惠东、传媒大学、管庄、通州北苑、梨园、土桥。表 11-29 给出了该线各车站的乘客比例。

八通线各车站各类乘客所占比例(%) 表 11-29

站点名	第一类	第二类	第三类	第四类	第五类
四惠	50.00	5.10	8.16	28.57	8.16
四惠东	43.24	0.00	8.11	35.14	13.51
高碑店	54.81	0.00	6.15	30.17	8.86
传媒大学	66.39	0.00	4.20	25.21	4.20
双桥	58.86	3.10	9.18	21.45	7.41
管庄	51.33	6.19	14.16	17.70	10.62
八里桥	50.89	5.35	14.74	19.21	9.81
通州北苑	50.45	4.50	15.32	20.72	9.01
果园	44.88	2.25	16.63	21.90	14.33
九棵树	44.88	2.25	16.63	21.90	14.33
梨园	39.32	0.00	17.95	23.08	19.66
临河里	50.09	0.00	11.58	21.54	16.79
土桥	60.87	0.00	5.22	20.00	13.91

北京地铁 13 号线的调查车站有:西直门、五道口、西二旗、龙泽、立水桥、望京西、芍药居、东直门。各车站的乘客比例见表 11-30。

北京地铁 13 号线各车站各类乘客所占比例(%) 表 11-30

站点名	第一类	第二类	第三类	第四类	第五类
西直门	44.95	0.51	9.09	38.89	6.57
大钟寺	47.06	0.67	9.96	32.36	9.95
知春路	70.53	1.05	18.95	5.26	4.21
五道口	49.17	0.83	10.83	25.83	13.33
上地	81.54	1.54	3.85	10.77	2.31
西二旗	81.54	1.54	3.85	10.77	2.31
龙泽	68.28	2.76	4.83	16.55	7.59
回龙观	64.95	1.88	6.96	20.40	5.81
霍营	64.95	1.88	6.96	20.40	5.81
立水桥	61.62	1.01	9.09	24.24	4.04
北苑	65.72	2.66	9.29	17.72	4.61
望京西	69.83	4.31	9.48	11.21	5.17
芍药居	44.68	2.13	10.64	29.79	12.77
光熙门	52.57	1.84	7.26	26.13	12.20
柳芳	52.57	1.84	7.26	26.13	12.20
东直门	60.47	1.55	3.88	22.48	11.63

从各条线路各类乘客所占比例可以看出,以政府职员、企事业单位人员为主要组成部分的第一类和第四类乘客所占比例最大,以高收入的上班族为主的第二类乘客所占比例最小,天安门东、天安门西、圆明园、北京大学东门、动物园等是旅游胜地,乘客来往较大,这些站点中以旅游为目的的第四类、第五类乘客所占比例较大。

根据城市轨道交通网络中每个站点进站量各类乘客所占的比例 p_i^r 以及现有 O-D 需求,就可以估计出每个 O-D 对间各类乘客的数量。表 11-31 给出了北京地铁 1 号线部分 O-D 对间第一类乘客的客流量。

地铁 1 号线部分 O-D 间第一类乘客数量 表 11-31

D 点	O 点							
	苹果园	古城路	八角游乐园	八宝山	玉泉路	五棵松	万寿路	公主坟
苹果园	0	152	204	162	347	687	561	764
古城路	213	0	51	56	252	498	381	574
八角游乐园	182	53	0	22	110	397	296	455
八宝山	286	101	28	0	40	227	235	387
玉泉路	441	291	143	36	0	174	254	353
五棵松	943	589	413	233	230	0	136	236
万寿路	677	414	288	176	204	123	0	40
公主坟	1008	718	503	313	308	196	55	0
军事博物馆	699	401	281	284	470	440	118	111
木樨地	449	244	225	225	370	325	108	68
南礼士路	692	343	335	319	400	406	170	124
复兴门	575	228	208	306	397	384	247	129

表 11-32 则给出了从苹果园站出发到一些车站之间的各类乘客数量。

苹果园到部分车站各类乘客数量统计(人) 表 11-32

乘客类型	古城路	八角游乐园	八宝山	玉泉路	五棵松	万寿路	公主坟
第一类	152	204	162	347	687	561	764
第二类	5	4	5	10	29	19	18
第三类	25	47	44	95	219	125	91
第四类	56	69	68	147	351	392	691
第五类	45	76	44	95	117	101	146
总和	281	401	324	694	1403	1198	1710

11.5 参 数 估 计

根据前面的分析,乘客对路径选择的差异性是通过配流模型中的相关参数来体现的,这些参数包括广义费用模型(11-4)中的 α_n 和 β_n,以及 Logit 模型(11-10)中的 θ_n,此外,不同类型的乘客,其平均步行速度 s_n 也存在差异。

根据前面的分析可知,可以将全部地铁乘客分为五大类,每一类都对应着相应的参数。采用第 10 章给出的参数估计方法,对相应参数进行回归估计。表 11-33 给出了不同属性乘客所对应的相关参数取值。

各乘客属性分类参数值　　　　　　　　　　　　　　表 11-33

乘客类型	α_n	β_n	θ_n	s_n (m/s)
第一类	1.62	1.81	1.09	1.2
第二类	1.31	1.36	2.52	1.2
第三类	1.15	5.26	1.04	0.8
第四类	1.61	1.78	1.09	1.0
第五类	1.85	1.70	0.61	0.8

为了验证参数估计值的有效性,将估计出来的参数代入 Logit 模型计算路径选择概率,并与路径选择调查概率进行对比,求出平均误差。表 11-34 ~ 表 11-38 给出了计算结果。

第一类乘客的计算结果(%)　　　　　　　　　　　　表 11-34

O-D 对	路径	调查概率	计算概率	误差
西直门—芍药居	路径 1	22.45	15.83	-6.62
	路径 2	36.89	24.89	-12.00
	路径 3	9.91	26.83	16.9
	路径 4	30.76	31.54	0.79
西单—安定门	路径 1	40.12	44.30	4.18
	路径 2	34.67	21.24	-13.43
	路径 3	25.20	34.46	9.26
平均误差	9			

第二类乘客的计算结果(%)　　　　　　　　　　　　表 11-35

O-D 对	路径	调查概率	计算概率	误差
西直门—芍药居	路径 1	11.54	6.65	-4.89
	路径 2	40.77	21.87	-18.90
	路径 3	10.77	31.03	20.26
	路径 4	36.92	40.45	3.53
西单—安定门	路径 1	39.23	50.18	10.95
	路径 2	36.15	21.56	-14.59
	路径 3	24.62	28.26	3.64
平均误差	10			

第三类乘客的计算结果(%)　　　　　　　　　　表 11-36

O-D 对	路径	调查概率	计算概率	误差
西直门—芍药居	路径 1	19.18	19.06	-0.11
	路径 2	33.22	32.14	-1.08
	路径 3	14.73	6.78	-7.95
	路径 4	32.88	42.02	9.14
西单—安定门	路径 1	38.36	55.80	17.44
	路径 2	35.10	0.12	-34.98
	路径 3	26.54	44.08	17.54
平均误差		12		

第四类乘客的计算结果(%)　　　　　　　　　　表 11-37

O-D 对	路径	调查概率	计算概率	误差
西直门—芍药居	路径 1	22.73	49.33	26.60
	路径 2	35.71	38.12	2.41
	路径 3	11.61	23.09	11.48
	路径 4	29.95	34.79	4.84
西单—安定门	路径 1	47.25	44.08	-3.18
	路径 2	30.70	21.63	-9.07
	路径 3	22.05	34.29	12.25
平均误差		9		

第五类乘客的计算结果(%)　　　　　　　　　　表 11-38

O-D 对	路径	调查概率	计算概率	误差
西直门—芍药居	路径 1	26.36	20.07	-6.29
	路径 2	32.56	25.19	-7.37
	路径 3	13.64	26.32	12.68
	路径 4	27.44	28.42	0.98
西单—安定门	路径 1	44.50	39.90	-4.60
	路径 2	35.04	25.47	-9.57
	路径 3	20.47	34.63	14.17
平均误差		7		

由以上五种类别的路径选择概率估计表可知,五种类别的平均误差分别为9%,10%, 12%,9%,7%,误差较小,没有异常误差且均在可接受范围之内,因此,参数估计结果基本合理。

11.6 实例计算

选取北京市 2011 年的轨道交通网络对前面所提出的配流模型与算法进行测算,网络结构如图 11-5 所示。

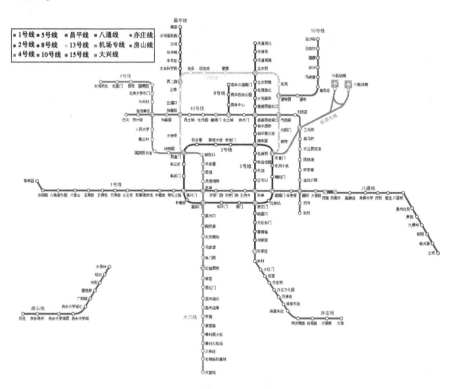

图 11-5 北京市轨道交通运行线路示意图(2011 年)

在本算例中,网络基础数据包括列车发车间隔、乘客换乘步行距离、列车运行时间和车站停车时间。相关参数包括路径广义费用模型中的换乘时间惩罚系数 α_n 和 β_n、Logit 模型中的 θ_n、有效路径算法中的伸展系数 H 等,下面分别对这些数据进行说明。

(1)发车间隔:这里假设发车频率为均值,取平均发车间隔时间为 5min。

(2)乘客换乘步行时间:本算例中共有 22 个换乘站,结合站内换乘设计,表 11-39 给出了各站换乘步行距离。

换乘站走行距离 表 11-39

换乘站	从	至	换乘步行距离(m)	换乘站	从	至	换乘步行距离(m)
建国门	1号线	2号线	120	崇文门	2号线	5号线	120
	2号线	1号线	120		5号线	2号线	120
复兴门	1号线	2号线	120	宣武门	2号线	4号线	120
	2号线	1号线	450		4号线	2号线	120

续上表

换乘站	从	至	换乘步行距离（m）	换乘站	从	至	换乘步行距离（m）
西单	1号线	4号线	120	海淀黄庄	10号线	4号线	120
	4号线	1号线	120		4号线	10号线	120
东单	1号线	5号线	120	知春路	10号线	13号线	120
	5号线	1号线	120		13号线	10号线	120
国贸	1号线	10号线	200	北土城	8号线	10号线	120
	10号线	1号线	120		10号线	8号线	120
四惠	1号线	八通线	120	惠新西街南口	5号线	10号线	120
	八通线	1号线	120		10号线	5号线	120
四惠东	1号线	八通线	120	芍药居	10号线	13号线	120
	八通线	1号线	120		13号线	10号线	120
东直门	2号线	13号线	1000	望京西	13号线	15号线	120
	13号线	2号线	700		15号线	13号线	120
雍和宫	2号线	5号线	120	立水桥	5号线	13号线	120
	5号线	2号线	120		13号线	5号线	120
西直门	2号线	13号线	750	西二旗	13号线	昌平线	120
	13号线	2号线	850		昌平线	13号线	120
	2号线	4号线	300	宋家庄	5号线	亦庄线	120
	4号线	2号线	300		亦庄线	5号线	120
	13号线	4号线	500	霍营	8号线	13号线	120
	4号线	13号线	300		13号线	8号线	120

（3）停站时间：停站时间是指列车途经各站时的停站时间，这里采用平均值2min。

（4）站间车辆运行时间：根据地铁站内公布的站间运行时间资料整理了地铁1号线、2号线、5号线、8号线、10号线、13号线、15号线、4号线—大兴线、昌平线、房山线、亦庄线以及八通线的站间运行时间数据。

（5）参数值：参数 α_n、β_n、θ_n、s_n 的取值由表11-32给出，有效路径算法中的伸展系数 $H=0.15$。

以 O-D 对苹果园—天通苑北为例，根据上述已知条件，采用前面提出的基于乘客分类的配流算法，可以计算得到该 O-D 对之间的有效路径以及各路径上的换乘次数、乘车时间、广义费用、配流比例等数据，表11-40给出了相应的计算结果。

从计算结果可以看出，对于不同的人群，从苹果园去往天通苑北的有效路径数是不同的，第一类乘客到第五类乘客对应的有效路径数分别为5、11、1、5和5，其中第二类乘客的有效路径数为11，明显高于其他类乘客的有效路径数；相反，第三类乘客的有效路径数为1，明显低于其他类乘客的有效路径数。这是因为第二类乘客为收入较高的通勤出行者，这类乘客对时间比较敏感，而对换乘相对不敏感，因此所对应的参数 $\beta_2=1.36$ 与其他类型乘客所对应的参数相比较小；而第三类乘客为离退休及短暂来京人员，这类乘客对换乘较敏感，也就是说他们一般不喜欢选择换乘次数多的路径，因此这类乘客所对应的参数 $\beta_3=5.26$ 明显比其他类型乘客所对应的参数值大很多。因此，对于第二类乘客来说可以选择的有效路径的数量较多，而对于第三类乘客而言，可供选择的有效路径的数量则较少。

分乘客类别的 O-D 配流比例汇总表

表11-40

起点—终点	路径链	线路链	换乘次数	途经站数	行程距离(km)	车内时间(s)	总费用(元)	换乘站	选择概率(%)
	第一类乘客配流结果								
苹果园—天通苑北	国贸→惠新西街南口	01→10→05	2	37	57.6	3929	6639	国贸,惠新西街南口	18.85
	建国门→雍和宫	01→02→05	2	33	51.2	3561	7075	建国门,雍和宫	17.14
	东单	01→05	1	33	51.2	3458	4979	东单	27.12
	复兴门→雍和宫	01→02→05	2	34	52.8	3700	7288	复兴门,雍和宫	16.36
	复兴门→崇文门	01→02→05	2	34	52.8	3577	6248	复兴门,崇文门	20.54
	第二类乘客配流结果								
	国贸→惠新西街南口	01→10→05	2	37	57.6	3929	6135	国贸,惠新西街南口	10.15
	国贸→芍药居→立水桥	01→10→13→05	3	34	52.8	3913	7086	国贸,芍药居,立水桥	6.23
	建国门→雍和宫	01→02→05	2	33	51.2	3561	6211	建国门,雍和宫	9.76
	建国门→东直门→立水桥	01→02→13→10	3	30	46.4	3662	6755	建国门,东直门,立水桥	7.38
	东单	01→05	1	33	51.2	3458	4902	东单	19.13
	西单→宣武门→崇文门	01→02→01→05	3	34	52.8	3613	7038	西单,宣武门,崇文门	6.38
	复兴门→建国门→雍和宫	01→02→01→05	3	36	56	3827	7093	复兴门,建国门,雍和宫	6.20
	复兴门→雍和宫	01→02→05	2	34	52.8	3700	6424	复兴门,雍和宫	8.75
	复兴门→东直门→东单	01→02→13→05	3	31	48	3801	6968	复兴门,东直门,东单	6.61
	复兴门→崇文门	01→02→05	2	34	52.8	3577	5732	复兴门,崇文门	12.49
	复兴门→西直门→立水桥	01→02→13→05	3	27	41.6	3800	6882	复兴门,西直门,立水桥	6.91
	第三类乘客配流结果								
	东单	01→05	1	33	51.2	3458	4862	东单	100.00

第11章 考虑乘客分类的城市轨道交通网络客流分配方法

续上表

OD	路径链	线路链	换乘次数	途经站数	行程距离(km)	车内时间(s)	总费用(元)	换乘站	选择概率(%)
	第四类乘客配流结果								
	国贸→惠新西街南口	01→10→05	2	37	57.6	3929	6609	国贸,惠新西街南口	18.85
	建国门→雍和宫	01→02→05	2	33	51.2	3561	7022	建国门,雍和宫	17.22
	东单	01→05	1	33	51.2	3458	4976	东单	26.96
	复兴门→雍和宫	01→02→05	2	34	52.8	3700	7235	复兴门,雍和宫	16.43
	复兴门→崇文门	01→02→05	2	34	52.8	3577	6217	复兴门,崇文门	20.54
	第五类乘客配流结果								
	国贸→惠新西街南口	01→10→05	2	37	57.6	3929	6756	国贸,惠新西街南口	19.46
	建国门→雍和宫	01→02→05	2	33	51.2	3561	7251	建国门,雍和宫	18.33
	东单	01→05	1	33	51.2	3458	5036	东单	23.97
	复兴门→雍和宫	01→02→05	2	34	52.8	3700	7464	复兴门,雍和宫	17.86
	复兴门→崇文门	01→02→05	2	34	52.8	3577	6374	复兴门,崇文门	20.38
	汇总配流结果								
苹果园—天通苑北	国贸→惠新西街南口	01→10→05	2	37	57.6	3929	6635.291	国贸,惠新西街南口	17.65
	国贸→芍药居→立水桥	01→10→13→05	3	34	52.8	3913	7086	国贸,芍药居,立水桥	0.14
	建国门→雍和宫	01→02→05	2	33	51.2	3561	7064.994	建国门,雍和宫	16.16
	建国门→东直门→雍和宫	01→02→13→10	3	30	46.4	3662	6755	建国门,东直门,雍和宫	0.17
	东单	01→05	1	33	51.2	3458	4977.051	东单	30.67
	西单→宣武门→建国门→雍和宫	01→02→01→05	3	34	52.8	3613	7038	西单,宣武门,建国门,雍和宫	0.15
	复兴门→建国门→雍和宫	01→02→01→05	3	36	56	3827	7093	复兴门,建国门,雍和宫	0.14
	复兴门→雍和宫	01→02→05	2	34	52.8	3700	7277.994	复兴门,雍和宫	15.45
	复兴门→东直门→雍和宫	01→02→13→10	3	31	48	3801	6968	复兴门,东直门,雍和宫	0.15
	复兴门→崇文门	01→02→05	2	34	52.8	3577	6244.964	复兴门,崇文门	19.16
	复兴门→西直门→立水桥	01→02→13→05	3	27	41.6	3800	6882	复兴门,西直门,立水桥	0.16

205

11.7 算 法 分 析

基于同样的输入数据,分别采用考虑乘客类别的配流方法和不考虑乘客类别的配流方法进行计算,得出各换乘站不同方向的换乘流量估计值,并以实际调查的换乘流量为参考,对这两种方法进行了误差分析。

采用平均绝对百分误差(MAPE)作为计算结果的评价指标,其计算公式为:

$$\text{MAPE} = \frac{1}{N} \sum_{i=1}^{N} \left| \frac{y_i - \hat{y}_i}{y_i} \right| \times 100\% \tag{11-18}$$

式中,N 是样本点的个数;y_i 为换乘流量的实测值;$\hat{y}_i$ 为换乘流量的估计值。

图 11-6 和图 11-7 分别给出了采用不同方法所得出的各换乘站换乘流量及对应的 MAPE 统计结果。

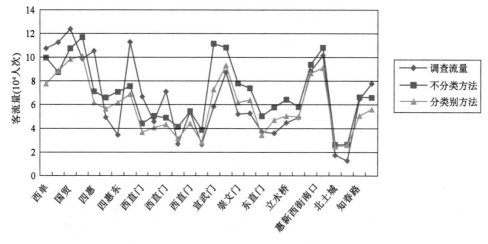

图 11-6 不同算法的计算结果

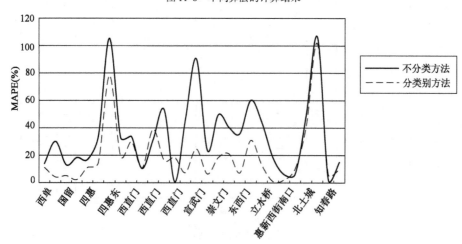

图 11-7 不同算法的 MAPE 值

根据计算结果,不考虑乘客属性方法的各换乘站换乘流量 MAPE 为 35.39%,而考虑乘客属性方法的 MAPE 为 20.38%。显然,考虑乘客属性的配流方法明显优于不考虑乘客属性的配流方法。

下面分析算法中相关参数的变化对计算结果的影响,从而掌握影响客流分布的因素发生变化时,城市轨道交通网络客流变化的基本规律。

(1)有效路径的选择范围

假定模型中其他条件保持不变,有效路径判定条件(11-5)中扩展系数 H 分别取值为 1.0、1.5 和 2.0 时,采用基于乘客类别的客流分配方法计算得出各换乘站的换乘流量。图 11-8 和图 11-9 分别给出了不同 H 值下的换乘流量及其对应的相对误差。

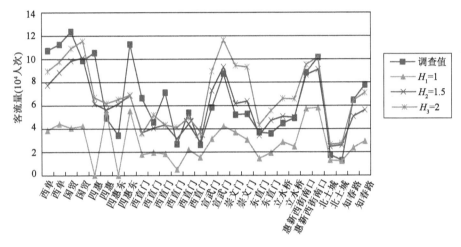

图 11-8 不同 H 值对客流分配结果的影响

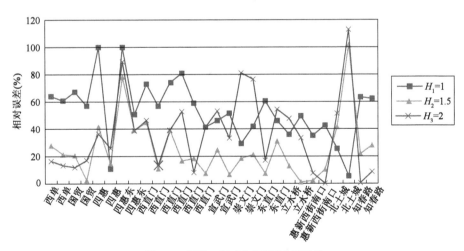

图 11-9 不同 H 值对应的客流分配误差

从上图中可以看出,当扩展系数 H 分别取值 1.0、1.5 和 2.0 时,计算得到的换乘流量的平均绝对百分误差分别为 49.67%、25.38% 和 36.72%。很明显,不同的 H 值对计算结果会有显著的影响。$H=0.5$ 时,无论是各个站点的换乘量误差还是平均绝对百分误差均为最小,而 H 取值为 0 和 1 时的相对误差均较大,当 $H=0$ 时,任意 O-D 对之间的有效路径仅有最短路径,显然不符合用户出行的实际情况,因此误差较大。而当 $H=1$ 时,O-D 对之间的有效路径数将增加,这时有可能会将用户在实际出行中不会考虑的路径也纳入有效路径范围,使计算得到的结果与实际结果有较大偏差。这一结果说明 O-D 对之间有效路径的范围不能过大也不能过小,而是在一定的范围内才可能得到较好的计算结果。

(2)换乘惩罚系数的灵敏度分析

假定模型中其他条件均不变,路径广义费用函数(11-4)中 α_n 分别取值 1、2、3 时,而 β_n 分别取 1、2、3、5 时,计算并分析客流分配结果的变化趋势。图 11-10 ~ 图 11-14 分别给出了每一类乘客所对应的参数 α_n 和 β_n 分别取不同值时客流分配结果的平均绝对百分误差变化趋势。

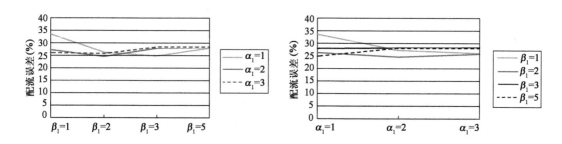

图 11-10 第一类乘客 α_1 和 β_1 分别取不同值时配流误差

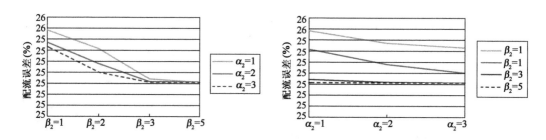

图 11-11 第二类乘客 α_2 和 β_2 分别取不同值时配流误差变化图

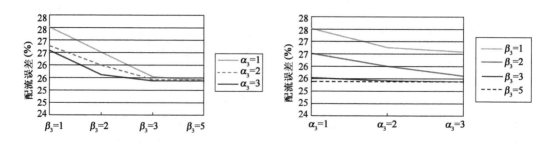

图 11-12 第三类乘客 α_3 和 β_3 分别取不同值时配流误差变化图

第11章 考虑乘客分类的城市轨道交通网络客流分配方法

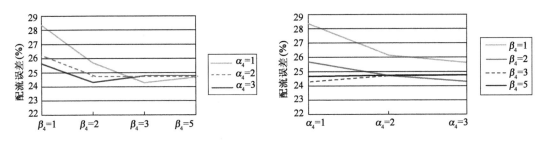

图11-13 第四类乘客 α_4 和 β_4 分别取不同值时配流误差变化图

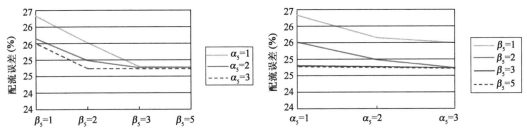

图11-14 第五类乘客 α_5 和 β_5 分别取不同值时配流误差变化图

可以看出,路网的配流结果是由参数 α_n 和 β_n 共同决定的。对于第二、三、五类乘客,当 β_n 取定值时,随着 α_n 逐渐增大配流误差逐渐减小,当 α_n 增大到一定程度时,每一类乘客配流误差趋向一个定值,并保持不变;对于这五类乘客,当 α_n 取定值时,随着 β_n 取值从1增大到5,客流配流结果大部分与实际的误差逐渐减小,且当 β_n 取值足够大时,O-D对之间的有效路径仅剩下一条最短路径,即使 α_n 和 β_n 取值继续增大,误差保持不变,配流结果也不会发生改变。同时,从图中还可以发现,第二类乘客的 α_2 和 β_2 取值的变化对总换乘量的误差影响最小,主要原因是第二类乘客占所有乘客的比例较小,因此其数目的变化对总的计算结果的影响也较小。

(3)乘客对网络的熟知程度的灵敏度分析

假定其他条件都不发生变化,Logit模型(11-10)中 θ_n 分别取0.01、0.1、1、10和100时,计算并分析客流分配结果的变化趋势。图11-15给出了 θ_n 分别取不同值时,采用基于乘客类别的配流方法所得到的计算结果与实测数据的对比情况。

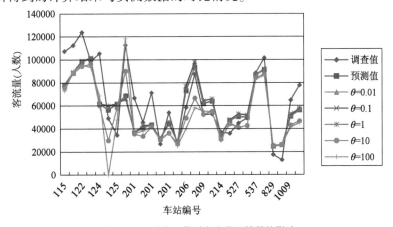

图11-15 不同 θ_n 值对客流分配结果的影响

209

从图中可以看出，θ_n 值会对配流结果产生影响。根据前面的分析，θ_n 值表示乘客对轨道交通网络的熟悉程度，θ_n 越小，表示乘客对费用的判断越不准确，即乘客对网络的熟悉程度越低。θ_n 取值越合理，计算结果与实际调查结果的误差越小。当 $\theta_n = 0.01$ 时，计算结果平均绝对百分误差较大，原因是 θ_n 取值太小，说明乘客对路网非常不熟悉；随着 θ_n 取值的增加，计算结果与实际调查结果的误差逐渐减小，当 $\theta_i = 10$ 时，平均绝对百分误差达到最小 24.32%。但是，并不是 θ_n 的取值越大越好，当 $\theta_n = 100$ 时，计算结果与实际调查值的平均绝对百分误差为 28.80%，主要原因是由于乘客在实际出行中对路网的熟悉度不会太高。

第 12 章 基于时刻表的城市轨道交通网络客流分配方法

12.1 概 述

在城市轨道交通网络出行中,乘客均需要刷卡进站和出站,通过对 AFC 系统的刷卡数据进行统计,可得到任意时间段内的不同站间的 O-D 信息。另外,乘客进到网络中后,需要等待进站的列车,列车进站后乘客会批量乘车出行,因此,乘客在网络中的出行是随着列车的运行而实现的。在城市轨道交通中,列车进出站按照列车时刻表来运行,因此,乘客在网络中的出行也是遵循列车时刻表来完成的。相对于城市地面公交系统,城市轨道交通网络的动态 O-D 客流、列车时刻表信息更加容易采集,且这两者之间的关联性更容易推导。因此,通过对刷卡数据和列车时刻表数据的分析和计算,就可以推算乘客的换乘行为和路径选择行为,并科学地估计客流在城市轨道交通网络上的时空分布,这对于我国城市轨道交通运营管理具有重要意义。

关于城市轨道交通客流分配的最初研究,直接借鉴了城市道路网络的静态配流方法,这些方法缺少对城市轨道交通网络特征的考虑。有些研究[109-115]针对城市轨道交通出行的特点,在乘客出行成本中考虑了车内时间、换乘时间和换乘次数等因素,采用经典的交通模型提出了城市轨道交通客流分配方法。然而,以前的这些研究均没有考虑城市轨道交通客流的动态特性,计算得到的配流结果只是全天 O-D 需求在网络上的静态分布,无法得到分时段客流需求在网络上的动态分布状态。近年来,基于时刻表的研究方法成了城市公交配流研究中的主要方向,相对于基于频率的配流方法,基于时刻表的方法能够减少网络中的不确定性,可更加精确地模拟出公交客流在公交网络上的时空分布情况。在过去的十几年中,国内外专家学者对基于时刻表的城市公交系统的动态配流问题进行了大量研究,提出了众多模型[116-120],然而,对于城市轨道交通网络的研究却并不多。

本章提出了一种基于时刻表的城市轨道交通网络动态客流分配方法。首先,运用网络扩展技术,结合城市轨道交通网络结构和列车时刻表信息,构造了城市轨道交通的时空网络拓扑结构。其次,考虑了乘车时间、换乘因素以及车内拥挤因素,构建了基于地铁时空扩展网络的路径广义费用模型,提出了基于时刻表的城市轨道交通网络客流平衡分配模型。最后,通过一个简单算例对模型及算法的可行性和有效性进行了分析和验证。

12.2 城市轨道交通网络的动态特征

城市轨道交通系统是涉及行人、列车、环境的复杂巨系统，在这样的系统中，各组成要素之间存在错综复杂的关联关系。一方面，列车的运行需要轨道网络等基础设施的支撑，而网络条件在某些时段内可能会发生变化；另一方面，乘客在城市轨道交通网络的出行中，会面临很多的选择或决策，如选择出发时间、线路、换乘等，在所有这些选择中，乘客都会面对众多的不确定因素。同时，客流需求也会受到如交通政策、城市形态、出行特性等方面的影响，表现出很大的季节性和时效性，因此，城市轨道交通系统的客流具有较强的动态性和随机性。城市轨道交通网络的动态特征主要表现为网络结构的动态性和客流需求的动态性。

（1）网络结构的动态特征

随着我国城市轨道交通的发展建设，越来越多的新线会加入既有网络中，同时，在"多线路、多运营商"网络一体化运营管理过程中，不同线路的首末车运行时间也存在差异，因此，在特定的时间范围内，城市轨道交通网络的拓扑结构会呈现出动态变化的特征。城市轨道交通网络拓扑结构发生变化的主要原因有如下几种：

第一，新建、扩建线路引起的网络规模的变化。随着城市轨道交通建设的不断推进，网络规模会越来越大，所包含的线路、站点、换乘站以及可选路径将累计增加。同时，加入新的线路将导致 O-D 矩阵的变化。一方面，O-D 矩阵的维数将变大；另一方面，网络规模的扩大大大提高了轨道交通的可达性，从而吸引更多居民乘坐轨道交通出行，即 O-D 需求也将变大。

第二，已有线路和站点的整修或改建造成部分站点的停止使用。在运营过程中，需要对现有线路或站点进行维修或改建，如北京地铁的东直门站、西直门站、北京站因施工原因曾停用一段时间。在整修或改建时期，一方面相关站点往往实行列车通过不停车的管理方式，在这种条件下，虽然不会改变轨道交通网络的基本结构，但由于某些站点的停运将导致 O-D 矩阵发生变化；另一方面，如果停运站点为换乘站，将会导致某些 O-D 之间的有效路径集合发生改变。

第三，由于各条线路每天开始和停止运营的时间不同，引起有效运营线路网络结构发生变化。例如，北京市运营的地铁线路中，各线首班车发车时间和末班车发车时间不尽相同。除 8 号线外，各线首班车在 05:00—06:00 开出，末班车则于 22:00—22:30 开出。特别地，13 号线的最后一班车只行驶一半，从西直门到回龙观，从东直门开往霍营。因此，在每天的某些时段，运营线路数不同将导致网络结构的不同。

第四，大型活动、客流量超限、突发事件等引起的部分站点的临时限制使用。在举办大型活动或遇到特殊节假日时，对某些线路和站点实行临时调整，主要包括分时段限制使用和运营时间延长或缩短。例如，2008 年奥运火炬传递时的天安门西站、天安门东站、前门站，实行封站管理。另外，奥运会开闭幕式的 2008 年 8 月 8 日至 9 日，以及 8 月 24 日至 25 日，均延长了地铁运营时间，实行 24 小时运营的临时调整。再如，五一、十一长假期间，天安门、前门地区人流压力过大时，都会实行分时段限制使用的管理策略；正月初一去雍和宫祈福的人很多，会对雍和宫站进行临时限制管理。

第12章 基于时刻表的城市轨道交通网络客流分配方法

（2）客流需求的动态特征

同道路交通网络的 O-D 需求类似，城市轨道交通网络的 O-D 需求也具有明显的时效性，即在不同的时间段内，O-D 需求的波动较大。例如，在不同的年份或者同一年中的不同月份、工作日和周末、同一天中的不同时段，城市轨道交通网络的 O-D 需求具有明显的波动性。从网络客流分配的角度来讲，乘客在不同条件下选择出行路径也具有很强的随机性和动态性，不同人群、不同时段在同一 O-D 间选择路径时，也会有不同的标准，因此，这些环境和乘客心理的不确定性均会导致网络客流时空分布的动态变化。

图12-1～图12-3 给出了北京市轨道交通网络客流需求的时间分布特征。

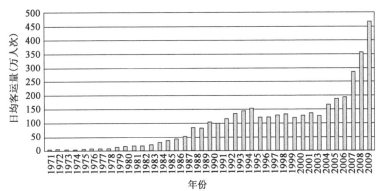

图12-1　1971—2009年北京地铁日均客流量

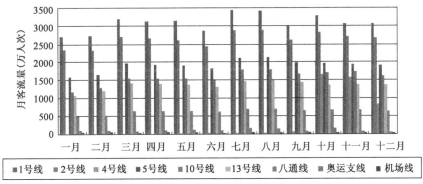

图12-2　北京地铁各线路2009年月客流量分布

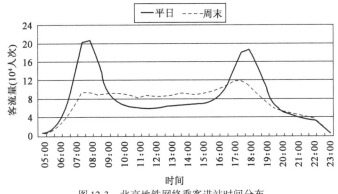

图12-3　北京地铁网络乘客进站时间分布

213

12.3 城市轨道交通的空间网络

城市轨道交通空间网络描述的是站点之间以及线路之间的空间关系。空间网络可表示为 $G(N,A,L)$，其中 N 表示网络中的站点集合，A 表示网络中的地铁运行区间集合，L 表示运行线路集合。城市轨道交通网络的基本元素包括：

(1) 站点：网络中供乘客上下的车站。根据用途，站点可分为起始站、中间站、终点站和换乘站。站点可表示为 i，$i \in N$。

(2) 区段：网络中相邻两站点之间的轨道线路。区段具有很多特性，如所属线路、运输能力、运行时间等。区段可表示为站点对，即 $a=(i,j) \in A(i,j \in N)$，其中 i 表示区段的上游站点，j 表示区段的下游站点。

(3) 线路：由运营商负责管理的运营线。线路可表示为站点的序列，即 $l=(i_1, i_2, \cdots, i_n) \in L(i_1, i_2, \cdots, i_n \in N)$，其中 i_1 表示线路的始发站，i_n 表示线路的终点站。

(4) 路径：网络中任意一对 O-D 站点（车站）之间的区段的有序排列。通常，O-D 对之间可能有多条路径。同样，路径也可表示为站点序列，即 $p=(i_1, i_2, \cdots, i_m)(i_1, i_2, \cdots, i_m \in N)$，其中 i_1 表示始发站，即 O 点，i_m 表示终点站，即 D 点。

在对城市轨道交通网络进行分析时，首先要对网络进行建模，关联矩阵表示法是最常用的方法之一。关联矩阵一般是二维或三维矩阵，表示网络中不同的元素之间的关联关系。

首先，站点与站点之间的关联矩阵可表示为：

$$A = \begin{bmatrix} a_{11} & a_{12} & \cdots & a_{1n} \\ a_{21} & a_{22} & \cdots & a_{2n} \\ \vdots & \vdots & & \vdots \\ a_{n1} & a_{n2} & \cdots & a_{nn} \end{bmatrix} \tag{12-1}$$

一个具有 n 个站点的空间网络，站点与站点之间关联矩阵的元素个数是 $n \times n$ 个。关联矩阵 A 中的元素可表示为：

$$a_{ij} = \begin{cases} 1 & （站点 i 与 j 之间存在连接） \\ 0 & （站点 i 与 j 之间不存在连接） \end{cases} \tag{12-2}$$

在空间网络分析中，另一个常用的关联矩阵是节点和区段之间的关联关系，可表示如下：

$$E = \begin{bmatrix} e_{11} & e_{12} & \cdots & e_{1m} \\ e_{21} & e_{22} & \cdots & e_{2m} \\ \vdots & \vdots & & \vdots \\ e_{n1} & e_{n2} & \cdots & e_{nm} \end{bmatrix} \tag{12-3}$$

一个具有 n 个站点、m 条区段的网络，关联矩阵 E 的元素个数是 $n \times m$ 个。关联矩阵 E 中的元素为：

$$e_{ia} = \begin{cases} 1 & （站点 i 在区间 a 的末端） \\ -1 & （站点 i 在区间 a 的始端） \\ 0 & （站点 i 既不在区间 a 的末端也不在始端） \end{cases} \tag{12-4}$$

此外,在城市轨道交通网络的拓扑分析中,常用的关联矩阵还有站点与线路的关联矩阵、区段与线路的关联矩阵、区段与路径之间的关联矩阵以及 O-D 对与路径之间的关联矩阵。

站点与线路之间的关联矩阵可表示如下:

$$\boldsymbol{B} = \begin{bmatrix} \eta_{11} & \eta_{12} & \cdots & \eta_{1l} \\ \eta_{21} & \eta_{22} & \cdots & \eta_{2l} \\ \vdots & \vdots & & \vdots \\ \eta_{n1} & \eta_{n2} & \cdots & \eta_{nl} \end{bmatrix} \tag{12-5}$$

一个具有 n 个站点、l 条线路的地铁网络,其站点和线路之间的关联矩阵的元素个数是 $n \times l$ 个。关联矩阵 $\boldsymbol{B}$ 中的元素为:

$$\eta_{nl} = \begin{cases} 1 & (\text{站点 } i \text{ 属于线路 } l) \\ 0 & (\text{站点 } i \text{ 不属于线路 } l) \end{cases} \tag{12-6}$$

显然,在矩阵(12-6)中,对应于第 n 个站点的元素如果满足如下条件,则第 n 个站点一定是换乘站点。

$$\sum_l \eta_{nl} > 1 \quad (\forall i) \tag{12-7}$$

区段与线路之间的关联矩阵可表示如下:

$$\boldsymbol{D} = \begin{bmatrix} \kappa_{11} & \kappa_{12} & \cdots & \kappa_{1l} \\ \kappa_{21} & \kappa_{22} & \cdots & \kappa_{2l} \\ \vdots & \vdots & & \vdots \\ \kappa_{a1} & \kappa_{a2} & \cdots & \kappa_{al} \end{bmatrix} \tag{12-8}$$

一个具有 a 个区段、l 条线路的城市轨道交通网络,其区段与线路之间的关联矩阵的元素个数是 $a \times l$ 个。关联矩阵 $\boldsymbol{D}$ 中的元素为:

$$\kappa_a^l = \begin{cases} 1 & (\text{区间 } a \text{ 属于线路 } l) \\ 0 & (\text{区间 } a \text{ 不属于线路 } l) \end{cases} \tag{12-9}$$

假定在城市轨道交通网络中,共有 w 个 O-D 对和 p 条路径,则 O-D 对与路径之间关联矩阵可表示如下:

$$\boldsymbol{F} = \begin{bmatrix} \nu_{11} & \nu_{12} & \cdots & \nu_{1p} \\ \nu_{21} & \nu_{22} & \cdots & \nu_{2p} \\ \vdots & \vdots & & \vdots \\ \nu_{w1} & \nu_{w2} & \cdots & \nu_{wp} \end{bmatrix} \tag{12-10}$$

关联矩阵 $\boldsymbol{F}$ 中的元素为:

$$\nu_k^{rs} = \begin{cases} 1 & (\text{路径 } k \text{ 连接 O-D 对 } rs) \\ 0 & (\text{路径 } k \text{ 不连接 O-D 对 } rs) \end{cases} \tag{12-11}$$

区段与路径之间的关联矩阵中的元素为:

$$\delta_{a,k}^{rs} = \begin{cases} 1 & (\text{路段 } a \text{ 在 O-D 对 } rs \text{ 之间的第 } k \text{ 条路径上}) \\ 0 & (\text{路段 } a \text{ 不在 O-D 对 } rs \text{ 之间的第 } k \text{ 条路径上}) \end{cases} \tag{12-12}$$

也可以把上标 r 和 s 去掉,直接表示区段与路径之间的关系,即

$$\delta_{a,k} = \begin{cases} 1 & (\text{区段 } a \text{ 在第 } k \text{ 条路径上}) \\ 0 & (\text{区段 } a \text{ 不在第 } k \text{ 条路径上}) \end{cases} \qquad (12\text{-}13)$$

12.4 基于时刻表的时空扩展网络

基于时刻表的时空扩展网络是根据列车时刻表信息,在原有城市轨道交通空间网络的基础上,对物理站点在时间维度上进行扩展而形成的一个更为复杂的网络。基于列车时刻表构建城市轨道交通时空扩展网络的核心是:基于列车时刻表信息,在城市轨道交通空间网络中加入时间轴。换句话说,也就是将运营线路在时间上以车次的形式进行展现,即不同车次的列车会在不同的时间经过网络中的车站。

基于列车时刻表构建城市轨道交通时空扩展网络的基本方法如下:

(1)根据列车发车时刻表,对所有经过该物理节点的所有线路的各个车次,到站时刻和离站时刻分别用扩展节点表示。当然,如果将列车停站时间包含在列车运行时间内,则只需对所有经过该物理节点的所有车次的离站时刻用扩展节点来表示。

(2)将同一物理节点上的同一线路的同次列车的到站时刻和离站时刻通过列车停站弧连接起来。如果将列车停站时间包含在列车运行时间内,则不需要扩展该类型的弧。

(3)将同一线路的同次列车在相邻物理节点上的离站时刻和到站时刻(或离站时刻,即在将列车停站时间包含在列车运行时间内的情况下)通过列车运行弧连接起来。

(4)将同一物理节点上的不同线路列车的到站时刻和离站时刻通过换乘弧连接起来。

下面用一个简单例子来说明城市轨道交通时空网络的构建过程。假定在北京地铁网络中,乘客从4号线的国家图书馆站出发到达2号线和平门站,这两个站点不在同一条线路上,因此,中间需要换乘,而换乘车站可以是西直门站或宣武门站,城市轨道交通空间网络如图12-4所示。显然,在这个空间网络结构中,乘客从国家图书馆站到和平门站需要一次换乘,有两条空间换乘路径,即在西直门站换乘或在宣武门站换乘,换乘方式均为从4号线换乘为2号线。

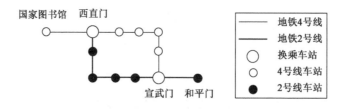

图 12-4 城市轨道交通空间网络

假定列车停站时间包含在列车运行时间内,即乘客需在列车离站时间之前到达站台方可乘车。此外,根据实际调查,乘客在西直门站由4号线换乘2号线的时间为7min,在宣武门站由4号线换乘2号线的时间为4min。这两条线路在某时段内的列车时刻表由表12-1和表12-2给出。

第 12 章 基于时刻表的城市轨道交通网络客流分配方法

某时段内地铁 2 号线列车时刻表　　　　　　　　　　　　　　　表 12-1

车次	西直门站		宣武门站		和平门站	
	进站	离站	进站	离站	进站	离站
1	5:22	5:24	5:33	5:35	5:36	5:37
2	5:27	5:29	5:38	5:40	5:41	5:42
3	5:32	5:34	5:43	5:45	5:46	5:47
4	5:37	5:39	5:48	5:50	5:51	5:52

某时段内地铁 4 号线列车时刻表　　　　　　　　　　　　　　　表 12-2

车次	国家图书馆站		西直门站		宣武门站	
	进站	离站	进站	离站	进站	离站
1	5:18	5:19	5:23	5:25	5:35	5:37
2	5:24	5:25	5:29	5:31	5:41	5:43
3	5:30	5:31	5:35	5:37	5:47	5:49
4	5:36	5:37	5:41	5:43	5:53	5:55

下面,根据前面提出的时空扩展网络构建方法,结合表 12-1 和表 12-2 给出的列车时刻表信息,对图 12-4 所示的空间网络进行扩展。

首先,对物理节点在时间轴上进行扩展,根据表 12-1 和表 12-2 所给出的 2 号线和 4 号线的列车运行时刻信息,4 个物理节点国家图书馆站、和平门站、西直门站和宣武门站可以扩展为 24 个时空节点,如图 12-5 所示。

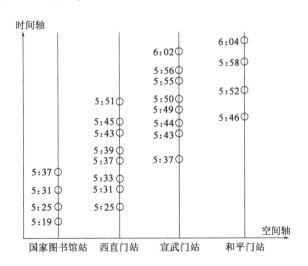

图 12-5　网络时空扩展节点

然后,将同一线路的同次列车在相邻物理节点上的离站时点通过列车运行弧连接起来,如图 12-6 所示。

217

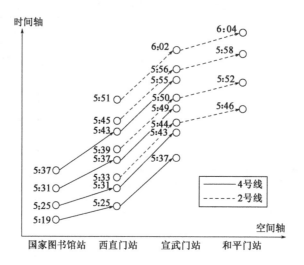

图 12-6 时空扩展网络中的列车运行弧

最后,将同一物理节点上的不同线路列车的到站时刻和离站时刻通过换乘弧连接起来,形成时空扩展网络,如图 12-7 所示。

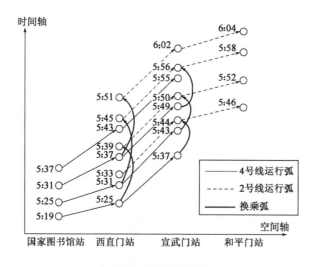

图 12-7 时空扩展网络

基于列车时刻表扩展后的城市轨道交通时空网络可表示为 $G(N,A,L,T)$。其中,N 表示站点集合,A 表示列车运行区段集合,L 表示线路集合,T 表示所有列车进站、离站的时刻集合。在时空扩展网络中,包括以下基本元素。

(1) 时空节点

在时空扩展网络中,每个节点有三个标签:一个标签表示物理站点名,一个表示所属线路,另一个表示时间状态。一般情况下,如果经过一个站点的线路有 n 条,每条线路有 m 次列车,则该物理站点将拓展为 $n \times m$ 个时空节点。可用符号 i_t^l 表示通过站点 i 的属于线路 l 的列车在 t 时刻的时空节点,其中 $i \in N, l \in L, t \in T$。

第12章 基于时刻表的城市轨道交通网络客流分配方法

（2）时空弧

在时空拓展网络中，包含三种类型的时空弧，即列车运行弧、换乘弧和停车弧。

①用符号 a_{t_1,t_2}^l 表示属于线路 l 的列车在区段 a 上从时刻 t_1 到时刻 t_2 的列车运行弧，其中 $a \in A$，$l \in L$，$t_1, t_2 \in T$。这类时空弧的两个端点为时空节点 $i_{t_1}^l$ 和 $j_{t_2}^l$，$i, j \in N$，对应于列车运行区段 a 的两个物理站点。

②用符号 $i_{t_1,t_2}^{l_1,l_2}$ 表示换乘站点 i 处在时刻 t_1 和 t_2 之间从线路 l_1 换乘到 l_2 的换乘弧，其中 $i \in N$，$l_1, l_2 \in L$，$t_1, t_2 \in T$。这类时空弧的两个端点为时空节点 $i_{t_1}^{l_1}$ 和 $i_{t_2}^{l_2}$，且这两个端点所对应的时刻 t_1 和 t_2 须满足如下条件：

$$t_1 + t_i^{l_1,l_2} < t_2 \tag{12-14}$$

其中，$t_i^{l_1,l_2}$ 表示在换乘站点 i 从线路 l_1 换乘到线路 l_2 所需要的步行时间。该条件实际上就是不同线路之间的换乘条件。

③用符号 i_{t_1,t_2}^l 表示线路 l 的列车在时刻 t_1 进入站点 i 并于时刻 t_2 驶离该站点的停车时空弧，其中 $i \in N$，$l \in L$，$t_1, t_2 \in T$。这类时空弧的两个端点为时空节点 $i_{t_1}^l$ 和 $i_{t_2}^l$。

（3）时空路径

在时空扩展网络中，任意一对 O-D 站点之间的一串连通的时空弧的有序排列叫作 O-D 对之间的时空路径，时空路径一般是由运行弧、换乘弧和停车弧组成的。通常，一个 O-D 对之间可以有多条时空路径。假定乘客从起点到达终点的过程中，首先在空间网络中选择一条路径，然后在时空扩展网络中所对应的多条时空路径中再选择一条时空扩展路径。也就是说，当乘客在一条空间路径上从起点到达终点时，他（她）所选择的出发时间和到达时间的不同构成了很多条与该路径关联的时空扩展路径。

在时空扩展网络中，并不是所有的时空路径都是有效路径。时空路径除了要满足时空上的一般限制条件，其时空关系还必须与实际情况相符合。一般条件下，有效时空路径需满足如下条件：

①换乘弧不能连续出现，或者属于同一物理站点的时空节点不可以连续出现超过两次，也就是说，包含时空节点序列 $i_{t_1}^{l_1} \to i_{t_2}^{l_2} \to i_{t_3}^{l_3}$ 的连通路径就不是可行路径。显然，这个限定条件其实就是避免在同一个换乘站换乘两次。例如，在北京地铁网络中，西直门站为换乘站，2号线、4号线和13号线在该站可以互相换乘，但是乘客不可能在这个站进行两次换乘，也就是说，乘客不可能乘坐2号线到达西直门站，然后步行到4号线站台，再步行到13号线站台。

②属于同一线路的列车运行弧不能间断出现，或者属于同一线路的时空节点不能间隔出现，也就是说，包含时空节点序列 $i_{t_1}^{l_1} \to i_{t_2}^{l_2} \to j_{t_3}^{l_2} \to j_{t_4}^{l_1}$ 的连通路径就不是可行路径。此限定条件是为了避免乘客在乘坐某条线路后，换乘另一条线路，然后再换回该线路。例如，在北京地铁网络中，乘客不可能从苹果园站乘坐1号线到复兴门站换乘2号线到建国门，然后再换乘到地铁1号线上，到达四惠。

③通常，乘客在地铁出行中，换乘次数不会超过3次，因此，时空网络中的可行路径上所包含的换乘弧的总数也不能超过3次。

12.5 出行费用分析

根据前面的介绍,在城市轨道交通时空网络中,共有 3 类时空弧,分别为列车运行弧、换乘弧和停车弧。下面分别对这 3 类时空弧上的出行费用进行分析。

(1)列车运行弧上的费用

列车运行弧上的费用就是乘客在列车行驶过程中所承担的费用。此费用由两部分组成,分别是列车行驶时间和车内拥挤。列车行驶时间可由时刻表确定,列车在运行弧 a_{t_1,t_2}^l 上的列车行驶时间 $t_{a,l}^{t_1,t_2}$ 可由下式计算:

$$t_{a,l}^{t_1,t_2} = t_2 - t_1 \tag{12-15}$$

如果列车内乘客数量较大,受列车容量的限制,会引起车内乘客不同程度的拥挤。具体来说,当乘客数量小于列车座位数时,没有拥挤;当乘客数量超过座位数且不断增大时,乘客的不舒适感将不断增强。列车运行弧 a_{t_1,t_2}^l 上的拥挤系数 $\rho_{a,l}^{t_1,t_2}$ 可由下式计算:

$$\rho_{a,l}^{t_1,t_2}(x_{a,l}^{t_1,t_2}) = \begin{cases} 0, & x_{a,l}^{t_1,t_2} \leq Z_l \\ \dfrac{\alpha(x_{a,l}^{t_1,t_2} - Z_l)}{Z_l}, & C_l \leq x_{a,l}^{t_1,t_2} > Z_l \\ \dfrac{\alpha(x_{a,l}^{t_1,t_2} - Z_l)}{Z_l} + \dfrac{\beta(x_{a,l}^{t_1,t_2} - C_l)}{C_l}, & x_{a,l}^{t_1,t_2} > C_l \end{cases} \tag{12-16}$$

其中, $x_{a,l}^{t_1,t_2}$ 表示时空网络中的列车运行弧 a_{t_1,t_2}^l 上的流量; Z_l 和 C_l 分别表示线路 l 的列车座位数和列车最大容量; α 和 β 是参数,可由实际数据统计回归得到。

综合考虑列车运行时间和车内拥挤,则乘客在列车运行弧上的费用 $c_{a,l}^{t_1,t_2}$ 可由下式计算:

$$c_{a,l}^{t_1,t_2} = (t_2 - t_1)(1 + \rho_{a,l}^{t_1,t_2}) \tag{12-17}$$

(2)换乘弧上的费用

在时空扩展网络中,换乘弧上的费用包括换乘时间和换乘次数两个因素。换乘弧上的换乘时间 $t_{i,t_1,t_2}^{l_1,l_2}$ 可表示为

$$t_{i,t_1,t_2}^{l_1,l_2} = t_2 - t_1 \tag{12-18}$$

此外,对乘客而言,换乘时间相对于乘车时间其心理费用更大,也就是说,乘客对换乘时间的感知费用要大于其实际时间。因此,换乘弧上的换乘时间的感知费用 $\tilde{t}_{i,t_1,t_2}^{l_1,l_2}$ 可表示为

$$\tilde{t}_{i,t_1,t_2}^{l_1,l_2} = \theta \cdot t_{i,t_1,t_2}^{l_1,l_2} \tag{12-19}$$

其中, $\theta(>0)$ 为参数,可通过调查数据进行拟合估计 $\theta > 0$。

换乘次数所产生的乘客感知费用表现在:乘客每增加一次换乘,就要付出除换乘时间感知费用以外的心理费用。假定用 ω 表示乘客增加一次换乘的额外费用(可通过对调查数据的统计分析获取),这样,综合考虑以上因素,换乘弧上的总费用 $c_{i,t_1,t_2}^{l_1,l_2}$ 可由下式进行计算:

$$c_{i,t_1,t_2}^{l_1,l_2} = \tilde{t}_{i,t_1,t_2}^{l_1,l_2} + \omega = \theta(t_2 - t_1) + \omega \tag{12-20}$$

(3) 停车弧上的费用

停车弧上的费用就是列车停站时所花费的时间。同列车运行弧上的费用类似，这种弧上的费用由两部分组成，分别是列车停站时间和车内拥挤。同样地，乘客在停车弧上的费用 $c_{i,l}^{t_1,t_2}$ 可由下式计算：

$$c_{i,l}^{t_1,t_2} = (t_2 - t_1)(1 + \rho_{i,l}^{t_1,t_2}) \tag{12-21}$$

12.6 基于时空网络的城市轨道交通网络客流分配方法

通过上面提出的城市轨道交通时空网络构建方法，就可将乘客出行中的时间和空间变换关系通过一条时空路径来表示。事实上，在这样的时空网络中进行客流分析就是将空间网络中的动态客流分配问题转换为简单的静态客流分配问题。

以下为了便于描述，用一个符号来表示时空网络中的节点（如 m），用 $m \to n$ 表示连接时空节点 m 和 n 的时空弧，用 c_{mn} 表示时空弧 $m \to n$ 上的费用。

同一般交通网络的配流问题类似，在城市轨道交通时空扩展网络中，乘客流量需满足以下两个基本约束：

(1) 时空弧 $m \to n$ 上的流量 x_{mn} 和时空 O-D 对 rs 之间的时空路径 k 上的流量 f_k^{rs} 之间满足如下关系：

$$x_{mn} = \sum_{rs} \sum_{k} f_k^{rs} \delta_{mn,k}^{rs} \tag{12-22}$$

其中，$\delta_{mn,k}^{rs}$ 为时空路径和时空弧之间的关联因子，如果时空弧 $m \to n$ 属于 O-D 对 rs 之间的时空路径 k，则 $\delta_{mn,k}^{rs} = 1$；否则，$\delta_{mn,k}^{rs} = 0$。

(2) 时空 O-D 需求 q^{rs} 和时空路径 k 上的流量 f_k^{rs} 之间满足如下关系：

$$q^{rs} = \sum_{k} f_k^{rs} \tag{12-23}$$

在时空扩展网络中，当时空路径流量 f_k^{rs} 与其所对应的时空路径费用 C_k^{rs} 满足下面的关系式时，网络达到平衡状态：

$$\mu^{rs} - C_k^{rs} \begin{cases} = 0, & f_k^{rs} > 0 \\ \leq 0, & f_k^{rs} = 0 \end{cases} \tag{12-24}$$

其中，μ^{rs} 表示平衡状态下时空 O-D 对 rs 之间的最小出行费用。

在时空网络中，乘客的路径出行费用是乘客出行经过的各个时空弧的出行费用之和，因此，时空路径费用 C_k^{rs} 可通过时空弧的费用 c_{mn} 来表示，即

$$C_k^{rs} = \sum_{mn} c_{mn} \delta_{mn,k}^{rs} \tag{12-25}$$

其中，不同时空弧上的费用计算方法分别由式(12-17)、式(12-20)和式(12-21)给出。

可构建如下的数学优化模型来描述基于时空扩展网络的城市轨道交通客流平衡分配问题：

$$\min Z(x) = \sum_{mn} \int_0^{x_{mn}} c_{mn}(w) \mathrm{d}w \tag{12-26a}$$

$$\text{s.t.} \quad \sum_k f_k^{rs} = q^{rs} \quad (\forall r,s) \tag{12-26b}$$

$$f_k^{rs} \geq 0 \quad (\forall r,s,k) \tag{12-26c}$$

$$x_{mn} = \sum_{rs}\sum_k f_k^{rs} \cdot \delta_{mn,k}^{rs} \quad (\forall m,n) \tag{12-26d}$$

可采用 MSA 算法求解上述用户平衡配流模型,具体计算步骤如下。

步骤1:初始化。设时空网络中所有时空弧的流量均为0,根据最短路搜索算法得出时空网络中各 O-D 对之间的最小可行费用路径,将各时段的 O-D 客流需求 q^{rs} 全部分配到所对应的最小可行费用路径上,得到时空路径流量 $f_k^{rs(1)}$。根据路径流量与弧流量之间的关系(12-22)得到时空网络上的时空弧流量,令迭代次数 $i = 1$。

步骤2:根据当前的时空弧上分配的流量,计算其费用,不同时空弧上的费用计算方法分别由式(12-17)、式(12-20)和式(12-21)给出。

步骤3:根据当前各时空弧上的费用,采用最短路搜索算法得出时空网络中各 O-D 对之间的新的最小可行费用路径,将各时段的 O-D 客流需求 q^{rs} 全部分配到所对应的最小可行费用路径上,得到时空路径流量,再根据路径流量与弧流量之间的关系式(12-22)得到时空网络上的时空弧流量 $y_{mn}^{(i)}$。

步骤4:更新流量。根据下式计算新的弧流量:

$$x_{mn}^{(i+1)} = x_{mn}^{(i)} + \frac{1}{i}[y_{mn}^{(i)} - x_{mn}^{(i)}] \quad (\forall m,n) \tag{12-27}$$

步骤5:收敛性判断。如果满足式(12-28),则停止计算;否则令 $i = i+1$,返回步骤2。

$$\max_{\forall m,n}\{x_{mn}^{(i+1)} - x_{mn}^{(i)}\} \leq \varepsilon \tag{12-28}$$

其中,ε 为预先设定的充分小的一个正数。

MSA 算法实际上是一个方向搜索算法,在每次迭代中,需要确定搜索方向,该算法通过求解最短路问题来确定搜索方向,因此,最短路径是本算法的核心。然而,在时空扩展网络中,无法采用传统的最短路搜索算法(如 Dijkstra 算法)获得 O-D 对间的最小费用,原因是传统的最短路算法并不考虑节点处发生的换乘费用,也无法满足前面给出的时空路径所要求的换乘约束条件。因此,以下提出一种基于时空网络的可行最短路搜索算法。

首先,用 s_{mn} 表示时空弧 $m \to n$ 的类型,如果 $m \to n$ 为换乘弧,则 $s_{mn} = 0$,否则 $s_{mn} = 1$;设置以下记录。

标号 b_m:表示沿着当前可行最短路径从起始点 r 到节点 m 的最小费用。

紧前节点 p_m:表示沿着当前可行最短路径到达节点 m 且最靠近 m 的节点。

换乘次数 e_m:表示沿着当前可行最短路径到达节点 m 的换乘次数。

节点集 Ω:表示需要进一步扫描的时空节点集合。

线路集 Φ_m:表示沿着当前可行最短路径从起始点 r 到节点 m 的线路集合。

基于时空网络的可行最短路搜索算法的具体步骤如下。

步骤1:初始化。置所有时空节点的标号为一个很大的正数,置所有的紧前节点为零,置线路集 Φ_m 为空,将起始点 r 放入节点集 Ω 中,并令 $b_r = 0$,$e_m = 0$。

步骤2:从节点集 Ω 任选一个节点,如 m,扫描所有从 m 节点出发只经过一条弧便可到达的节点,如节点 n,执行如下操作:

①如果 $s_{mn}=1$,判断 $b_n>b_m+c_{mn}$ 是否成立。如果成立,则令 $b_n=b_m+c_{mn}$,修改 $p_n=m$,令 $e_n=e_m$,将 n 加入 Ω 中。如果时空弧 $m\to n$ 所对应的线路 l 没有在 $\pmb{\Phi}_n$ 中,则将线路 l 加入 $\pmb{\Phi}_n$ 中;如果不满足 $b_n>b_m+c_{mn}$,则不作任何改变。

②如果 $s_{mn}=0$ 且 $e_m\le 3$,判断时空弧 $g\to m$ 的属性,其中 $g=p_m$,如果 $s_{gm}=0$,不做任何改变;如果 $s_{gm}=1$ 且时空节点 n 所对应的线路 l 没有在 $\pmb{\Phi}_m$ 中,判断 $b_n>b_m+c_{mn}$ 是否成立,如果成立,则令 $b_n=b_m+c_{mn}$,修改 $p_n=m$,将 n 加入 Ω 中,将线路 l 加入 $\pmb{\Phi}_n$ 中,且令 $e_n=e_m+1$;如果不满足 $b_n>b_m+c_{mn}$,则不做任何改变。

③如果从节点 m 出发只经过一条弧便可到达的所有节点均被扫描,则从 Ω 中删除 m,转入下一步。

步骤 3:当集合 Ω 中不再有需要检查的节点时,算法停止;否则,转入步骤 2。

12.7 算例分析

首先,采用图 12-4 中的简单网络来说明模型及算法的计算过程,列车时刻表信息由表 12-1 和表 12-2 给出,扩展后的时空网络如图 12-7 所示,可以看出,对于这个简单的时空网络,从起点到终点共有 6 条时空路径可以选择。

假定在研究时段内,于 5:19 由国家图书馆站进入地铁网络、5:46 到达和平门站的 O-D 需求为 200 人,于 5:19 由国家图书馆站进入、5:52 到达和平门站的需求为 100 人,而在 5:25 由国家图书馆站进入、5:52 到达和平门站的需求为 600 人。模型中相关参数的取值由表 12-3 给出。

模型中参数的取值 表 12-3

参数	α	β	Z_l	C_l	θ	ω
取值	0.1	2.0	100	250	1.3	4

基于上面给出的 O-D 客流及相应的参数取值,采用上面提出的连续平均算法和可行最短路搜索算法进行城市轨道交通客流的时空分配,计算可得出以下结果:各线路上各班次列车在各区段的乘车人数(列车运行弧流量)、各线路各次列车在各站点的等车人数(换乘弧流量)、不同 O-D 对各路径的客流及费用。

首先,分析算法的收敛性。对于图 12-7 所示的时空网络,各换乘弧的流量对应了不同时空路径的流量。图 12-8 给出了本算例中各时空路径流量迭代计算的情况,可以看出,MSA 算法求解平衡配流问题具有较好的收敛性质,尤其对于规模较小的网络。如果网络规模较大,可采用收敛速度较快的 F-W 算法进行求解。

表 12-4 给出了根据上述已知数据,采用 MSA 算法求解图 12-7 所示的时空网络所得到的各时空弧的平衡流量及其所对应的费用。在该表中,列车运行弧的流量就是各线路各次列车在不同区段上的乘客量,例如,4 号线从国家图书馆站 5:19 出发 5:25 到西直门的平均列车乘客数量为 300 人,所对应的乘车费用为 8.40min。通过换乘弧流量则可以得出各线路各次列车在不同站点上的等车人数,例如,从 4 号线换乘的等待 5:34 到西直门站的 2 号线列车的平均人数为 146.97 人次,所对应的换乘费用为 15.70min。

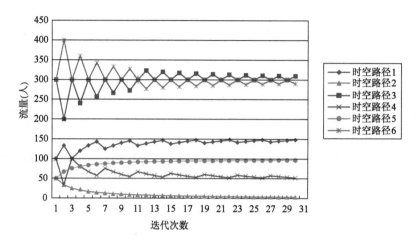

图 12-8 算法收敛性

平衡条件下各时空弧流量及费用　　　　　　　　　表 12-4

时空弧属性				平衡流量	费用(min)
类别	线路	站点	时间段		
列车运行弧	4 号线	国家图书馆—西直门	5:19—5:25	300.00	11.76
列车运行弧	4 号线	西直门—宣武门	5:25—5:37	152.53	14.57
列车运行弧	4 号线	国家图书馆—西直门	5:25—5:31	600.00	24.72
列车运行弧	4 号线	西直门—宣武门	5:31—5:43	298.10	22.82
列车运行弧	2 号线	西直门—宣武门	5:34—5:45	146.97	13.01
列车运行弧	2 号线	宣武门—和平门	5:45—5:47	200.00	2.80
列车运行弧	2 号线	西直门—宣武门	5:39—5:50	302.40	22.23
列车运行弧	2 号线	宣武门—和平门	5:50—5:52	700.00	9.68
换乘弧	4 号线—2 号线	西直门	5:25—5:34	146.97	15.70
换乘弧	4 号线—2 号线	西直门	5:31—5:39	301.90	14.40
换乘弧	4 号线—2 号线	西直门	5:25—5:39	0.50	22.20
换乘弧	4 号线—2 号线	宣武门	5:37—5:45	53.03	14.40
换乘弧	4 号线—2 号线	宣武门	5:43—5:50	298.10	13.10
换乘弧	4 号线—2 号线	宣武门	5:37—5:50	99.50	20.90

对于这样的简单网络,各换乘弧的流量对应了不同时空路径的流量,因此,根据基于时刻表的平衡配流方法,还可以得到各 O-D 对之间各条时空路径上的平衡流量及费用,表 12-5 给出了相应的计算结果。

O-D 对之间时空路径平衡流量及费用　　　　　　　　表 12-5

时空路径	花费时间(min)	列车行驶时间(min)	换乘时间(min)	平衡流量(人次)	平衡费用(min)
1	28	19	9	146.97	43.27
2	33	20	13	301.90	70.82

续上表

时空路径	花费时间(min)	列车行驶时间(min)	换乘时间(min)	平衡流量(人次)	平衡费用(min)
3	27	19	8	0.50	60.87
4	28	20	8	53.03	43.32
5	33	19	14	298.10	71.03
6	27	20	7	99.50	59.91

从表中的配流结果可以看出,在平衡状态下,同一 O-D 对之间不同时空路径的出行费用基本相等,这一结果验证了模型及算法的有效性。同时,还可以看出,对于同一 O-D 对之间的不同路径,尽管实际所花费的时间是相同的,但是不同的路径所分配的流量具有较大差异。这是因为对于乘客而言,在选择地铁出行时,所关心的因素除了实际花费的时间外,还会考虑车内拥挤和换乘所产生的额外费用。不同的时空路径具有不同的拥挤和换乘特征,因此,平衡流量存在差异。

下面,分析模型中不同参数的取值对于平衡流量的影响。如前所述,模型的主要参数包括 α、β、Z_l、C_l、θ 和 ω。其中 α 和 β 表示乘客对车内拥挤的敏感程度,Z_l 和 C_l 分别表示线路 l 的列车座位数和最大列车容量,θ 和 ω 分别表示对换乘时间和换乘次数的敏感程度。通常,列车能力不发生变化,故主要分析乘客对车内拥挤和换乘的敏感度变化对平衡流量的影响。在本算例中,所有路径均只有一次换乘,不存在换乘次数的差异,所以只针对参数 α 和 θ 展开分析。

图 12-9 和图 12-10 分别给出了其他条件不变,α 和 θ 取不同值时,时空路径 5 和 6 上平衡流量的变化趋势。从表 12-5 中可以看出,时空路径 5 和 6 为同一 O-D 对的两条路径,且路径 5 上的列车运行时间较短,而路径 6 上的换乘时间较少。如果将这两条路径看作竞争关系,则图 12-9 和图 12-10 表示了不同条件下两条路径的平衡流量变化情况。

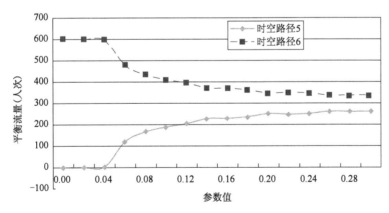

图 12-9 平衡流量随参数 α 的变化趋势

从图 12-9 中可以看出,随着参数 α 由小到大的变化,路径 5 上的平衡流量由小变大,而路径 6 上的流量由大变小,当 α 超过一定值时,这两条路径上的流量基本相等且不再变化。这是因为,当 α 取值较小时,意味着乘客在选择路径时不考虑车内拥挤的影响,换乘对乘客的路径选择影响大;而路径 6 上的换乘时间短,因此路径 6 上的流量较大。随着 α 的增大,车内拥挤对乘客路径选择的影响越来越大,则乘客更倾向于选择列车运行时间短的线路,因此路径 6 上的部分流量将会转移到路径 5 上。当 α 增大到一定程度时，乘客只关心车内拥挤因素。这两条路径上的列车能力相同，所以，在平衡条件下，这两条路径上的流量基本相等且不再随着 α 的增加而变化。

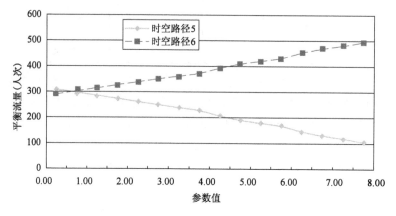

图 12-10　平衡流量随参数 θ 的变化趋势

从图 12-10 中可以看出，当 θ 低于某值时，这两条路径上的流量基本相等且不变，当 θ 达到某值时，随着 θ 由小到大的变化，路径 5 上的平衡流量由大变小，而路径 6 上的流量由小变大。这是因为当 θ 低于某值时，意味着乘客在路径选择中不考虑换乘因素，而这两条路径的其他条件不变，因此，平衡流量不会发生变化。当 θ 足够大时，换乘因素起决定作用，随着 θ 值的增加，换乘对于乘客而言越来越重要，路径 6 上的换乘时间较少，因此，路径 5 上的流量会逐渐转移到路径 6 上。

下面选取北京市轨道交通网络中的 4 条线路组成的网络进行计算和分析，分别是 1 号线、2 号线、4 号线和 5 号线。其空间网络结构如图 12-11 所示，为了提高运算效率，在最短路径搜索过程中，删去了中间站点，保留所有换乘站点。

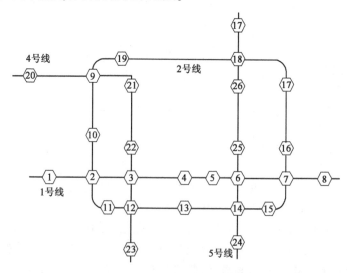

图 12-11　北京轨道交通网路示意图

第12章 基于时刻表的城市轨道交通网络客流分配方法

假定研究时段为 07:00—07:30,选取了 12 个 O-D 对,表 12-6 给出了本算例中不同 O-D 对在不同时间段内的需求数据。

O-D 需 求 数 据 表 12-6

时间段	动物园—永安里	军事博物馆—灯市口	灯市口—北京南站	动物园—天坛东门	军事博物馆—天坛东门	军事博物馆—永安里	永安里—动物园	北京南站—和平西桥	和平西桥—军事博物馆	天坛东门—动物园	天坛东门—军事博物馆	永安里—北京南站
06:01	69	49	52	33	60	68	71	46	46	89	66	42
06:02	49	60	85	69	59	86	46	60	61	68	60	66
06:03	49	66	47	43	46	28	47	67	69	74	60	49
06:04	52	71	53	53	78	72	50	74	91	49	50	56
06:05	31	75	49	71	58	64	25	80	52	55	72	67
06:06	74	61	42	81	47	42	77	61	62	57	58	74
06:07	63	45	57	38	84	54	64	41	59	71	51	45
06:08	52	53	56	85	56	65	51	50	37	57	76	76
06:09	74	49	83	73	49	110	76	46	55	67	57	69
06:10	43	84	56	59	55	99	39	91	38	39	53	59
06:11	59	54	44	56	45	41	59	52	70	56	56	57
06:12	58	67	84	56	40	102	57	70	49	52	50	57
06:13	63	58	79	54	105	70	64	57	61	44	47	56
06:14	63	69	57	60	90	59	64	72	53	65	90	60
06:15	51	52	37	61	66	70	50	50	64	63	80	61
06:16	60	46	53	77	37	57	60	42	53	60	64	71
06:17	58	46	58	91	44	58	58	42	66	47	45	80
06:18	66	65	64	69	57	81	68	66	69	71	50	66
06:19	71	58	56	56	74	80	73	58	81	64	58	57
06:20	71	58	67	73	36	80	73	57	58	57	69	68
06:21	51	74	66	64	18	69	50	78	34	60	44	62
06:22	61	63	41	39	34	43	61	64	50	57	32	47
06:23	48	62	46	79	66	70	45	63	76	42	43	72
06:24	49	76	49	66	67	83	47	81	47	57	64	64
06:25	60	52	52	63	68	67	60	50	72	52	65	62
06:26	75	67	55	70	58	74	78	69	61	50	65	67
06:27	52	68	60	65	63	70	51	71	77	48	58	63
06:28	64	58	15	41	51	56	64	57	36	55	62	48
06:29	58	62	53	57	76	64	57	63	58	40	54	58
06:30	71	48	79	57	35	49	73	45	46	70	70	58

本算例中,列车时刻表信息是根据北京地铁公司网站中公布的数据设定的,表12-7~表12-9给出了部分线路的时刻表信息。

地铁1号线部分列车运行时刻表(min)　　　　　　　　　　　　　　　　　表12-7

站点	列车班次										
	1	2	3	4	5	6	7	8	9	10	11
军事博物馆	1	6	11	15	19	23	27	30	33	36	40
复兴门	7	12	17	21	25	29	33	36	39	42	46
西单	10	15	20	24	28	32	36	39	42	45	49
天安门东	14	19	24	28	32	36	40	43	46	49	53
王府井	16	21	26	30	34	38	42	45	48	51	55
东单	18	23	28	32	36	40	44	47	50	53	57
建国门	21	26	31	35	39	43	47	50	53	56	60
永安里	24	29	34	38	42	46	50	53	56	59	63

地铁2号线部分列车运行时刻表(min)　　　　　　　　　　　　　　　　　表12-8

站点	班次										
	1	2	3	4	5	6	7	8	9	10	11
西直门	1	5	9	13	17	20	23	26	30	34	38
阜成门	5	9	13	17	21	24	27	30	34	38	42
复兴门	8	12	16	20	24	27	30	33	37	41	45
长椿街	10	14	18	22	26	29	32	35	39	43	47
宣武门	12	16	20	24	28	31	34	37	41	45	49
前门	16	20	24	28	32	35	38	41	45	49	53
崇文门	18	22	26	30	34	37	40	43	47	51	55
北京站	22	26	30	34	38	41	44	47	51	55	59
建国门	25	29	33	37	41	44	47	50	54	58	62
朝阳门	27	31	35	39	43	46	49	52	56	60	64
东直门	32	36	40	44	48	51	54	57	61	65	69
雍和宫	35	39	43	47	51	54	57	60	64	68	72
积水潭	42	46	50	54	58	61	64	67	71	75	79

地铁4号线部分列车运行时刻表(min)　　　　　　　　　　　　　　　　　表12-9

站点	班次										
	1	2	3	4	5	6	7	8	9	10	11
北京南站	1	7	12	17	22	26	30	34	38	41	44
宣武门	10	15	20	25	30	34	38	42	46	49	52
西单	12	17	22	27	32	36	40	44	48	51	54

续上表

站点	班次										
	1	2	3	4	5	6	7	8	9	10	11
灵境胡同	13	18	23	28	33	37	41	45	49	52	55
新街口	19	24	29	34	39	43	47	51	55	58	61
西直门	22	27	32	37	42	46	50	54	58	61	64
动物园	24	29	34	39	44	48	52	56	60	63	66

本算例中共有 8 个换乘站,表 12-10 给出了各站换乘的行走时间。

换乘站的平均换乘时间(min) 表 12-10

换乘站	从	至	换乘时间
复兴门	1 号线	2 号线	1
	2 号线	1 号线	1
西单	1 号线	4 号线	2
	4 号线	1 号线	2
东单	1 号线	5 号线	2
	5 号线	1 号线	2
建国门	1 号线	2 号线	1
	2 号线	1 号线	1
西直门	2 号线	4 号线	2
	4 号线	2 号线	2
宣武门	2 号线	4 号线	2
	4 号线	2 号线	2
崇文门	2 号线	5 号线	1
	5 号线	2 号线	1
雍和宫	2 号线	5 号线	3
	5 号线	2 号线	3

将以上网络信息、O-D 需求信息及参数信息代入算法中进行计算,可得出的结果有:各线路上各班次列车在各站点出站时车上的人数(也就是列车在区段行驶时的车上人数),各站台在各时间步上的等车人数、每个时间步上的每个 O-D 对客流选择各路径的人数。下面对算法输出结果进行分析。

(1)各列车在各车站出发时的乘车人数

图 12-12 ~ 图 12-15 分别给出了各线路上各班次列车在各站点出站时车上的人数,其中各线路的终点站没有数据,因为线路到达终点后不会再向前走,也就没有乘车的乘客。

line1	军事博物馆	复兴门	西单	天安门东	王府井	东单	建国门	永安里
1	177	117	117	117	117	68	68	
2	913	583	540	540	540	328	333	
3	943	621	628	628	628	362	362	
4	848	547	547	547	547	301	568	
5	703	482	482	482	482	274	582	
6	673	478	461	461	461	295	547	
7	813	395	418	418	418	294	619	
8	499	280	296	296	296	190	190	
9	0	0	0	0	0	0	207	
10	0	0	72	72	72	72	225	
11	0	0	0	0	0	0	95	

line2	永安里	建国门	东单	王府井	天安门东	西单	复兴门	军事博物馆
1	225	225	503	503	503	126	126	
2	554	554	854	854	854	240	240	
3	600	553	858	858	858	300	274	
4	486	328	799	799	799	475	452	
5	543	351	694	694	694	394	361	
6	448	211	564	564	564	422	559	
7	493	257	474	474	474	311	396	
8	246	129	297	297	297	192	291	
9	0	0	219	219	219	219	234	
10	0	0	151	151	151	151	245	
11	0	0	187	187	187	187	341	

图 12-12　地铁 1 号线分方向不同班次列车在各站点发车时车上人数

line3	西直门	阜成门	复兴门	长椿街	宣武门	前 门	崇文门	北京站	建国门	朝阳门	东直门	雍和宫	积水潭
1	0	0	60	60	142	142	75	75	192	192	192	869	
2	31	31	31	31	31	31	0	0	254	254	254	480	
3	0	0	330	330	384	384	71	71	263	263	263	370	
4	31	31	353	353	638	638	92	92	186	186	186	196	
5	90	90	391	391	661	661	42	42	49	49	49	32	
6	159	159	380	380	380	380	25	25	40	40	40	0	
7	0	0	154	154	522	522	198	198	198	198	198	0	
8	204	204	204	204	389	389	19	19	8	8	8	0	
9	48	48	387	387	586	586	0	0	0	0	0	0	
10	174	174	174	174	262	262	24	24	0	0	0	0	
11	48	48	48	48	57	57	0	0	0	0	0	0	
12	0	0	0	0	0	0	0	0	0	0	0	0	
13	144	144	50	50	0	0	0	0	0	0	0	0	
14	68	68	0	0	0	0	0	0	0	0	0	0	

line4	西直门	积水潭	雍和宫	东直门	朝阳门	建国门	北京站	崇文门	前 门	宣武门	长椿街	复兴门	阜成门
1	0	0	0	0	0	96	96	906	906	288	288	549	
2	69	69	69	69	69	184	184	692	692	269	269	189	
3	0	0	0	0	0	47	47	491	491	190	190	27	
4	290	290	298	298	298	75	75	362	362	16	16	80	
5	301	301	301	301	301	10	10	158	158	11	11	0	
6	295	295	295	295	295	10	10	242	242	75	75	0	
7	0	0	0	0	0	0	0	147	147	0	0	0	
8	331	331	307	307	307	0	0	0	0	0	0	0	
9	511	511	197	197	197	0	0	0	0	0	0	0	
10	421	421	153	153	153	0	0	0	0	0	0	0	
11	71	71	71	71	71	0	0	0	0	0	0	0	
12	204	204	0	0	0	0	0	0	0	0	0	0	
13	412	412	0	0	0	0	0	0	0	0	0	0	
14	254	254	0	0	0	0	0	0	0	0	0	0	
15	244	244	0	0	0	0	0	0	0	0	0	0	

图 12-13　地铁 2 号线分方向不同班次列车在各站点发车时车上人数

line5	北京南站	宣武门	西单	灵境胡同	新街口	西直门	动物园
1	106	24	24	24	24	0	
2	323	271	314	314	314	0	
3	309	259	537	537	537	269	
4	263	204	526	526	526	323	
5	323	104	520	520	520	447	
6	263	161	452	452	452	274	
7	236	236	244	244	244	935	
8	0	0	16	16	16	541	
9	0	0	0	0	0	397	
10	0	0	0	0	0	276	
11	0	0	0	0	0	32	

line6	动物园	西直门	新街口	灵境胡同	西单	宣武门	北京南站
1	102	2	2	2	2	0	
2	572	252	252	252	343	108	
3	602	211	211	211	502	291	
4	603	149	149	149	450	301	
5	670	159	159	159	295	136	
6	465	220	220	220	225	645	
7	482	155	155	155	230	642	
8	128	9	9	9	156	448	
9	0	0	0	0	105	451	
10	0	0	0	0	0	147	
11	0	0	0	0	0	167	
12	0	0	0	0	0	197	

图 12-14　地铁 4 号线分方向不同班次列车在各站点发车时车上人数

line7	和平西桥	雍和宫	北新桥	灯市口	东单	崇文门	天坛东门
1	98	95	95	95	47	0	
2	507	491	491	491	229	60	
3	451	436	436	436	253	31	
4	481	465	465	465	352	290	
5	441	427	427	427	431	555	
6	495	479	479	479	338	956	
7	309	298	298	298	165	361	
8	377	357	357	357	242	353	
9	287	219	219	219	147	10	
10	0	0	0	0	17	612	
11	0	0	0	0	57	296	
12	0	0	0	0	0	57	

line8	天坛东门	崇文门	东单	灯市口	北新桥	雍和宫	和平西桥
1	283	283	5	5	5	0	
2	475	475	167	167	167	0	
3	471	471	204	204	204	0	
4	460	371	156	156	156	0	
5	480	355	172	172	172	56	
6	441	413	416	416	416	193	
7	323	333	192	192	192	141	
8	338	163	336	336	336	322	
9	234	211	278	278	278	560	
10	0	17	218	218	218	529	
11	0	0	0	0	0	68	
12	0	21	187	187	187	236	
13	0	17	125	125	125	368	
14	0	0	49	49	49	659	
15	0	0	0	0	0	263	
16	0	0	0	0	0	244	

图 12-15　地铁 5 号线分方向不同班次列车在各站点发车时车上人数

从以上配流结果中,可以看出车辆在各站点发车时人数的动态变化,由于只加载了 30 个时间段内的部分 O-D 对,配流结果显示车辆在有些区段的车上人数为 0,若延长配流时间段,且包含所有 O-D 对的动态需求数据,就可得到各辆列车的配流结果。配流结果显示,各线路只有在换乘站点和加载客流的 O-D 对起点上乘车人数才产生变化,这与预测结果相符。

(2)各 O-D 对之间各时间步上的有效路径

在算法中可以记录各 O-D 对之间各时间步上输出的路径及路径上的客流量,表 12-11 给出了其中的几个 O-D 对之间的有效路径及相关配流结果。

第12章 基于时刻表的城市轨道交通网络客流分配方法

O-D 对之间有效路径及配流结果   表 12-11

O-D 对	路径上的站点序列/出站时刻	线路方向	换乘站点	出行时间 (min)	分配流量
动物园—天坛东门	动物园/21—西直门/23—新街口/26—灵境胡同/32—西单/33—宣武门/37—前门/41—崇文门/44—天坛东门/46	6—3—7	宣武门，崇文门	25	34
	动物园/21—西直门/26—阜成门/30—复兴门/33—长椿街/35—宣武门/37—前门/41—崇文门/44—天坛东门/46	6—3—7	西直门，崇文门	25	39
动物园—永安里	动物园/21—西直门/23—积水潭/26—雍和宫/32—东直门/33—朝阳门/37—建国门/41—永安里/44	6—4—1	西直门，建国门	23	69
	动物园/21—西直门/26—阜成门/30—复兴门/33—长椿街/35—宣武门/37—前门/41—崇文门/43—北京站/47—建国门/53—永安里/56	6—3—1	西直门，建国门	35	2
军事博物馆—和平西桥	军事博物馆/23—复兴门/29—西单/32—天安门东/36—王府井/38—东单/40—建国门/44—朝阳门/46—东直门/51—雍和宫/57—和平西桥/62	1—3—8	建国门，雍和宫	39	35
	军事博物馆/23—复兴门/29—西单/36—灵境胡同/37—新街口/43—西直门/49—积水潭/52—雍和宫/65—和平西桥/70	1—5—4—8	西单，西直门，雍和宫	47	2
	军事博物馆/23—复兴门/38—阜成门/41—西直门/45—积水潭/48—雍和宫/61—和平西桥/66	1—4—8	复兴门，雍和宫	43	8
	军事博物馆/23—复兴门/29 西单/32—天安门东/36—王府井/38—东单/44—灯市口/46—北新桥/52—雍和宫/54—和平西桥/59	1—8	东单	36	14
动物园—天坛东门	动物园/11—西直门/13—新街口/16—灵境胡同/22—西单/23—宣武门/28—前门/32—崇文门/38—天坛东门/40	6—3—7	宣武门，崇文门	29	41
	动物园/11—西直门/17—阜成门/21—复兴门/24—长椿街/26—宣武门/28—前门/32—崇文门/38—天坛东门/40	6—3—7	西直门，崇文门	29	18

从表 12-11 的配流结果可以看出，对于 21min 从动物园出发到达天坛东门的 O-D 对，共有两条有效路径可供乘客选择，在出行时间及换乘次数相同的情况下，选择这两条路径的乘客数量相差不多。对于 21min 从动物园出发到达永安里的 O-D 对，也有两条有效路径，这两条路径均有两次换乘，但换乘时间和乘车时间均不相同，虽然第二条路径的出行时间高于第一条路径，但在拥挤程度以及换乘等因素的影响下，仍有少部分乘客会选择第二条路径。对于 23min 从军事博物馆出发到达和平西桥的 O-D 对，存在 4 条有效路。通过配流结果可以看出，相同的出发时间、相同的出发地点和目的地、不同的乘客可能会选择不同的路径，但配流结果显示，选择出行时间较少路径的乘客数较多，选择出行时间较多路径的乘客数较少。对于 11min 从动物园出发到达天坛东门的 O-D 对，上在出行时间和换车次数相同的情况下，因为在这个时刻 2 号线外环方向(线路方向 3)上客流人数较多(745 人)，而 4 号线至北京南站方向(线路方

向6)上的乘客较少(仅218人),所以选择在线路方向6行驶距离较长的路径的乘客数量较多,也就是选择第一条有效路径的人数(41人)大于选择第二条有效路径的人数(18人)。

(3)各站台各时间步上的等车人数

通过本章所提出的配流算法,还可以得到各线路在站点各时间步上的等车乘客数,图12-16～图12-18分别给出了几个站点相应的计算结果。

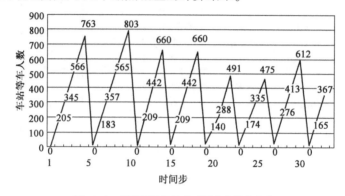

图12-16 军事博物馆站各时间步的等车人数

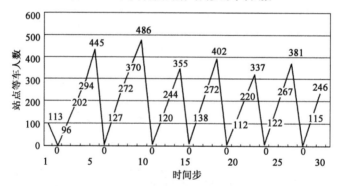

图12-17 永安里站各时间步的等车人数

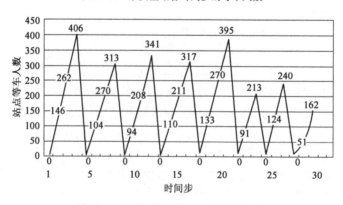

图12-18 和平西桥站各时间步的等车人数

由以上折线图可知,配流结果计算出的站点站台等车人数在各发车间隔时间段内逐渐增加,当有车辆发车时,车站站台等车乘客全部上车,等车人数又从0开始逐渐增加,这基本反映了车站各站台上的等车乘客数量的变化情况。

参 考 文 献

[1] 中国城市轨道交通年度报告课题组.中国城市轨道交通年度报告[M].北京:北京交通大学出版社,2017.

[2] https://baike.baidu.com/item/北京地铁/408485? fr = aladdin#reference[3]14765801 wrap[Z].百度百科,2017.

[3] https://baike.baidu.com/item/上海轨道交通? fromtitle = 上海地铁 &fromid 1273732[Z].百度百科,2017.

[4] Okutani I. Dynamic prediction of traffic volume through Kalman filtering theory[J]. Transportation Research Part B:Methodological,1984,18(1):1-11.

[5] Kumar K.,Jain V. K. Autoregressive integrated moving averages(ARIMA)modelling of a traffic noise time series[J]. Applied Acoustics,1999,58:283-294.

[6] Brian L. S.,Billy M. W.,Oswaldc R. K. Comparison of parametric and nonparametric models for traffic flow forecasting[J]. Transportation Research Part C,2002,10(4):303-321.

[7] 宫晓燕,汤淑明.基于非参数回归的短时交通流量预测与事件监测综合算法[J].中国公路学报,2003,16(1):82-86.

[8] 张世英,陆晓春,李胜朋.时间序列在城市交通预测中的应用[J].天津大学学报,2006,8(5):370-372.

[9] 田龙辉,苏厚勤,冯娟.时间序列分析是动态数据分析的重要方法[J].计算机应用与软件,2009,26(1):176-202.

[10] McCulloch W.,Pitts W. A logical calculus of the ideas immanent in nervous activity[J]. Bulletin of Mathematical Biophysics,1943(5):115-133.

[11] Hebb D. O. The organization of behavior[M]. New York:John Wiley,1949.

[12] Rosenblatt P. The perception:a probabilistic model for information storage and organization in the brain[J]. Psychological Review,1958(65):388-408.

[13] Kollonen. Self-organized formation of topologically correct feature maps[J]. Biological Cybenletics,1982,4(3):59-69.

[14] Hopfield J. J. Neural networks and physical systems with emergent collective computational abilities[C]. Proceedings of the National Academy of Sciences,1982(79):2554-2558.

[15] Rumelhart D. E.,Hinton G. E.,Williams R. J. Learning representations by back-propagation errors[J]. Nature,1986,323:533-536.

[16] Chua L. O.,Yang L. Cellular neural networks:theory[J]. IEEE Transactions on Circuits and Systems,1988,35:1257-1272.

[17] Jenkins B. K.,Tanguay A. R. Optical architectures for neural network implementation[J].

Handbook of Neural Computing and Neural Networks,MIT Press,Boston,1995:673-677.

[18] Xiao J. M., Wang X. H. Study on traffic flow prediction using RBF neural network[C]. Proceedings of the Third International Conference on Machine Learning and Cybernetics, Shanghai,2004:26-29.

[19] Tsai T. H. Neural network based temporal feature models for short-term railway passenger demand forecasting[J]. Expert Systems with Applications,2009,36:3728-3736.

[20] Zheng W. Z., Lee D. H., Shi Q. X. Short-term freeway traffic flow prediction: Bayesian combined neural network approach[J]. Journal of Transportation Engineering,2011,132(2):114-121.

[21] 吕琪,王慧. 基于动态神经网络模型的交通事件检测算法[J]. 公路交通科技,2003,20(6):105-108.

[22] 况爱武,黄中祥. 基于RBF神经网络的短时交通流预测[J]. 系统工程,2004,22(2):63-65.

[23] 王卓,王艳辉,贾利民. 改进的BP神经网络在铁路客运量时间序列预测中的应用[J]. 中国铁道科学,2005,26(2):127-131.

[24] 秦伟刚,黄绮兰,尹海欣. 基于RBF神经网络的交通流预测[J]. 天津工业大学学报,2006,25(2):71-73.

[25] 孙琦峰,周栩,孙晓峰. 基于改进BP神经网络的公路旅游客流量预测[J]. 山东理工大学学报,2008,22(6):75-79.

[26] 陈玉红. RBF网络在时间序列预测中的应用研究[D]. 哈尔滨:哈尔滨工程大学,2009.

[27] 李晓俊,吕晓艳,刘军. 基于径向基神经网络的铁路短期客流预测[J]. 铁道运输与经济,2011.33(6):86-89.

[28] 鲁明旭,叶银忠,马向华. 神经网络在地铁客流预测中的应用[J]. 机械研究与应用,2011,3:86-89.

[29] Bates J. M., Granger C. W. J. The combination of forecasts[J]. Operational research Ouarterly,1969,20(4):451-468.

[30] Chen H. B., Grant-Muller S., Mussone L. A study of hybrid neural network approaches and the effects of missing data on traffic forecasting[J]. Neural Computing & Applications,2001,10:277-286.

[31] Zhang G. P. Time series forecasting using a hybrid ARIMA and neural network model[J]. Neurocomputing,2003,50:159-175.

[32] Deng W., Li W., Yang X. H. A novel hybrid optimization algorithm of computational intelligence techniques for highway passenger volume prediction[J]. Expert Systems with Applications,2011,38:4198-4205.

[33] Wei Y., Chen M. C. Forecasting the short-term metro passenger flow with empirical mode decomposition and neural networks[J]. Transportation Research Part C,2012,21:148-162.

[34] 葛亮,王炜,邓卫. 城市共交通枢纽客流量预测实用方法研究[J]. 公路交通科技,2005,22(8):110-117.

[35] 吴晓磊,王加斌.铁路客运量预测方法探讨[J].运输规划,2007,1:45-48.

[36] 王莎莎,陈安,苏静.组合模型在中国GDP预测中的应用[J].山东大学学报,2009,44(2):56-59.

[37] 温胜强,周鹏飞,康海贵.基于灰色理论与BP神经网络的交通运输量组合预测研究[J].大连理工大学学报,2010,30(4):547-550.

[38] Dantzig G. B. Discrete-variable extreme problems[J]. Operations Research,1957,5:266-277.

[39] Moore E. F. The shortest path through a maze[C]. Proceedings of an International Symposium on the Theory of Switching,Cambridge,Massachusetts,2-5 April 1957:285-292.

[40] Burrell J. E. Multiple route assignment and its application to capacity restraint[C]. Proceedings of the 4th International Symposium on Transportation and Traffic Theory, Karlsruhe,West Germany,1968.

[41] Dial R. B. A probabilistic multipath traffic assignment problem which obviates path numeration[J]. Transportation Research,1971,5(2):83-111.

[42] Wardrop J. G. Some theoretical aspects of road traffic research[C]. Proceedings of Institution of Civil Engineers-Part II 1,1952:325-378.

[43] Beckmann A. B., McGuire C. B., Winsten C. B. Studies in the economics of transportation[M]. Yale University Press,New Haven,Connecticut,1956.

[44] Smith M. J. The existence,uniqueness and stability of traffic equilibrium[J]. Transportation Research Part B,1979,13:295-304.

[45] Dafermos S. C. Traffic equilibrium and variational inequalities[J]. Transportation Science,1980,14:42-54.

[46] Yang H., Yagar S. Traffic assignment and traffic control in general freeway-arterial corridor systems[J]. Transportation Research Part B,1994,28:463-486.

[47] Powell W. B., Sheffi Y. The Convergence of Equilibrium Algorithms with Predetermined Step Size[J]. Transportation Science,1982,6:45-55.

[48] Sheffi Y., Powell W. B. An algorithm for the equilibrium assignment problem with random link time[J]. Networks,1982,12:191-207.

[49] Daganzo C. F. Queue spillovers in transportation networks with a route choice[J]. Transportation Science,1998,32:3-11.

[50] Daganzo C. F., Sheffi Y. On Stochastic Models of Traffic Assignment[J]. Transportation Science,1977,11(3):253-274.

[51] Daganzo C. F. Multinomial probit: the theory and its application to demand forecasting[M]. New York:Academic Press,1979.

[52] Fisk C. Some Developments in Equilibrium Traffic Assignment[J]. Transportation Research,1980,14(3):243-255.

[53] Van Vuren T. The trouble with SUE stochastic assignment options in practice[A]. The 22nd European Transport Forum. Proceedings of the PTRC Summer Annual Meeting,Transportation Planning Methods[C]. 1994,II,380:41-52.

[54] Dial R. B. Transit pathfinder algorithms[J]. Highway Research Record,1967,205:67-85.

[55] LeClercq F. A public transport assignment model[J]. Traffic Engineering and Control,1972,8 (2):91-96.

[56] Chriqui C.,Robillard P. Common bus lines[J]. Transportation Science,1975,9:115-121.

[57] Spiess H. Contribution à la théorie et aut outils de planificatin des réseaux de transport urbain, Ph. D. thesis,Département d'informatique et de recherche opérationnelle,Centre de recherche sur les transports,Université de Montréal,Publication,1984.

[58] Spiess H., Florian M. Optimal strategies:a new assignment model for transit networks[J]. Transportation Research Part B,1989,23 (2):83-102.

[59] Nguyen S., Pallotino S. Equilibrium traffic assignment in large scale transit networks[J]. European Journal of Operational Research,1988,37 (2):176-186.

[60] Last A., Leak S. E. TRANSEPT a bus model[J]. Traffic Engineering and Control,1976,17:91-96.

[61] Gendreau M.,Etude approfondie d'un modèle d'équilibre pour l'affectation de passagers dans les réseaux de transports en commun[D]. Ph. D. Thesis,Département d'Informatique et récherche Opérationnelle,Publication 384,CRT,U. de Montréal. 1984.

[62] Spiess H., Florian M. Optimal strategies:a new assignment model for transit networks[J]. Transportation Research Part B,1989,23 (2):83-102.

[63] DeCea J., Fernández E. Transit assignment for congested public transport systems:an equilibrium model[J]. Transportation Science,1993,27 (2):133-147.

[64] Lam W. H. K., Gao Z. Y., Chan K. S., Yang H. A stochastic user equilibrium assignment model for congested transit networks[J]. Transportation Research Part B,1999,33:351-368.

[65] 姜虹,高自友.用遗传算法求解拥挤条件下的公共交通随机用户平衡配流模型[J].公路交通科技,2000,17(2):37-41.

[66] Lam W. H. K. A capacity restraint transit assignment with elastic line frequency [J]. Transportation Research Part B,2002,36:919-938.

[67] Cepeda M., Cominetti R., Florian M. A frequency-based assignment model for congested transit networks with strict capacity constraints:characterization and computation of equilibria [J]. Transportation Research Part B,2006,40:437-459.

[68] Schmöcker J. D., Bell M. G. H., Kurauchi F. A quasi-dynamic capacity constrained frequency-based transit assignment models[J]. Transportation Research Part B,2008,42:925-945.

[69] Friedrich M., Hofsaess I., Wekeck S. Timetable-based transit assignment using branch and bound techniques[J]. Transportation Research Record:Journal of the Transportation Research Board,2001,1752:100-107.

[70] Friedrich M. Multi-day dynamic transit assignment[C]. Proceeding of Conference Second. Workshop on the Schedule-based Approach in Dynamic Transit Modelling,Ischia,Italy,2005.

[71] Poon M. H. A dynamic schedule-based model for congested transit networks[J]. Transportation Research Part B,2004,38:343-368.

[72] Hamdoucha Y., Lawphongpanich S. Schedule-based transit assignment model with travel strategies and capacity constraints[J]. Transportation Research Part B, 2008, 42(7): 663-684.

[73] 刘志谦,宋瑞. 基于时刻表的公交配流算法研究[J]. 重庆交通大学学报(自然科学版), 2010, 29(1): 114-120.

[74] Tong C. O., Wong S. C. A stochastic transit assignment model using a dynamic schedule-based network[J]. Transportation Research, 1999, 33: 107-121.

[75] 吴祥云,刘灿齐. 轨道交通客流量均衡分配模型与算法[J]. 同济大学学报(自然科学版), 2004, 32(9): 1158-1162.

[76] 孔繁钰,李献忠. 弹性需求下的轨道交通客流分配模型和算法[J]. 西安:工程大学学报, 2008, 22(1): 104-108.

[77] 牛新奇,潘荫荣. 轨道交通系统中清分算法的研究[J]. 计算机时代, 2005, (2): 17-21.

[78] Guan J. F., Yang H., Wirasinghe S. C. Simultaneous optimization of transit line configuration and passenger line assignment[J]. Transportation Research Part B, 2006, 40: 885-902.

[79] 赵峰,张星臣,刘智丽. 城市轨道交通系统运费清分方法研究[J]. 交通运输系统工程与信息, 2007, 7(6): 85-90.

[80] 毛保华,四兵锋,刘智丽. 城市轨道交通网络管理及收入分配理论与方法[M]. 北京:科学出版社, 2007.

[81] 赵烈秋,孔繁钰. 基于GA的城市轨道交通客流分配问题[J]. 后勤工程学院学报, 2008, 24(2): 106-110.

[82] 徐瑞华,罗钦,高鹏. 基于多路径的城市轨道交通网络客流分布模型及算法研究[J]. 铁道学报, 2009, 31(2): 110-113.

[83] 叶晋,史有群,杨学斌,等. 遗传算法在轨道交通换乘路径求解问题上的应用[J]. 电脑与信息技术, 2009, 17(4): 24-27.

[84] 刘剑锋,孙福亮,柏赟. 城市轨道交通乘客路径选择模型及算法[J]. 交通运输系统工程与信息, 2009, 9(2): 81-86.

[85] 北京交通发展研究中心. 北京市地铁客流成长规律总结分析及2012年新线开通后轨道客流预测[R]. 北京:北京交通发展研究中心, 2012.

[86] 王静,刘剑锋,孙福亮. 北京市轨道交通线网客流分布及成长规律[J]. 城市交通, 2012, 10(2): 26-32.

[87] 刘剑锋,罗铭,马毅林,等. 北京轨道交通网络化客流特征分析与启示[J]. 都市快轨交通, 2012, 25(5): 27-32.

[88] 卫敏,余安乐. 具有最优学习率的RBF神经网络及其应用[J]. 管理科学学报, 2012, 15(4): 50-57.

[89] Mercer J. Functions of positive and negative type and their connection with the theory of integral equations[J]. Trans. Roy Soc London, 1990, 209: 415-416.

[90] 吕金虎. 混沌时间序列分析及其应用[M]. 武汉:武汉大学出版社, 2005.

[91] 付强,李晨溪,张朝曦. 关于G-P算法计算混沌关联维的讨论[J]. 解放军理工大学学报

（自然科学版），2014，15（3）：275-282.

[92] Takens F. Detecting strange attractors in turbulence[C]. In Rand D. A. and Young L. -S.. Dynamical Systems and Turbulence, Lecture Notes in Mathematics, Springer-Verlag, 898：366-381.

[93] 戴华娟.组合预测模型及其应用研究[D].长沙：中南大学，2006.

[94] 于宁莉，易东云，涂先勤.时间序列中自相关与偏自相关函数分析[J].数学理论与应用，2007，27（1）：54-57.

[95] 汤岩.时间序列分析的研究与应用[D].哈尔滨：东北农业大学，2007.

[96] Dickey D. A., Fuller W. A. Distribution of the estimators for autoregressive time series with a unit root[J]. Journal of the American Statistical Association, 1979, 74：427-431.

[97] Huang N. E., Shen Z., Long S. R. The empirical mode decomposition and the Hilbert spectrum for nonlinear and non-stationary time series analysis[C]. Proceedings of the Royal Society of London A, 1998, 454：903-995.

[98] 玄兆燕，杨公训.经验模式分解法在大气时间序列预测中的应用[J].自动化学报，2008，34（1）：97-101.

[99] 徐晓刚，徐冠雷，王孝通.经验模式分解及其应用[J].电子学报，2009，37（3）：581-585.

[100] 王建国，王孝通，徐晓刚.经验模式分解及其应用研究[J].计算机工程与应用，2010，46（4）：120-124.

[101] 何九冉，四兵锋.ARIMA-RBF模型在城市轨道交通客流预测中的应用[J].山东科学，2013，26（3）：75-81.

[102] 四兵锋，何九冉，任华玲，等.基于时序特征的城市轨道交通客流预测及分析[J].北京交通大学学报，2014，38（3）：1-6.

[103] 何九冉，四兵锋.EMD-RBF组合模型在城市轨道交通客流预测中的应用[J].铁路运输与经济，2014，36（10）：87-92.

[104] 四兵锋，高自友.交通运输网络流量分析及优化建模[M].北京：人民交通出版社，2013.

[105] 高自友，四兵锋.市场经济条件下铁路旅客票价系统分析：优化模型和求解方法[M].北京：中国铁道出版社，2002.

[106] 四兵锋，张好智，高自友.求解logit随机网络配流问题的改进Dial算法[J].中国公路学报，2009，22（1）：78-83.

[107] 四兵锋，高亮，毛保华.无缝换乘条件下城市轨道交通运费清分模型及算法[J].管理科学学报，2009，12（5）：36-43.

[108] Si B. F., Zhong M., Zhang H. Z., Jin W. L. An improved Dial's algorithm for logit-based traffic assignment within directed acyclic network [J]. Transportation planning and technology, 2010, 33（2）：123-137.

[109] 刘剑锋，四兵锋，刘新华，等.基于乘客类别的城市轨道交通流量分配模型研究[J].物流技术，2011，30（12）：101-103.

[110] 林湛，蒋明清，刘剑锋，等.城市轨道交通客流分配的改进Logit模型及方法[J].交通运输系统工程与信息，2012，12（6）：145-151.

[111] Si B. F. ,Zhong M. ,Liu J. F. ,Gao Z. Y. ,Wu J. J. Development of a transfer-cost based logit assignment model for Beijing rail transit network using automated fare collection data[J]. Journal of Advanced Transportation,2013,47(3):297-318.

[112] 陈伯阳,蒋明清,四兵锋,等. 基于个体属性的地铁客流分配算法及实证研究[J]. 北京交通大学学报,2015,39(6):39-47.

[113] Si B. F. ,Fu L. P. ,Liu J. F. ,Shiravi S. ,Gao Z. Y,. A multi-class traffic assignment model for estimating transit passenger flows- a case study of Beijing subway network[J]. Journal of Advanced Transportation,2016,50:50-68.

[114] Friedrich M. ,Hofsaess I. ,Wekeck S. Timetable-based transit assignment using branch and bound techniques [J]. Transportation Research Record: Journal of the Transportation Research Board,2001,1752:100-107.

[115] Poon M. H. A dynamic schedule-based model for congested transit networks[J]. Transportation Research Part B,2004,38:343-368.

[116] Nielsen O. A. ,Frederiksen R. D. Optimization of timetable-based, stochastic transit assignment models based on MSA[J]. Annals of Operations Research, 2006, 144(1): 263-285.

[117] Hamdoucha Y. ,Lawphongpanich S. Schedule-based transit assignment model with travel strategies and capacity constraints[J]. Transportation Research-B,2008,42(7):663-684.

[118] Nuzzolo A. ,Crisalli U. The schedule-based modeling of transportation systems: recent developments[M]. In: Schedule-Based Modeling of Transportation Networks, Operations Research/Computer Science Interfaces Series,2009,46:1-26.

[119] 刘新华,四兵锋,刘剑锋,等. 基于时刻表的地铁时空扩展网络构建方法研究[J]. 交通运输系统工程与信息,2013,13(5):179-184.

[120] 杨东赤,任华玲,四兵锋,等. 轨道交通网络中基于时刻表的动态配流模型研究[J]. 系统工程理论与实践,2015,35(5):1214-1223.

[121] 陈伯阳,四兵锋,蒋明清,等. 基于时刻表信息的城市地铁网络动态客流分配模型及算法[J]. 中国科学-E,2015,45(12):1269-1278.